고려시대 사람들은 어떻게 살았을까 1

고려시대 사람들은 어떻게 살았을까 1

한국역사연구회 지음

초판 1쇄 펴낸날 1996년 9월 22일
개정판 1쇄 펴낸날 2005년 8월 25일
전면개정판 펴낸날 2022년 2월 22일 초판1쇄
펴낸이 김남호] 펴낸곳 현북스
출판등록일 2010년 11월 11일] 제313-2010-333호
주소 07207 서울시 영등포구 양평로 157 투웨니퍼스트밸리 801호
전화 02)3141-7277] 팩스 02)3141-7278
홈페이지 http://www.hyunbooks.co.kr] 인스타그램 hyunbooks
ISBN 979-11-5741-294-5 04910 ISBN 979-11-5741-287-7 (세트)

편집 전은남 이영림] 디자인 박세정] 마케팅 송유근 함지숙

ⓒ 한국역사연구회 2022

이 책은 저작권법에 의하여 보호를 받는 저작물이므로 무단 전재 및 복제를 금지하며,
이 책 내용의 전부 또는 일부를 이용하려면 반드시 저작권자와 현북스의 허락을 받아야 합니다.

한국역사연구회

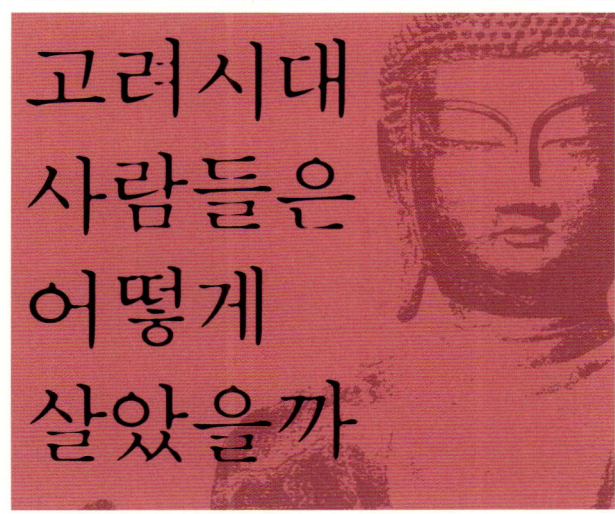

고려시대 사람들은 어떻게 살았을까

|전면 개정판|

사회·문화 이야기 1

전면 개정판을 내며

역사학자들이 역사 대중화의 기치를 내걸고 대중과 소통하던 열정 넘치는 시대가 있었다. 1990년대 치열했던 역사 대중화를 위한 연구 활동과 열정, 그리고 그 성과로 '어떻게 살았을까' 시리즈가 시대별로 잇달아 나왔다. 부담 없이 무겁지 않게 옛사람들의 삶의 이야기를 담은 이 시리즈는 역사 대중화를 선도하여 스테디셀러가 되었다.

그로부터 20년이 넘게 흐른 지금, 역사는 여전히 무겁게 느껴진다. 21세기에 들어서 본격화되었던 역사 전쟁이 국정교과서 파동을 정점으로 잠시 잠잠해졌지만, 교과서 문제는 언제 폭발할지 모르는 휴화산에 가깝다. 하지만 역사 전쟁에서 싸움터가 되는 것은 정치사이지 생활사가 아니다. 그러다 보니 삶의 역사에 관한 관심도 잦아들어 가는 듯하다. 삶의 역사를 놓고는 역사 전쟁이 일어나지 않는다는 사실도 많은 생각을 하게 한다.

삶의 역사를 들여다본다는 것은 그 삶을 살아가는 사람들의 말과 행동에 관심을 가진다는 것을 의미한다. 흔히 생활사라고 하면 사람들의 의식주 또는 사람들을 둘러싼 물질세계를 떠올린다. 또한 삶에 기운을 북돋우거나 삶을 제약하기도 하는 정신세계를 떠올리기도 한다. 하지만 생활사는 그 물질세계와 정신세계를 빚고 엮어 가는 사람들의 이야기이다.

한편으로 생활사는 과거를 살았던 사람들과 오늘날을 살아가는 현대인을 이어 주는 연결고리이기도 하다. 어떤 점에서는 우리와 너무나 다른 것 같지만, 또 크게 변하지 않는 과거 사람들을 만나는 시간여행이기도 하다. 따라서 생활사는 결코 '작고 시시한' 이야기가 아니다. 그 안에서도 시대적 특징을 고스란히 드러내는 진중한 역사를 만날 수 있다.

첫 번째 책이 발간된 1996년으로부터 26년이 지난 2022년, '어떻게 살았을까' 시리즈는 새로운 개정판으로 다시 세상에 나오게 되었다. 이번 개정판의 기획은 지난 2020년 당시 여호규 회장(고대사분과)의 발의로 시작되었다. 정요근 회원(중세사 1분과)이 기획위원장을 맡고 각 분과 소속의 기획위원들이 내용 구성의 기획과 필자 섭외를 담당하였다. 정동준 회원과 권순홍 회원(이상 고대사분과), 정동훈 회원(중세사 1분과), 박경 회원과 최주희 회원(이상 중세사 2분과), 한승훈 회원과 고태우 회원(이상 근대사분과), 이정은 회원(현대사분과) 등 모두 8명이 기획위원을 맡아 주었다. 전상우 회원(고대사분과)은 간사로서 출판사와의 연락 등을 비롯한 잡다한 실무를 도맡아 처리하였고, 위가야(고대사분과) 회원은 미디어·출판위원장으로서 기획위원회 활동에 최선의 지원을 다해 주었다. 현 김정인 회장(근대사분과)의 배려와 지원 역시 이번 개정판 출간에 큰 동력이 되었다.

이번 개정판의 출간과 관련해서는 나름의 복잡한 과정이 담겨 있다. 그 내용을 간략히 기록으로 남기고자 한다. '어떻게 살았을까' 시리즈는 지난 1996년 조선시대 편 1, 2권이 청년사에서 발간된 이래, 1997년에 고려시대

편 1, 2권, 1998년에 고대사(삼국시대) 편이 청년사에서 출간되었다. 이로써 이른바 '전근대 생활사' 시리즈가 총 5권으로 완성되었으며, 2005년에는 5권 모두 개정판이 발간되었다. 한편 '근현대 생활사' 시리즈는 역사비평사를 통해서, 1998~99년에 《우리는 지난 100년 동안 어떻게 살았을까》라는 제목으로 3권의 책이 발간된 바 있다.

그런데 지난 2020년 청년사의 폐업으로 '전근대 생활사' 시리즈의 출간이 더는 어렵게 되었다. 그러나 다행히도 현북스의 제안으로 새로운 개정판의 출간이 가능하게 되었다. 나아가 역사비평사의 양해를 얻어 근현대 편 3권의 판권을 인수하였고, 이 역시 현북스를 통해 개정판을 발간하기로 하였다. 이에 두 시리즈를 합쳐서 전근대와 근현대의 생활사 모두를 아우르는 '어떻게 살았을까' 시리즈의 '통합' 개정판 출간이 실현되기에 이른 것이다. 이 지면을 통해 역사비평사 정순구 대표에게 다시 한번 깊은 감사의 뜻을 표한다. 아울러 이 과정에서 여호규 전 회장의 수고와 노력이 큰 역할을 하였음은 두말할 나위 없다.

기획위원회에서는 최초 발간으로부터 20년이 넘은 원고를 그대로 실어 개정판을 내기에는 부담이 있었다. 다행히도 검토 결과, 기존의 원고들이 여전히 생명력을 가지고 있다고 판단되어 대부분의 기존 원고를 그대로 싣되, 필자들에게는 필요한 부분에 대한 수정을 요청하여 반영하였다. 한편 기존의 원고에서 다루지 못한 주제 가운데, 그동안 연구가 축적되어 원고 집필이 가능한 사례도 여럿 확인되었다. 그리하여 이번 개정판에서는 기존에 1권이었던 고대사(삼국시대사) 분야를 2권으로 늘리고 기존에 3권이었던 근현대사 분야를 4권으로 늘렸다. 이를 통해 한국사 전체를 아우르는 '어떻게 살았을까' 시리즈를 모두 10권으로 구성하였다. 다만 논의되었던 모든 주제를 원고로 포함하지 못한 점이 아쉬울 따름이다.

　기존 원고의 필진 중에는 현역에서 은퇴하여 일선에서 물러난 연구자도 있다. 화살같이 빠른 세월의 흐름을 새삼 느낀다. 새로 추가된 원고는 학계에서 왕성하게 활동하는 40대 전후의 연구자들이 맡아서 집필하였다. 따라서 이번 개정판은 신구 세대를 아우르는 회원들로 필진이 구성된 셈이 된다. 어느덧 한국사학계의 중추가 된 한국역사연구회의 연륜과 위상을 실감하게 하는 대목이다.

　책을 처음 낼 때만큼은 아니겠지만, 기존 책의 개정판을 내는 것 또한 결코 쉬운 작업은 아니다. 특히 '어떻게 살았을까' 시리즈는 20년 넘게 스테디셀러로 명성을 쌓은 터라, 개정판의 발간을 추진하는 일은 부담이 작지 않았다. 기존 원고에 비하여 새로운 원고가 많은 편은 아니라서, 독자들의 반응이 어떠할지도 걱정이 앞선다. 하지만 소박하게 한 걸음을 더한다는 태도로 용기를 내어 출간에 이르게 되었다. 출판계의 어려운 상황 속에서도 흔쾌히 출간을 맡아 좋은 책으로 만들어 준 현북스 김남호 대표와 전은남 편집장, 이영림 편집자에게 깊은 감사의 뜻을 표한다.

2022년 2월 한국역사연구회

전면 개정판 고려시대권
머리말

초판을 낸 1997년부터 《고려시대 사람들은 어떻게 살았을까》는 25년 동안 독자들의 사랑을 받아 왔다. 초판을 다시 읽어 보면 문장 사이 사이에 세기말의 불안과 새 시대에 대한 기대가 스며 있다. 한참이 지났어도 시대의 변화 속도는 여전히 빠르고, 불안과 기대도 점점 더 커져 가고 있다. 하지만 역사에 대한 관심, 옛사람들의 삶의 모습에 대한 궁금증은 변함없이 이어지는 듯하다. 역사학자들은 응답할 책무를 느낀다.

25년이라는 시간이 흐르면서 더딜지라도 연구는 조금씩 진척되었고 과거에 대해 조금은 더 알게 되었다. 연구자들끼리만 알고 말 일이 아니기에, 2년의 준비 끝에 《고려시대 사람들은 어떻게 살았을까》의 전면 개정판을 내놓게 되었다. 대중의 관심과 사랑에 보답하려는 작은 결과물이다.

25년 사이에 고려시대사 연구에는 몇몇 기억할 만한 일들이 있었다. 대표적으로 2018년은 고려 건국 1100주년이 되는 해였는데, 이를 기념하는 많은 연구와 전시가 쏟아졌다. 초판에 이름을 올린 70~80년대 학번 중견 연구자들이 중심이 되고, 여기에 90년대 학번 이후의 신진들이 힘을 보태며 이룩한 성과였다. 신구를 아우르는 걸 최고의 자랑으로 여기는 한국역사연구회 중세 1분과의 산물답게, 이 책에도 선후배들의 글을 고루 실었다. 전면 개정판이라고는 해도, 여전히 생명력을 가지는 초판의 글들은 약간의 수정만 거쳤을 뿐이다. 거기에 최근에 발견한 재미있는 이야깃거리를 담아 몇 꼭지를 더하였다.

이번 전면 개정 작업은 초판과 1차 개정판의 구성을 그대로 유지하면서 몇몇 원고를 추가하거나 대체하는 정도로 완성하였다. 1권은 '사회·문화 이야기'라는 제하에 20편, 2권에는 '정치·경제 이야기'라는 제목으로 23편의 글을 실었다. 시대가 바뀜에 따라 문장도 뜯어고쳐야 했고, 새로운 사진이나 도판으로 교체해야 하기도 했다. 무척 번거로운 일이었지만, 모든 필자들이 불평 한 마디 없이 기꺼이 소임을 다해 주셨다. 글을 보내 주신 39분 필자께 지면을 빌어 깊은 감사의 말씀을 드린다.

이 책이 빛을 보기까지는 몇 분의 특별한 노력이 있었다. 정요근 회원은 《어떻게 살았을까》 전체 시리즈의 기획위원장이자 고려시대 편의 기획위원으로 헌신해 주셨다. 정동훈 회원은 기획위원으로 필자들과 소통하는 역할을 맡아 주셨다. 수많은 필자들을 독려하여 원고를 수합하고 편집하는 지난한 업무는 고대사분과의 전상우 회원이 도맡아 주셨다. 출판계의 어려운 환경 속에서도 이 책에 새 숨결을 불어넣어 주기로 결단하신 현북스 측에도 깊이 감사드린다.

재미있는 역사 이야기가 독자들께 두루 전달되어, 역사학자들은 우리의 책무를 조금이나마 했다고 위안 삼을 수 있을 것이다. 감사한 마음을 품고 널리 소개할 만한 연구를 해 나가며, 다음에는 더 좋은 책으로 보답할 기회를 가질 수 있기를 다짐하고 기대한다.

2022년 2월 한국역사연구회 중세사 1분과

2005년
개정판 서문

 지난 몇 해 동안 나라 안팎에서 '역사 전쟁'이 벌어지는 것을 보며, '역사란 무엇일까?'에 대해 새삼스럽게 생각을 해 본 이가 한둘이 아닐 것이다.
 일본이 역사 교과서에 과거 일본 제국주의에 의해 정신적으로나 물질적으로나 엄청난 피해를 입은 한국과 중국 그리고 동남아시아 여러 나라 국민들의 자존심을 짓밟으며 왜곡된 내용을 담으려 할 때에도, 그에 대한 반발이 강력했었지만 그것을 '역사 전쟁'이라고 부르지는 않았었다. 그런데 중국이 고구려의 역사를 자기 나라의 역사로 편입하려 한다는 사실이 알려지면서 '역사 전쟁'이라는 말이 자주 입에 오르내리게 되었다. 중국의 시도는 단순한 역사 왜곡을 넘어서 한 왕조의 역사를 통째로 빼앗는 것으로 판단되었고, 이로부터 '역사 전쟁'이라는 말이 공공연히 쓰이게 되었다.
 자세히 살펴보면 역사 전쟁은 나라와 나라 사이에서만 벌어지고 있는 것이 아님을 알 수 있다. 참여정부가 출범한 이래로 격화된 과거 청산을 놓고 벌어지고 있는 다툼도, 한국 근현대사 교과서의 서술을 놓고 전개된 갈등도 모두 역사 전쟁이다. 이렇게 역사 전쟁이 안팎에서 벌어지는 동안 다시금 역사에 대한 관심이 높아지고 있는 것은 역사를 연구하고 가르치는 사람 중의 하나로서 한편으로는 쓸쓸하면서도 불행 중 다행이라는 생각을 떨쳐 버리기 쉽지 않다.

한국역사연구회에서 각 시대 각 분야의 전문 연구자들의 힘을 모아 우리 역사 속에서 우리 조상들이 과거에 '어떻게 살았을까'를 살펴 책으로 묶어 내기 시작한 지 어느덧 햇수로 10년이라는 시간이 흘렀다. 첫 성과물로 나온 것은 《조선시대 사람들은 어떻게 살았을까》였으나, 실제 먼저 작업에 들어간 것은 《고려시대 사람들은 어떻게 살았을까》였다. 고려시대의 정신문화와 생활문화를 정리하여 알릴 목적으로 이 책을 기획하기 시작한 때로부터 치자면 이미 10년을 훌쩍 넘긴 시점에 이르렀다. 그 사이에 우리 사회도 여러 굵직굵직한 사건을 겪으며 성장하였고, 한국 역사 연구도 여러 측면에서 새로운 진전이 이루어졌다. 이러한 까닭으로 수십만의 독자 여러분께서 삼국시대에서 조선시대까지 선조들의 삶의 자취를 묶어 펴낸 이 책자들을 애독해 주신 것에 대한 고마움이 미안함으로 바뀌어 가던 차에 출판사로부터 개정판을 내자는 제안을 받고 선뜻 응하게 되었다.

새삼스럽지만 다시금 이 '어떻게 살았을까' 시리즈를 소개하기로 한다. 새로 나온 국사 교과서나 한국 근현대사 교과서가 전보다 내용이 풍부해지기는 했으나, 아직도 커다란 정치적 사건과 주요 제도 및 인물 중심으로 내용이 짜여져 있다. 그 반면에 근래에 쏟아져 나오다시피 출간된 역사 대중서 중에는 흥미를 끄는 단편적인 사실에 치우친 것들이 적지 않다. 이와 달리 이 '어떻게 살았을까' 시리즈는 각 시대 사람들의 삶에 초점을 맞추면서 당시의 역사상을 어느 정도 재구성할 수 있도록 내용을 갖추었다.

개정판을 발간하는 작업에서 가장 늦게 독자 여러분을 만나게 된 이《고려시대 사람들은 어떻게 살았을까》를 보면, 체제에서부터 고려시대의 문화와 역사의 특징이 잘 반영되어 있다. 첫째 권은 고려 정신문화의 꽃을 피운 불교를 중심으로 유교와 풍수지리, 청자 문화를 소개하고, 이어서 서민들의 삶이 녹아든 생활문화를 다루고 있다. 여기서 당시의 농민들이 밭과 논을 만들어 농사를 짓는 생산 활동에서부터 고려 서민들의 애환을 달래던 술에 얽힌 이야기들까지 소상히 살필 수 있다. 둘째 권은 고려 사람들의 정치·경제생활을 담고 있는데, 당시의 굵직한 정치적 사건들과 함께 황제국 체제를 지향했던 고려의 제도적 모습과 여러 차례 겪은 북방 민족의 침입에 맞서 싸우며 생활했던 고려 민중의 삶 및 관료들의 생활상을 정리하고, 마지막으로 국가 재정을 비롯한 경제생활의 이모저모를 알 수 있도록 하였다. 전에도 정성을 들여 도판 자료를 실었었지만, 특히 이번 개정판에서는 더 다양한 도판 자료가 선을 뵈는데, 도판의 내용만 훑어보아도 고려 사람들의 문화와 삶의 향기를 느낄 수 있을 정도이다. 개정 작업에서 글의 수정과 보완에 생각만큼 성과를 거두지 못한 것을 그림과 유물 등의 도판 자료가 충분히 만회하고 있다고 자신한다. 책을 만드는 이들에게는 이렇게 지배층만의 역사가 아닌 당시 사회 구성원 전체의 역사로, 딱딱한 제도의 틀에 갇히지 않고 삶의 실상을 알려 주는 역사로, 흥미 위주로 매몰되지 않고 과학적으로 탐구한 진실을 전하는 역사로 만드는 일 역시 하나의 '역사 전쟁'이었다. 아무튼 이로써 독자들이 옛날 조상들의 삶을 전보다 더 생생하게 이해하기를 바라 마지않는다.

워낙 많은 연구자들이 함께한 일이어서 개정 작업도 처음 책을 낼 때만큼

이나 쉽지 않았다. 필자 대부분이 전보다 훨씬 바쁜 삶에 몰리고 있었고, 외국에 나가 있는 이도 있었으며, 이제는 다른 사회 활동으로 몹시 분주한 이도 있었다. 이름을 밝히는 것이 도리이겠으나, 여기서는 연구회 회원 몇 분이 중간에서 애를 써 준 덕분에 개정판 작업이 마무리될 수 있었음을 밝히는 것으로 대신한다. 독자 여러분이 새 책을 보고 흡족해할지에 대한 걱정이 앞서기는 하나, 바쁜 와중에도 글을 다시 손봐 준 필자 여러분, 청년사의 정성현 대표와 사진 자료를 구하느라 또 더 예쁜 책으로 꾸미느라 고생한 편집부 여러분께 감사의 말씀을 전하지 않을 수 없다.

2005년 8월
한국역사연구회

초판 고려시대권

머리말

또 하나의 전통, 고려 사회의 이해를 위하여

21세기를 눈앞에 둔 요즘처럼 우리의 전통을 알려는 열망이 드높았던 때는 없었던 것 같다. 사실 우리 문화의 정체성을 확보하려는 사람들은 일찍부터 "한국적인 것이 가장 세계적인 것이다."라는 말을 화두 삼아 잊혀진 전통을 되살리고자 노력해 왔다. 전통은 우리들의 현재적 삶을 풍요롭게 해 줄 뿐만 아니라, 미래의 우리다운 삶의 방식을 찾는 데에도 기여하기 때문이다.

그런데 전통은 언제부터 전통이었으며 언제까지 전통일 수 있는가? 일례로 최근 '동성동본혼금지법'의 존폐를 둘러싸고 벌어진 논쟁을 보자. 한편에서는 현대 산업사회에 맞지 않는 고루한 인습이라 하여 이 법의 폐지를 주장하는가 하면, 다른 한편에서는 기자(箕子) 이래의 아름다운 전통이므로 존속시켜야 한다고 반박하기도 한다. 동성동본 혼인 금지가 인습이냐 전통이냐를 떠나서 적어도 고려시대에는 이러한 관습이 존재하지 않았다. 오히려 신라 이래 고려 말까지 왕실에서는 필요에 따라 왕자와 공주를 결혼시킨 사례가 한둘이 아니었다. 동성동본 사이의 혼인 금지는 조선 후기 이래 300년 밖에 안 된 '새로운' 전통이다.

이처럼 전통은 사회의 변화 발전에 따라 새로 생겨나기도 하고 소멸되기도 한다. 그러므로 현대에 사는 우리는 동성동본혼 금지가 전통이라고 하여 무조건 고수하기보다는 전통에 생명력을 불어넣어 현대화할 필요가 있지 않을까? 그런 의미에서 최근 우리 옷 입기 운동을 벌이는 사람들이 현대 생활에 편리하게 만든 옷을 개량 한복이 아니라 생활 한복으로 부르자는 주장은 매우 의미 있는 전통의 현대화 작업이라 평가할 만하다.

고려시대는 조선시대와 마찬가지로 우리 역사의 중세사회에 해당된다. 따라서 두 시대는 중세사회로서의 동질성을 가지고 있다. 그러면서도 고려는 918년에 건국하여 1392년에 멸망할 때까지 475년이라는 오랜 기간을 지속하면서 독특한 문화유산과 전통을 만들었다. 고려 사회는 우리가 상식으로 알고 있는 '전통'의 모습과 다른 점이 적지 않다. 고려는 형식적인 사대의 예와 함께 내부적으로 황제국 체제를 취한 자주적인 국가였다. 또한 군현민과 부곡민, 양인과 천민과 같은 차별의 구조가 존재하면서도, 아들과 딸이 균등하게 재산을 상속받고 함께 제사를 받드는 동등의 원리가 통하던 사회였다. 불교, 유교와 더불어 도교와 풍수지리설도 독자적인 역할을 한, 즉 다양성을 존중하던 시대였던 것이다. 따라서 일반인들이 고려 사회의 풍부한 역사적 사실을 알게 된다면, 우리 전통에 대하여 새롭게 이해하는 계기가 될 수도 있다.

그런데 역사에 관심이 많은 일반인에게조차도, 고려시대의 역사상은 고대사나 조선시대사에 비하여 덜 알려져 있다. 역사적 상상력을 발휘하기에는 고대사보다 자료가 많고, 풍부한 사실을 끌어내기에는 조선시대보다 자료가 빈곤하다. 연구자들의 관심을 끄는 분야도 인접 시대와 비교하면 제한적이다. 요즘 방송 매체에서 우리 역사와 문화에 대하여 다양한 기획을 하면서도 고려시대사를 다루지 못하는 이유가 여기에 있다.

일반인에게 잘못 알려져 있는 역사적 사실을 바로잡고, 고대 이래 우리 사회가 경험한 다양한 역사적 사실을 생생히 전달하는 것은 역사를 전공한 학자들의 의무이기도 하다. 그러므로 일단 우리들은 당대의 구체적인 생활 모습과 삶의 커다란 테두리를 쉽고 재미있게 그려, 일반인에게 고려시대의 역사적 사실을 충분히 전달할 필요성을 느꼈다.

우리는 이 책을 1995년 여름에 처음 기획하였다. 이후 여러 차례 검토를 거쳐 그해 말 적절한 항목을 골랐다. 그리고 38명의 필자가 42개의 항목을 나누어 집필하였으며, 중세1분과원이 함께 내용을 다듬고 그림을 뽑았다. 이렇게 하여 《고려시대 사람들은 어떻게 살았을까》가 나오게 되었다. 이 책을 통해 이제까지 잘 알려지지 않았던 고려시대의 역사상이 올바르게 전달되기를 기대한다.

끝으로 이 책이 나오기까지 관심을 가지고 도와주신 모든 분들께 깊이 감사한다. 특히 강희정 님, 이정훈 님, 장남원 님은 우리 연구회 회원이 아니면서도 기꺼이 어려운 부담을 나누어 주셨다. 이분들과 함께 책의 출판을 맡아 주신 청년사 정성현 사장님, 아담하게 책을 꾸며 주신 편집부 여러분께도 거듭 고마운 마음을 전한다.

1997년 4월 12일 한국역사연구회 중세사 1분과

고려시대 사람들은 어떻게 살았을까 1 | 사회·문화 이야기

차례

전면 개정판을 내며 · 4
전면 개정판 고려시대권 머리말 · 8
2005년 개정판 서문 · 11
초판 고려시대권 머리말 · 15

1. 문화를 꽃피우다

지눌은 왜 불교계를 비판하고 결사를 창립했나 | **박영제** · 24
팔만대장경에 담긴 염원 | **김영미** · 38
천 가지 마음, 만 가지 불상 | **강희정** · 51
푸른 옥으로 핀 꽃, 천하제일의 고려청자 | **장남원** · 64
김부식과 정지상, 설화와 진실 사이 | **최연식** · 75
《삼국사기》와 《삼국유사》는 왜 지었을까 | **최봉준** · 87
풍수지리는 과연 미신인가 | **류주희** · 104
만월대는 고려시대에도 궁궐 이름으로 불렸을까 | **정요근** · 116

2. 삶의 즐거움과 괴로움

고려시대 농민의 한해살이 | **오치훈** · 136
무당의 입김이 천하를 호령하다 | **정학수** · 147
청주 한잔에 서린 촌 늙은이의 피눈물 | **홍영의** · 158
고려시대 사람들도 고기를 먹었을까 | **윤성재** · 181
고려시대 사람들의 장례 모습 | **박진훈** · 196

3. 사회 생활의 테두리

원님이 없어도 고을은 돌아간다 | **윤경진** · 212
호적은 어떻게 만들었나 | **채웅석** · 226
지역과 계층의 불평등 구조를 무너뜨린 부곡인 | **박종기** · 239
군대 가는 사람 따로 있었다 | **권영국** · 253
공경장상의 씨가 따로 있다더냐 | **신안식** · 266
궁궐 기왓장에 서린 백성의 한숨 | **박종진** · 277
남성 부럽지 않은 고려 여성 | **이정란** · 287

고려시대 사람들은 어떻게 살았을까 2권 | 정치·경제 이야기

차례

1. 정치의 격동 속에서
왕건은 어떻게 통일 대업을 이룩하였나 | 김갑동
왕의 업적은 아내와 후손의 수에 비례한다 | 김기덕
무신 정중부의 일기 | 오영선
삼별초는 무엇을 위해 싸웠나 | 이익주
고려 말 신돈의 개혁에서 찾는 역사적 경험, 토지를 백성에게 | 홍영의
최영과 이성계는 어떻게 권력을 잡았을까 | 이형우
전환기의 갈림길, 고려의 충신이냐 조선의 공신이냐 | 도현철

2. 자주와 사대의 사이
황제국 체제를 지향한 고려 국가 | 김기덕
세계 제국 몽골에 맞선 고려 민중의 힘 | 심재석
고려판 정신대, 공녀 | 김창현
원나라의 마지막 황후가 고려 여인이었다는데 | 이익주
고려양(高麗樣), 얼마나 사실일까 | 정동훈

3. 관료의 길

천하의 문장가 이규보도 삼수한 과거 시험 | 김인호
재상 이자연의 관료 생활 | 박재우
고려인들이 선망한 최고의 직업, '관료'의 삶 | 이혜옥
내시, 그들은 누구인가 | 김보광

4. 경제 생활의 이모저모

나라 살림의 벌이와 쓰임새 | 안병우
뭍길 따라 뱃길 따라 열리는 고려의 교통로 | 이인재
농장은 과연 산천을 경계로 할 정도였나 | 이정훈
사원의 농지 경영과 상업 활동 | 이병희
고려시대 권력형 비리의 결정판, '염흥방 토지 점탈 사건' | 한정수
바다를 건너온 보따리 장사 부대 | 이종서
고려시대 돈 이야기 | 최연식

고려시대 사람들은 어떻게 살았을까 1

1부 문화를 꽃피우다

지눌은 왜 불교계를 비판하고 결사를 창립했나
팔만대장경에 담긴 염원
천 가지 마음, 만 가지 불상
푸른 옥으로 핀 꽃, 천하제일의 고려청자
김부식과 정지상, 설화와 진실 사이
《삼국사기》와 《삼국유사》는 왜 지었을까
풍수지리는 과연 미신인가
만월대는 고려시대에도 궁궐 이름으로 불렸을까

지눌은 왜 불교계를 비판하고 결사를 창립했나

박영제

중광사·홍호사·귀법사·홍화사 등의 승려 2,000여 명이 …… 숭인문까지 불태운 후 쳐들어와 이의방 형제를 죽이려고 하였다. 이의방이 알아채고 군인을 징집하여 그들을 쫓아 100여 명을 죽였으나 군인들도 많이 죽었다.(《고려사절요》 명종 4년. 1174년)

거란병이 개경 가까이까지 쳐들어오자, …… 흥왕사·홍원사·경복사·왕륜사·안양사·수리사 등의 승려로서 종군한 자들이 최충헌을 죽일 것을 모의하였다. …… (그러나 최충헌에게 패하여) 전후 거의 800여 명의 승려가 참수되어 시체가 산처럼 쌓여서 몇 달 동안은 사람들이 지나가지 못하였다.(《고려사》 열전 최충헌. 1217년)

명색이 불교가 주도 종교였던 고려시대, 일반민에서 국왕에 이르기까지 모두가 불교를 신봉하였으며 승려들이 많은 특혜를 누렸던 그 시대에 선뜻 이해가 되지 않는 사건이 여러 차례 터졌다. 도대체 100여 명, 800여 명의 승려가 몰사당하는 것은 무슨 일인가. 왜 승려들은 당시 정치 실세인 이의방과 최충헌을 죽이려 했을까. 불법을 닦고 중생을 구제해야 할 승려들이 창칼을 들고 일어선 배경이 사뭇 궁금하지 않을 수 없다. 이들 승려는 거의 교종 계통이며, 때는 무인이 문신 중심의 기존 체제를 무너뜨리고 정권을 잡은 후이다.

불교 교단의 세속화

고려시대 불교는 하나의 거대한 종교 권력이었으며, 이는 필연적으로 세속화로 이어졌다.

〈훈요십조〉에서 보듯이, 태조 왕건은 부처의 보살핌을 입어 후삼국 통일을 이룰 수 있었다고 여겼고 후손에게 불교를 보호하라고 간곡히 당부하였다. 이후 역대 국왕은 개인적인 신앙을 너머 체제 안정과 사회 통합을 위하여 불교를 적극적으로 외호하고 활용하였다. 국왕은 보살계를 받아 보살이 되어 정교(政敎)의 최고 정점에 군림하여 불법과 국토와 민을 보호하고자 하였다. 각종 불교 의례를 설행하여 국가와 왕실의 안녕을 기원하였다. 국사·왕사 제도를 두어 불교로 향하는 민심의 지지를 얻고자 하였다. 그리고 국왕은 사찰을 건립하고 그곳에 토지를 기부하였으며, 전시과 제도[고려 관료·군인·향리 등이나 국가 기관에 곡물을 재배하는 토지(전지)와 땔나무를 채취하는 토지(시지)를 나누어 주던 제도]에 따라 승려에게도 전지(田地)와 시지(柴地)를 분급하였다.

국가는 불교 교단과 관련한 승정 업무를 국왕 중심의 행정 체계 아래에 두고 교단 운영을 철저히 통제하였다. 승려는 준관료의 성격을 띠어 국가권력에 완전히 종속되었다. 승려의 출가, 승과, 승계, 승직, 주지 임명, 종파 변경은 국왕의 허락을 받아야만 하였다. 그 밖에 사찰을 건립한다거나 사찰에 토지를 기부한다거나 할 때에도 마찬가지였다.

국가의 불교 교단에 대한 외호와 통제의 양면책은 교단이 체제를 옹호하고 그 체제에 안주하면서 성장하는 요인이 되었다. 교단은 화려한 종교 문화를 꽃피우면서 인적·물적 측면에서 풍요로워졌다. 승려 수는 민 가운데 10분의 3이라고 지적될 정도였다. 사원 수는 2,000~3,000여 개소에 달하였다. 사원이 지배하고 있는 농지는 10만 결 이상으로 전 농토의 8분의 1 정도였으며, 사원 노비는 8만을 훨씬 웃돌았다고 한다.

불교 교단의 성장과 풍요 이면에는 어두운 그림자가 뒤따랐다. 권력화·세속화한 교단은 의례 불교로 치우치고 수행을 도외시하였다. 불교는 국도 개경에 집중되었고 기층민에게 다가가는 데 소홀하였으며, 도리어 수탈자의 면모도 보였다. 사원에서 보(寶)를 만들어 돈과 곡식을 빌려주고 그 이자를 받아서 사원 운용과 각종 불교 행사 때 비용으로 썼는데, 불법적으로 높은 이자를 받아 재물을 불리던 데서 이를 잘 볼 수 있다.

이제 교단은 권력을 유지하기 위하여 정쟁에 휘말리기도 하고 정치권력의 주체가 바뀌자 그에 대항하여 충돌하는 지경에까지 이르렀다. 종교 외적인 문제로 종교 권력과 정치권력이 충돌하면서 불교계의 모순이 그대로 드러났다.

이러한 상황을 극명하게 보여 준 것이, 앞의 사료에 나타난 무인 세력과 교종 사이의 생사를 건 싸움이었다. 1170년에 무인 정변으로 국왕과 문신 지배층이 일시에 제거되면서 고려 중기 이래 그들의 후원을 받아 불교계를 주도하였던 교종 불교는 그 기반을 치명적으로 상실하게 되었다. 이에 교종 측은 무인 정권에 대항하여 목탁과 불경을 내던지고 대신 창칼을 들었다. 1174년에 승려 2,000여 명이 이의방 형제를 죽이려고 쳐들어갔다가 100여 명이 죽임을 당했으며, 1217년에는 최충헌에게 대항한 승려 중 800여 명이 참살되었다. 이는 이미 충분히 예견된 일이었다.

이런 사건은 한국 불교사에서 실로 유례가 없는 일이었다. 이제 불교 교단은 스스로를 돌아보며 불교 본래의 역할에 대해서 심각하게 고민해야만 하는 시점에 맞닥뜨렸다.

〈보조국사 지눌상〉(전남 순천시 송광사 소장)
마른 체구에 꾸부정한 모습이지만 날카로운 눈빛을 띠고 있다. 지눌 비문에 따르면 호랑이의 눈길이었다고 한다.

보조국사 지눌(普照國師 知訥, 1158~1210)은 자신이 처해 있던 시대의 문제를 누구보다도 날카롭게 읽고 바람직한 길을 제시한 인물 중 한 명이었다.

불교계 비판

지눌은 1173년(명종 3) 열여섯 살 나이에 출가하였다. 지눌은 마음을 깨달아 부처가 되고자 유명한 선승을 찾아 법을 묻기도 하고 참선을 하기도 하면서 그 과정에서 얻은 기쁨을 남과 함께 하기 위해 노력하였다. 그러나 당시 세태는 그가 수행에만 전념할 수 있도록 허락하지 않았다. 여기저기 두루 다니면서 세상을 보니 불교계는 말이 아니었다. 승려들은 세속적인 이익에만 급급하고 수행은 뒷전이었다. 장탄식이 절로 나왔다.

> 우리가 아침저녁으로 하는 일을 돌이켜 보면, 불법(佛法)을 빙자하여 나와 남을 구분하면서 세속적인 이익에 구차스럽고 세상의 풍진 속에 푹 빠져 도덕은 닦지 않고 의식만을 허비하니, 비록 출가하였다고 하나 무슨 덕이 있겠는가. 아, 삼계를 벗어나고자 하나 번뇌를 끊을 수행이 없고 남자의 몸이 되었으나 장부의 뜻은 없구나. 그러니 위로는 도를 넓히지 못하고 아래로는 중생을 이롭게 하지 못하며 가운데로는 부모·스승·국왕·시주의 은혜를 저버렸으니 참으로 부끄럽도다.《권수정혜결사문》

그렇다면 무엇이 승려들을 수행에 전념하지 않고 세속적 이익에만 급급하게 하였을까. 그것은 승려 개인의 종교적 양심에 국한되는 문제가 아니었다. 근본적으로는 불교계가 정치권력과 세속적 이익을 목적으로 결탁하여 불교 본연의 임무를 망각한 때문이었다. 이런 세태를 지눌은 매서운 눈으로 비판한 것이다. 그 대상은 물론 개경을 중심으로 권력과 밀착된 정치 승려와 그 무리들이었다.

불교계의 병폐가 극에 달해 있는 상황에서 기존 불교계에 편입되어 승려 본연의 자세를 견지해 나간다는 일은 쉽지 않았다. 이런 때에는 타락의 본거지를 멀리 떠나는 것이 상책이었다. 양심과 용기 있는 승려들이 개경을 떠나 지방에서 결사(結社) 운동을 전개하였다. 그 시작은 작은 횃불이었으나 후일 한낮을 밝히는 해가 되었다.

특히 지눌이 주도한 결사는 불교 교단이 타락하여 종교의 역할을 제대로 못하자 이를 비판하고, 기존 교단에서 벗어나 뜻이 맞는 도반끼리 진정한 수행을 목적으로 결성한 자발적인 선 수행 공동체였다. 국가나 중앙 지배층의 후원을 배제하면서 수도를 떠나 지방민의 후원을 받아 출발하였기에 그 규모가 초기에는 소규모였다.

결사 선언

지눌이 결사 의지를 처음 말한 때는 1182년(명종 12) 1월, 선을 토론하는 승려 집회에서였다. 담선법회가 열리고 있던 개경 보제사에서 지눌은 뜻이 맞는 동학에게 결사에 대한 속마음을 털어놓았다.

> 법회가 끝난 후 세속적인 명예와 이익을 버리고 산림에 은둔하여 결사를 하자. 그래서 항상 정(선정)을 익히고 혜(지혜)를 닦기에 힘쓰며 예불하고 경전 보며 노동에 이르기까지, 각자의 소임에 따라 수양하여 인연 따라 성품을 기르고 평생을 구속 없이 멀리 덕 높은 이의 삶을 좇는다면 어찌 유쾌하지 않겠는가.《권수정혜결사문》

지눌의 말은 세속의 이해관계에 따라 이리저리 끌려다니면서 수행하지 않는 승려 생활은 이제 청산하고, 결국 은둔하여 출가 본연의 수도에 충실하자는 뜻이다. 그 말이 끝나자 여러 승려들이 '요즘같이 어수선한 시대에

송광사(전남 순천시 소재) 전경과 지눌 부도(아래)
1988년 제8차 중창 후의 송광사 모습이다. 1205년 지눌이 제1차 중창한 바 있다. 대웅전 뒤편 석축 위에 설법전과 수선사 건물이 높이 자리 잡고 있는 것은 선(禪)의 영향을 보여 준다.

아미타불이나 외우면 되지 선정과 지혜를 닦을 필요가 있겠는가', '우리의 심성이 본래 깨끗하다면 수행은 오히려 스스로를 묶는 불필요한 행위가 아닌가'와 같은 문제를 제기하였다. 이에 대해 지눌은 논리 정연하고 일관되게 선정과 지혜를 닦는 것이 불교의 근본임을 역설하였다. 토론이 끝나자 결사 취지에 동감을 표한 동학들은 '정혜결사(定慧結社)'라는 결사의 명칭을 정해 놓고 후일을 기약하였다.

그러나 결사는 쉽게 성사되지 않았다. 얼마 후 실시된 승과 시험의 당락에 따라 동학들이 저마다 현실적인 이해를 좇아 뿔뿔이 흩어졌던 것이다. 지눌은 승과에 합격하였지만 주지와 같은 승직에 연연하지 않고 홀로 지방으로 구도 행각을 떠났다.

보제사에서 기약한 후 6여 년이 지났을 때 결사의 인연이 다시 찾아왔다.

전에 결사를 기약하였던 동지로부터 이제 시작해 보자는 편지가 문득 날아왔던 것이다. 그때 지눌은 경북 하가산 보문사에 머물고 있었다. 지눌은 곧 팔공산 거조사로 거처를 옮겨 전에 약속하였던 사람들을 모았다. 죽고 병들거나 명리를 좇아 떠나 버린 자들을 빼고 겨우 서너 명이 왔다. 그러나 애당초 산림에 들어가 은둔하여 선정과 지혜를 닦자는 마당에 인원수가 무슨 문제였겠는가.

1190년 늦봄, 지눌은 장문의 《권수정혜결사문》을 지어 정혜결사(곧 정혜사로 결사의 명칭이자 사찰의 명칭. 이후 수선사, 송광사로 바뀜)의 결성을 선언하고 신분과 종교, 종파를 가리지 않고 취지에 찬동하는 모든 이에게 문호를 활짝 개방하였다. 지눌의 나이 서른 한 살 때였다. 결사문에는 권력과 밀착되어 세상의 하찮은 이해 따위나 좇는 타락한 불교계를 질타하고 아미타 정토 신앙 대신에 자력(自力)에 의한 깨달음, 즉 선정과 지혜를 닦아 깨달음을 이루자는 주장이 전편에 도도하게 흐르고 있다. 결사를 선포하고 나자 뜻밖에 공감하고 모여든 사람들이 많이 늘었다. 거조사는 비좁아 결사 장소로 적당한 곳을 새로이 마련할 수밖에 없었다. 그래서 옮겨 간 곳이 지금의 송광사 자리였다.

지방민의 후원

결사가 옮겨 간 곳에는 원래 신라시대에 세웠다고 하는 폐사 직전의 길상사가 있었는데, 지눌은 이곳에 지방민의 힘을 빌려 중창을 마무리 지었다. 그때의 정황이 다음과 같이 전한다.

전남 북부 장성현 백암사 승려 성부는 목수 일로 평생을 보냈는데, 불법을 듣고 발심하여 염불을 일삼았다. 중창은 모두 그의 손으로 이루어진 것이다. 금성(지금의 전남 나주)의 안일호장 진직승은 처와 함께 지극한 마음을 내어 술과 매운 냄새 나는 채소를 끊고 《반야심경》을 수지하였는데, 백금 열 근을 시주하여 절을 조성하는 비용으로 삼았다. 그리고 남방의 각 고을에 사는 부자는 재물로, 가난한 자는 몸으로 절을 완성하였다.(최선, 〈조계산수선사중창기〉, 1207년)

위 자료에서 우리는 수선사가 중창될 때 후원한 인물들이 인근 지역의 지방민, 특히 진직승과 같은 상층 향리층이었음을 알 수 있다. 중앙 정치권력의 후원은 일절 없었다.

그렇다면 무슨 이유로 수선사 중창에 지방민이 발 벗고 나선 것일까. 그들이 지눌에게 바랐던 것은 무엇이었을까. 지방민의 후원으로 이룩된 수선사는 지방민의 바람에 어떤 모습을 보였을까.

지눌은 이전 승려들과 달리 지체 높은 집안의 후예가 아니라 지방 향리 지식층으로서 하급 관리를 지낸 인물의 자제였다. 승과에 합격하였지만 승직 따위엔 관심을 두지 않은 채 권력과 연결된 부패한 불교를 박차고 개경을 떠나 결사를 결행한 승려였다. 지방민도 무인 정변 이후 역시 이전의 모습과는 달랐다. 문신 중심의 기존 지배층이 무인에 의해 도태되면서, 지방 향리층은 중앙 관인층의 모집단으로서 중앙으로의 새로운 길이 크게 열렸고 지방 사회는 활발한 움직임을 보였다. 그리고 전국적인 농민·천민 항쟁으로 피지배층은 사회의식이 싹텄다.

이제 지눌의 참신한 불교 사상과 도덕성은 변화의 바람을 탄 지방민의 종교적 욕구를 자극하기에 충분하였다. 지방민과 지눌은 교감이 없을 수 없었다. 지눌이 이타적 보살도의 실천을 강조한 점은 종교적 깨달음을 사회에 환원하고자 한 것으로서, 이는 결국 지방 사회의 일반민에 대한 관심의 표출이다. 그리고 중생의 본성을 절대 긍정하여 성불할 가능성을 모두에게 열어 둔 점은 당시 역사 발전에서 역동적으로 분출된 하층민의 신분 해방 의식과 결코 무관치만은 않을 것이다.

 지눌과 지방민은 수선사 중창 공사에서 처음으로 만나 바야흐로 결사의 터전을 닦기에 이르렀다. 1197년에 시작된 중창 공사는 1205년에 드디어 마무리되고 지눌의 결사 운동도 본격화되었다.

세 번의 심기일전

 지눌은 일생 세 번의 심기일전을 경험하였다. 그는 이를 토대로 선 사상을 세워 나갔으며, 그 사상은 결사의 장에서 펼쳐졌다. 첫 번째는 전남 창평 청원사에서 《육조단경》(육조 혜능의 설법집)을, 두 번째는 예천 하가산 보문사에서 《화엄경》과 《신화엄경론》(이통현 장자의 화엄 논서)을 읽고 심기일전을 이루었다. 두 번째에서는 선종 승려이면서도 교종 계통의 경론을 본 점이 특이하다. 이는 선종과 교종 불교의 회통으로 이어졌다는 점에서 의미가 크다. 지눌은 두 번째 심기일전 이후 대중을 인도하려는 마음이 생겼다고 한다. 이타행의 염원이 익어 갔던 것이다.

 지눌은 수선사 중창이 시작된 이듬해 지리산으로 들어갔다. 여기에서 2

년을 지내면서 열정적인 구도열을 다시 한 번 보였다. 드디어 《대혜어록》(대혜 종고의 선 어록)을 보다가 홀연히 눈이 열렸다. 이 마지막 심기일전은 결사 운동에서 특별한 의미를 갖는다. 새로이 간화선을 알았고, 수행은 어떤 장소에서도 어떤 상황에서도 가능하다는 것을 알게 되었다. 산속에서도 저잣거리에서도 가능하다는 점을 알게 되었다. 저잣거리의 일상 생활 속에서도 가능하다는 사실을 알게 되었다. 현실의 활동과 동떨어진 선 수행은 있을 수 없었다. 이제 속세를 떠나 운둔하고자 하였던 결사는 은둔을 벗어나 자신 있게 속세로 나아갈 수 있게 되었다. 지눌의 수행은 깊어졌고 결사가 속세의 현실로 나아가는 데 자신감을 얻었다. 대중과 함께 결사에 매진하는 일만 남았다.

지눌의 세 번에 걸친 심기일전은 그대로 대중을 이끄는 지도 원리가 되었으며 저술로 구체화되었다. 현재 저술로는 《권수정혜결사문》·《수심결》·《원돈성불론》·《화엄론절요》·《간화결의론》·《법집별행록절요병입사기》 등이 전해 온다. 《진심직설》은 최근 연구에 의해서 지눌이 아니라 금대 선승 정언(政言)의 저술임이 밝혀졌다. 이론이나 논리적 이해를 꺼리는 일반 선승과 달리 여러 저술을 남긴 점이 눈에 띈다. 이 저술들은 대단히 논리적이고 철학적인데 수행의 과제를 제시하고 그에 이르는 수행 방법은 무엇인지에 대해서 다양한 중생의 능력을 고려하면서 차근차근 친절하게 말해 준다.

선 사상

지눌이 제시한 선 수행의 과제는 중생 모두가 지니고 있는 마음[心]을 깨닫는 일이다. 마음을 깨달아 부처가 되어 번뇌의 고통에서 벗어나는 것이다. 이 같은 과제를 이루기 위하여 선택한 수행 강령이 정과 혜를 함께 닦는다는 정혜쌍수(定慧雙修)이다. 이 수행은 돈오점수(頓悟漸修)라고 하는 성불론에 의거한다. 돈오한 후에 점수하여 부처가 되는데, 그 점수의 내용이 정혜이다. 점수는 반드시 돈오를 전제로 해야 한다는 것이 지눌의 확고한 입장이다.

  돈오란 자기 마음의 본성을 단박에 깨닫는 것이다. 기본적으로 마음의 본성은 텅 비고 고요하며 시도 때도 없이 일어나는 번뇌는 본래 실체가 없음을 깨닫는 것이다. 점수란 계속해서 정혜를 닦는 것이다. 점수에서 정은 어지러운 마음을 가라앉히는 것이고 혜는 마음의 본성을 통찰하는 것이다. 돈오를 했으면 끝나는 것이지, 왜 군이 지속적으로 점수를 해야만 하는 것일까. 그것은 비록 돈오해서 깨달음을 얻었을지라도 오랫동안 몸에 배어 온 습관의 기운[習氣]이 일시에 없어지지 않고 남아 있어서, 자칫하면 돈오 이전의 상태로 되돌아가기 쉽기 때문이다. 점수가 있어야만 다시는 중생으로 되돌아가 번뇌에 헤매지 않으며, 처음의 깨달음이 확고부동하게 자리를 잡게 된다. 마치 어린아이가 처음 태어난 날에 모든 신체 기관이 성장한 이와 조금도 다름이 없으나, 힘이 충분하지 않아 먹고 뛰놀며 세월이 흘러서야 사람 구실을 하게 되는 것과 같은 이치이다.

  지눌의 수행은 정혜를 닦는 데 중점이 있다. 지눌의 사상은 인간을 절대 긍정하는 차원에서 출발하지만, 다른 면에서는 인간의 근원적 한계를 절감하였기에 돈오 후의 계속적인 수행으로 정혜를 강조하지 않을 수 없었다. 그는 정혜 수행을 소 치는 행위에 비유하여 자호를 '목우자(牧牛子)'라 하였고 결사의 처음 명칭을 정혜결사라 하였으니, 정혜를 매우 중시하였음을 알 수 있다.

지눌은 세 가지 선 수행문을 열었다. 먼저 성적등지문(惺寂等持門)은 공적영지(空寂靈知)를 단박 깨닫고 난 후에 닦는 수행문, 다음 원돈신해문(圓頓信解門)은 부동지(不動智)를 단박 깨닫고 난 후에 닦는 수행문, 마지막으로 경절문(徑截門)은 간화선을 말하는데 화두로 단박 깨닫고 난 후에 닦는 수행문이다. 공적영지나 부동지는 마음의 본성이다. 닦는 것은 정혜이다. 경절문은 앞의 두 수행문에 행여나 남아 있는 이론적 이해의 흔적을 걷어 내고 곧바로 마음의 본성을 깨닫는 수행문이다. 이들 수행문은 각각 당나라 때 남종선의 개조인 육조 혜능과 하택종의 조사이며 화엄종 제5조였던 규봉 종밀의 선을 근간으로 받아들인 것이고, 정통 화엄의 밖에 있던 거사 이통현 장자의 화엄을 과감하게 받아들인 것이며, 남송 때 간화선을 집대성한 대혜 종고의 선을 처음으로 받아들인 것이다.

세 가지 수행문은 수행 내용은 다르지만 서로 보완적인 관계를 가지면서, 모두 돈오점수 체계를 따랐다. 3종 수행문이 돌아가는 곳은 바로 마음의 깨달음이다. 지눌은 이 수행문을 가지고 결사의 현장에서 자신을 다지고 대중을 이끌었다.

한편 지눌의 선 수행에서 간과할 수 없는 것이 깨달음을 중생에게 되돌려 그들을 구제하려는 이타적 보살도의 실천이다. 지눌은 자신만 깨달은 채 중생의 고통을 외면한 승려가 아니었다. 그는 저술 곳곳에서 깨달음에만 머물러 중생을 외면하는 세태를 경계한다. 돈오 후에 정혜를 닦으면서 함께 보살도를 행해야 그 깨달음은 비로소 원만히 완성된다고 하는 것, 이것이 지눌의 분명한 입장이었다. 이러한 생각은 수선사 제2대 사주인 혜심에 의하여 사회의식으로까지 확대되었다.

지금으로부터 800년도 더 전에 살았던 지눌, 정변의 시대, 항쟁의 시대에 그는 불교계를 왜곡시켰던 중앙의 정치권력을 벗어나 지방에서 결사라는 선 수행 공동체를 만들어 불교의 깨달음을 대중과 함께 이루고자 하였다. 권력으로부터 벗어나 종교 본연의 역할에 충실하고자 하였던 수행자, 마음을 깨달아 행복하고자 하였던 지혜로운 자, 그가 바로 지눌이다.

지눌이 원하였던 것은 오늘날 우리가 원하는 것과 별반 다르지 않다. 마음의 고통에서 벗어나 활달하게 살고자 하는 염원은 그나 우리나 같을 것이다. 행복에 이르는 길을 물질이 아닌 마음에서 찾았던 지눌, 마음을 찾아가는 지도를 그는 우리에게 남겨 놓았다.

〈진각국사 혜심상〉(전남 순천시 송광사 소장)
수선사 제2대 사주를 지낸 인물로 스승인 지눌의 선 사상을 계승하여 간화선의 선양에 노력하였다.

이 미혹의 세계에서 사는 중생의 뜨거운 번뇌는 불난 집과 같다. 이 속에 어찌 그대로 머물러 있으면서 기나긴 괴로움을 달게 받겠다는 것인가. 괴로운 윤회의 세계를 벗어나려면 부처를 찾는 길밖에 없다. 부처를 찾으려면 그 부처는 바로 마음임을 알아야 한다. 마음을 어찌 멀리서 찾을 것인가. 그 마음은 우리의 몸을 떠나 있지 않다.《수심결》

박영제 _ 한국외대 강사

팔만대장경에 담긴 염원

김영미

대장경이란?

팔만대장경은 고려 고종 때 새긴 불교 대장경판을 가리킨다. 현종 때부터 만들기 시작한 초조대장경판이 불타 다시 만들었기에 고려재조대장경이라고 부른다. 일반적으로 팔만대장경이라고 하는 이유는 고대 인도에서 많은 숫자를 8만 4,000이라 한 것과 관련이 있다. 즉 '8만 4천 번뇌', '8만 4천 법문' 등이 그 예이다. 이를 간단히 8만이라고도 하므로, 부처의 설법을 담고 있는 대장경을 팔만대장경이라고 부르는 것이다. 또 경판이 8만여 판에 이르므로 팔만대장경이라고도 한다. 현재 남아 있는 세계 유일의 대장경판이다. 그 가치를 인정한 유네스코는 2007년 해인사에 봉안되어 있는 팔만대장경판과 여러 경판을 세계기록유산으로 지정하였다.

그렇다면 대장경이란 무엇일까. 석가모니, 곧 붓다가 45년간의 교화 후에 열반에 든 해에, 500여 비구들은 라자가하[王舍城]에 모여 처음으로 붓다의 가르침을 모았다. 오늘날과 달리 붓다는 제자들의 질문과 능력에 따라 다양하게 가르침을 주었다. 따라서 그 내용이 때에 따라 달랐으므로, 제자들은 스승의 가르침을 정리할 필요가 있다고 생각하였다. 이에 그동안 들었던 붓다의 가르침[法]과 계율을 아난다[阿難陀(Ānanda)]와 우파리(Upāli)가 각각 외우고, 그 자리에 참석했던 비구들이 붓다의 가르침으로 인정한 것을 모두 암송함으로써 경(經)과 율로 정리하였다. 이를 1차 결집(結集)이라 한다. 그 후 불교 교단이 여러 부파(部派)로 나뉘어 가르침과 계율에 대한 논의를 달리하게 되었고, 각각의 주장을 정당화하는 논(論)들이 승려들에 의해 저술되었다. 기존의 경, 율에 논을 더하여 삼장(三藏)이다. 기원전 1세기 무렵 스리랑카 상좌부에서 이들 삼장이 다라수 나뭇잎에 문자로 기록되기 시작하였다.

불교가 중국에 전해져 불교 경전이 한자로 번역되고 필사되어 전해지다가 점차 목판인쇄술의 발달과 함께 대량으로 인쇄할 수 있게 되었다. 그러나 처음부터 번역된 경전을 모두 모아 판각하지는 않았다. 송 태조 대에 이르러 황제의 명으로, 당 승려 지승(智昇)이 730년 작성한 경전 목록인 〈개원석교록(開元釋敎錄)〉에 수록된 5,048권 480함을 971년~983년에 걸쳐 모두 조판하여 인쇄한 경전이 첫 번째 대장경이다. 그 후 거란[遼]이 북중국을 차지하고 당의 불교 문화를 받아들여 두 번째로 대장경을 조판하였다. 이들 대장경의 판목은 현재 남아 있지 않으며, 인쇄본 일부가 남아 전한다. 그리고 거란대장경은 중국 베이징 방산(房山)에 돌에 새겨진 석경(石經) 형태로 남아 있다. 먼저 송의 대장경이 991년 고려에 전해진 후 고려에서도 현종 때부터 대장경을 만들기 시작하였고, 1063년 거란대장경이 전해진 후에는 이를 참고하여 추가 조판하였던 것으로 보인다. 이것이 고려의 초조대장경이다. 그러나 이 경판이 대구 부인사에 보관되어 있다가 1232년 몽골의 침입으로 불타자 다시 조판한 것이 재조대장경, 곧 팔만대장경이다.

팔만대장경을 만든 이유

　팔만대장경은 1232년(고종 19) 몽골의 침입을 피하려고 강화로 수도를 옮긴 이후 대몽 항전을 계속하던 시기에 16년에 걸쳐 새겨졌다. 전쟁에 온 힘을 기울여야 했던 고려 조정이 팔만대장경 조판이라는 엄청난 작업을 시작한 이유는 무엇일까?

　　옛날 현종 2년에 거란이 크게 군사를 일으켜 쳐들어오자 임금은 남쪽으로 피난하였는데, 거란 군대는 오히려 송악에 머물며 물러가지 않았습니다. 그리하여 임금이 여러 신하들과 함께 크게 발원하여 대장경의 판각을 맹서하자 스스로 물러났습니다. 대장경은 한가지이고 전후(前後)에 새긴 것도 같으며 임금과 신하가 함께 발원한 것도 동일하니, 어찌 그때에만 거란군이 스스로 물러나고 이번의 몽골군은 그러하지 않겠습니까. 오직 부처님과 여러 천인(天人)들이 얼마나 보살펴 주느냐에 달려 있을 뿐입니다.

　이 글은 이규보가 지은 〈대장경을 각판(刻板)하면서 군신이 기원하며 고하는 글〉로, 1237년(고종 24) 임금과 신하가 모여 붓다의 신통력으로 몽골군을 물리쳐 주기를 빌며 대장경의 판각을 고한 것이다. 이규보는 현종 때 초조대장경을 만들었더니 거란군이 물러났다고 보고, 새로운 대장경을 만들어 부처님의 힘을 빌려 몽골군이 저절로 물러나기를 기원한 것이다. 물론

강화 선원사지(인천시 강화군 소재)
강화 천도 이후 건립한 선원사는 최우의 원찰로 1245년 완성되었고, 대장경판을 봉안했었다. 지금은 그 터만 남아 있다.

초조대장경을 만들어서 거란군이 물러난 것은 아니었지만, 이규보와 당시 지배층의 절실했던 기원을 읽을 수 있다.

고려에서는 몽골군의 침입으로 위기에 몰려 오늘날의 강화도로 피난해 있던 상황에서 1236년(고종 23) 대장도감(大藏都監)을 설치하고 전쟁이 소강 상태에 접어든 1237년부터 1248년 사이에 판각하였다. 1237년에 판각한 것은 2종, 1248년에 판각한 것은 《대장목록》 1종에 지나지 않으므로, 실제로 1238년부터 1247년에 걸쳐 거의 대부분을 판각하였다. 그리고 1251년(고종 38)에는 국왕과 신하들이 강화도 선원사(禪源寺) 대장경판당에 나아가 대장경의 완성을 기리는 분향 의례를 거행하였다.

이와 같이 어려운 시기에 대장경을 판각한 것은, 한국 불교의 호국적 성격을 말해 주기도 하지만, 최씨 정권이 민심을 결집함으로써 자기들 중심으로 몽골에 대한 항쟁을 지속해 가려는 정치적 의도에서 비롯된 것으로 이해되기도 한다. 이것은 1237년 무렵 민들이 대규모로 몽골에 투항하는 일이 있었음을 참작한다면 납득할 수 있는 주장이기도 하다. 그러나 외적의 침입을 붓다의 힘을 빌려 극복하고자 했던 고려 사람들의 신앙심이 발현된 것이라고 이해할 수도 있다. 그것은 대장경 조판에 참여한 사람들과 기원 내용을 살펴보면 알 수 있다.

팔만대장경은 누가 어떻게 다 새겼을까?

누가 어떻게 8만여 장의 판목에 경전을 새겼을까. 그 비용은 어떻게 감당했을까. 대장경을 만들기 위해 최씨 정권은 당시 수도였던 강화에는 대장도감을, 남해(南海)에는 분사대장도감을 설치하였다. 강화와 남해에 도감을 설치한 까닭은 이곳이 몽골군이 남하하더라도 안전이 보장되는 섬이며, 또한 수로를 이용하여 산벚나무와 돌배나무 등의 재료를 구하기 편리했기 때문이다. 특히 남해의 분사도감은 정안(鄭晏)과 관계가 있다. 정안은 대장경 조판을 발원하고 지휘한 최이(崔怡)의 처남이며, 최이는 최충헌의 아들로 부친 사후 최고권력자였다. 당시 정안은 최이가 권력을 마음대로 행사하는 것을 보고 해를 피하기 위해 남해에 물러나 있다가 대장경 조판 소식을 듣고 사재를 털어 참여하였던 것이다.

대장경을 조판하려면 두 가지 작업이 먼저 이루어져야 한다. 하나는 경판에 대고 새기기 위한 경전의 판본을 마련하는 것이고, 또 하나는 경을 새기기 위한 판목(板木)을 마련하는 일이다. 먼저 경전의 판본은 기존의 판본을 활용하기도 하였고 새로 판본을 만들어 조판하기도 하였다. 더 어려운 작업이 경판을 마련하는 것이었다. 판목은 먼저 목재를 베어 내 운반한 뒤, 적당한 크기와 부피로 잘라 내어 바닷물에 담가 두었다가, 다시 소금물로 쩌서 기름 성분을 완전히 빼낸 다음 몇 년 동안 그늘에서 말리고 대패질을 하여 마련하였다. 이렇게 해서 완성된 판목 한 장의 크기는 세로 24~25센티미터, 가로 69센티미터 또는 78센티미터, 두께는 2.4~3.6센티미터 정도이다. 이러한 크기의 판목을 마련하려면 적어도 지름이 50센티미터 이상인 곧은 나무를 사용해야 했다. 따라서 8만여 판이나 되는 (잘못 판각하여 버리는 경우를 생각하면 이보다 훨씬 더 많은) 판목을 마련하는 일은 쉽지 않았을 것이다.

　판목이 완성되면 승려나 문인이 쓴 경문을 그 위에 뒤집어 붙인 뒤에 양각하였는데, 양면에 각각 14자씩 23행을 새겼다. 그 후 양쪽 끝에 각목으로 마구리를 대고 경판 표면에 진한 먹을 발라 나무를 물들인 후 결을 메워 매끄럽게 한 다음, 그 위에 안료를 섞지 않은 생옻을 두세 차례 칠하여 말렸다. 그리고 순도 99.6퍼센트 이상의 구리판으로 네 귀퉁이를 감싸서 판이 뒤틀리지 않도록 마감하였다. 이렇게 하여 대장경판은 지금까지도 뒤틀리거나 좀먹지 않은 채 보존될 수 있었다.

　이처럼 복잡한 제작 과정에는 많은 인력이 동원되었다. 바로 벌목공, 운반공, 목공, 칠공, 필사하는 사람, 글자를 교정하는 사람, 그리고 새기는 사람 들이다. 그중 나무를 베어 운반하고 켠 후 말리는 일, 강화로 마른 판목을 운반하거나 남해에서 새긴 경판들을 강화로 운반하는 일 등은 지방민에

팔만대장경 경판(위)과 변상도(경남 합천군 해인사 소장)
1237년부터 1248년까지 8만여 판에 달하는 판목의 양면에 구양순체의 글씨를 판각하였다. 변상도는 경전의 내용을 그림으로 표현한 것이다.

게 부과되었을 것이다. 동원된 지방민들은 처음에는 고역으로 여기지 않고 즐거운 마음으로 일했을 것이다. 인과응보설과 윤회설을 굳게 믿고 있던 당시 사람들에게 불사(佛事)에 동참하는 일만큼 공덕을 쌓는 일도 없었을 것이기 때문이다. 그러나 그 일이 경판을 선원사에 봉안할 때까지 16년간이나 지속되었으므로 항상 자발적으로 참여할 수만은 없었을 것이고 때로는 괴로운 의무가 되었을 것이다. 《고려사》에서 "정안이 대장경 조판에 참여한 뒤 그 지방 사람들은 불사가 매우 번거로워 싫어하고 괴롭게 여겼다."라고 한 것이 바로 그 예이다. 조선 초기 유학자들이 찬술한 《고려사》의 기록이므로 사실 여부에 대해서는 사료 비판이 따라야 하겠지만, 16년간이나 작업이 지속되었음을 감안한다면 전혀 근거 없는 이야기는 아닐 것이다.

한편 글씨를 쓰거나 새긴 사람들이 모두 강제로 동원되었던 것 같지는 않다. 글자를 새긴 사람들 중에는 전문적인 각수(刻手)라고 보기 어려운 신분의 사람들도 포함되어 있기 때문이다. 각수 중에 승려의 이름도 찾아볼 수 있는데, 이는 사원에서 경전을 개별적으로 판각하여 간행하기도 했던 것을 감안하면 쉽게 이해할 수 있다. 그리고 진사(進士) 신분의 사람들도 각수로 참여하였다. 진사 임대절은 7년 동안 177장을 새겼고, 진사 영의는 한 해 동안 31장을 새겼다. 또 박문정, 염수정, 황공석은 경판을 새긴 뒤에 국자감시에 합격하였다고 한다. 그 밖에도 진사들을 더 찾을 수 있는데, 이들은 강제 동원된 전문 각수라고 할 수 없고 신앙으로 국가의 위기를 극복하기 위해 자발적으로 동참하였다고 이해할 수 있겠다.

《고려사》에서는 최이·최항(崔沆) 부자와, 정안이 대장경 조판 비용을 감당했다고 하였다. 1255년(고종 42) 국왕은 대장경판 조성에 최이 부자가 세운 공로를 기리는 조서를 내렸는데, 그에 따르면 최이는 사재를 기울여 대장경을 거의 반이나 조판하였고 최항도 재산을 시주하고 일을 감독하였다는 것이다. 또 앞에서 언급하였듯이 정안도 사재를 내어 대장경을 절반가량 조판할 것을 약속하였다.

그러나 이들이 모든 비용을 대지는 않았다. 경전의 끝부분을 보면 대개 구석에 한 명에서 열 명 정도에 이르는 사람의 이름이 새겨져 있다. 그들은 경판을 만들거나 새기는 데 재산을 시주한 사람들이다. 《대방등대집경》 권3

의 맨 끝 장(제34장)을 보면 천태산인, 곧 천태종 승려 요원(了源, 了元)이, "이 공덕의 힘에 의지하여 영원히 윤회의 과보를 벗어나고 아버님과 어머님께서 극락향에서 편안히 사소서."라고 기원하고 있다. 그 밖에 '여신도 김씨가 부모를 위해', '사미 백우가 부모를 위해' 등의 기록으로 미루어 재가 신자들과 승려들이 발원하며 경판을 마련하는 데 시주하였음을 알 수 있다.

따라서 대장경을 만드는 데 일반민에서 관리, 지식인에 이르기까지 모든 계층이 참여했음을 알 수 있다. 즉 팔만대장경은 몽골군이 물러나기를 바라는 국가적 사업의 산물인 동시에 개인적인 소망이 이루어지기를 기원한 모든 고려 사람들의 염원이 담긴 문화재인 것이다.

고려 사람 모두의 염원이 담긴 찬란한 문화의 꽃

단지 판목의 막대한 수량 때문에 팔만대장경의 중요성이 강조되는 것은 아니다. 오히려 몽골 침입이라는 어려운 시기에 우리 민족이 발휘한 문화적 저력에 유의해야 한다. 16년이라는 단기간에 대장경을 완성하여 봉안할 수 있었던 것은 그동안 우리 민족이 불교를 깊이 연구하고 출판문화를 발전시켜 왔기 때문이다.

먼저 목판 인쇄술을 비롯한 인쇄술의 발달을 들 수 있다. 삼국시대에 불교가 들어온 이래 사찰에서는 불경을 금은 등으로 사경하였을 뿐 아니라 목판으로 간행하기도 하였다. 석가탑에서 발견된 《무구정광대다라니경》은 751년 이전에 간행된 경전으로 현존하는 세계 최고(最古)의 목판본이다. 고려시대에 들어와서도 각종 경전을 수집·간행하였는데, 이러한 경험을 바탕으로 하여 현종 때 초조대장경을 조판할 수 있었다. 그 후 대각국사 의천(1055~1101)은 국내뿐만 아니라 송, 거란, 일본에서 승려들의 저술을 구해 먼저 《신편제종교장총록》을 편찬하고 흥왕사에서 경전과 논서들을 판각하였다. 같은 시기에 혜덕왕사 소현도 금산사(지금의 전북 김제)에 광교원을 설치하고 경전 등을 판각하였다. 의천의 주도로 판각된 서적들은 다시 송, 거란, 일본에 전래되어 동아시아 불교 문헌의 유통에 중요한 역할을 하였다. 이처럼 각 사찰에는 필요한 저술을 판각하여 유통시킬 수 있을 만큼 기술이 축적되어 있었다.

그리고 중앙과 지방의 관청에서도 유교 경전과 역사서를 판각할 수 있는 기술을 지니고 있었다. 1192년(명종 22)에 이부상서 정국검과 판비서성사 최선에게 명하여 여러 선비들을 모아 《증속자치통감》을 교감한 후 여러 주현에서 판각하여 신료들에게 나누어 주게 하였던 것이다. 이처럼 중앙과 지방의 행정기관 그리고 사찰에서 축적하고 있던 목판 인쇄술이 집대성된 것이 팔만대장경이었다. 이미 1234년에 《상정고금예문》이 금속활자로 간행되었던 사실로 미루어 이 시기에는 금속활자로 찍어 내는 인쇄술도 상당히 발달했음을 알 수 있다. 그런데 팔만대장경을 굳이 목판으로 새긴 이유는 수요가 있을 때마다 재간행할 수 있다는 목판인쇄의 이점과, 소실된 초조대장경을 복구하려는 염원에서였을 것이다.

두 번째로 불경에 대한 관심과 연구가 지속적으로 이루어졌던 점을 들 수 있다. 태조가 경전을 수집·간행하게 한 이후 정종은 양곡 7만 섬을 내어 불경명보(佛經名寶), 광학보(廣學寶) 등을 설치하여 경전을 연구하고 간행·보급하게 하였다. 그 결과 960년(광종 11)에는 송의 요청으로 천태종 관련 논소를 비롯한 경전들을 보내 줄 정도였다. 그 후 송이 최초로 대장경을 간행하자 991년(성종 10) 송에 사신으로 간 한언공이 대장경 2,500여 권 481상자를 구해 왔는데, 현종 때부터 조판하기 시작한 초조대장경은 이를 저본으로 한 것이다. 1063년 거란본 대장경을 들여온 이후에는 이에 근거하여 송 대장경에 없는 경전, 본문에 차이가 심하거나 잘못 쓰인 것, 이역본으로 내용이 매우 다른 것 등을 새로 판각하여 편입하는 한편 송에서 새로 번역된 경전들을 계속 조판하였다. 초조대장경을 조판한 이후에도 계속 여러 판본을 비교·연구하여 더욱 완성된 판본을 만들어 갔던 것이다.

이러한 연구가 팔만대장경을 만들 때 반영되었으니, 개태사(開泰寺) 승려인 승통(僧統) 수기(守其)의 지휘 하에 고려에서 유통되던 초조대장경본을 비롯한 여러 판본, 송 대장경본, 거란 대장경본을 교감하여 《고려국신조대장교정별록》 30권을 작성할 수 있었다. 그리고 이를 근거로 대장경을 판각함으로써 그동안 간행된 대장경 중 내용이 가장 정확하여 오자가 없는 것으로 인정받고 있다. 이 때문에 일본에서 1924년 《대정신수대장경》을 간행할 때, 팔만대장경을 저본으로 삼기도 하였다. 또 현재 전하지 않는 거란대장경의 면모를 알아볼 수 있는 근거가 되고 있다.

한편 팔만대장경뿐 아니라 세계문화유산으로 지정된 경판전의 건축술도 주목해야 한다. 현재 팔만대장경은 해인사 대적광전 뒤편의 장경각에 보관되어 있다. 대장경판이 오늘날까지 손상되지 않고 보존될 수 있었던 데는 뛰어난 경판전 건축술도 중요한 역할을 하였다. 1995년 유네스코 산하 세계문화유산위원회는 해인사의 장경판전(藏經板殿), 곧 장경각(藏經閣)을 종묘, 불국사, 석굴암과 함께 인류가 보호해야 할 세계문화유산으로 지정하였다.

경판전인 장경각은 팔만대장경을 나누어 보관한 법보전과 수다라장, 사찰과 지방 관서에서 조판한 경판을 보관한 동서 사간판전으로 이루어져 있다. 법보전과 수다라장의 건물 규모는 각각 30칸(195평)씩으로, 건물 안의 판가(板架)는 길이 150센티미터, 높이 64센티미터로 판가당 34~44장의 경판이 꽂혀 있고, 각 판가는 5단으로 이루어져 각각 수직으로 두 장씩 포개져 배열되어 있다.

목재 문화재를 보존하는 데에는 습도가 결정적이다. 경판전은 해발 645미터에 있는데, 세 계곡이 만나는 지점에서 1킬로미터가량 떨어진 곳으로 바람이 늘 불어온다. 바람은 맨 밑단에서부터 맨 위 판가에 이르기까지 경판 틈을 골고루 지나면서 습도를 조절해 준다. 또한 경판전 지붕의 구운 기와도 보습 기능을 지니고 있다. 나아가 자연 습도 조절 기능은 온도 조절까지 하게 되어 곰팡이의 서식을 막아 준다.

경판전은 팔만대장경을 해인사로 옮길 무렵 세웠을 것이다. 원래 팔만대장경은 강화도 선원사에 보관하였는데, 1398년(조선 태조 7) 왜구의 침입 및 병란에 대비하기 위해 한강을 통해 한양의 지천사(지금의 독립문 부근)로 옮

해인사 팔만대장경 판고 내부
판고 안의 판가(板架)는 5단으로 되어 있고, 각 단마다 경판이 두 장씩 세워 꽂혀 있다.

겨졌다가 약 8개월 만에 해인사에 봉안되었다.

그런데 조선왕조 개창 이후 성리학을 숭상하고 불교를 배척하는 과정에서 일본의 잦은 요청에 따라 팔만대장경 경판이 한때 일본으로 건너갈 위기에 처한 적도 있었다. 1414년(태종 14) 경판을 일본에 보내 줄 것을 조정에서 의논하기도 하였으며, 1423년(세종 5)에는 대장경판을 주어도 아까울 것이 없다는 데에 의견이 일치하기도 했다. 그러나 세종은 일본의 요구를 모두 들어주다가 훗날 줄 수 없는 물건을 요구할 때에는 어쩔 수 없다는 이유로 중단시켰던 것이다. 그 후에도 1695년(숙종 21) 이후 일곱 차례의 큰 화재로 해인사의 많은 건물이 불에 타는 등 피해를 입었으나 판고는 무사하였다.

1951년에는 가야산 일대의 인민군 패잔병 소탕을 위해 해인사 대적광전 일대를 폭격하라는 지시가 내린 적도 있었다. 명령을 받은 공군 편대장은 수백 명의 적을 소탕하려고 세계적 보물인 팔만대장경 경판을 잿더미로 만들 수 없다고 거부하였다고 한다. 이처럼 한순간의 판단으로 750여 년간 우리 민족의 역사를 지켜본 팔만대장경 경판을 보존할 수 있게 되었다.

김영미 _이화여대 교수

천 가지 마음, 만 가지 불상

강희정

'우리나라의 불교미술' 하면 석굴암을 꼽는 사람은 많아도 고려시대의 불상을 떠올리는 사람은 흔치 않다. 고려시대에는 불교미술이 융성하지 못했던 것일까? 물론 그렇지 않다. 흔히 '고려' 하면 연상되는 청자와 각종 공예품을 기억한다면, 고려의 정신세계에서 가장 큰 비중을 차지하였던 불교미술의 미적 수준 역시 상당히 높았다. 그럼에도 통일신라에 비하여 양적으로나 질적으로 뒤지지 않는 고려 미술이 눈길을 끌지 못한 까닭은 무엇일까?

우리는 흔히 통일신라의 불교미술을 한국 미술사의 고전으로 파악하는 경향이 있다. 이상화된 인체 묘사, 자신감 넘치는 역동성, 세련된 미적 완결성을 추구했던 통일신라기의 불교미술이 후대에까지 미술 창작의 본보기가 되었다는 점은 충분히 납득할 만하다. 그에 가려져 주목을 받지 못했을 뿐, 고려의 불교미술도 귀족적인 취향을 바탕으로 통일신라 못지않은 아름다움과 미술로서 충분히 조명받을 만하다.

거대한 불상의 시대

대부분의 예술이 그렇듯이 불교미술도 제작 당시의 사회적 분위기에서 결코 자유로울 수 없다. 고려 전반기부터 두드러지는 불상의 대형화 추세도 당시의 사회상을 반영하고 있다. 불상의 규모가 커지기 시작한 것은 신라 하대인 9세기 무렵부터이지만 고려가 들어서면서 한층 활발해졌다. 이는 중앙정부와 지방 호족들이 저마다 자신들의 힘을 과시하기 위해 경쟁적으로 큰 불상을 세우기 시작했기 때문이다. 고려가 들어서면서 건국자들은 새 왕조의 권위를 드러내려 했고, 아직까지 왕권이 견고하지 못했던 시기에 각 지방의 호족들은 부처님의 힘을 빌려 자신들의 기득권을 지키려 했던 것으로 보인다. 권력층의 입장은 대중에게 부처의 위엄을 보여 주려는 교단의 바람과 맞물려 거대한 불상이 전국 각지에 만들어지게 되었다. 거대 사찰과 산 속에서 만날 수 있는 거대한 불상은 이전의 소형 불상보다 훨씬 더 영험 있어 보였고, 이는 부처님의 힘을 빌리려는 사람들에게는 더없이 만족스러운 것이었다.

국립중앙박물관 소장의 하남 하사

하남 하사창동 철조여래좌상(국립중앙박물관 소장)
통일신라 조각 양식을 계승한 고려 초기의 철불이다. 경기도 하남시 하사창동에서 발견되었고, 1963년에 보물로 지정되었다. 철불 특유의 날카로운 인상에 비해 신체는 완만하고 전체 비례도 안정감이 있다. 통일신라의 철불보다 외형틀의 부분 접합 부위가 훨씬 덜 두드러져서 철불 제작 기술이 발전했음을 보여 준다. 얇은 법의 위로 도드라진 옷 주름이 적극적으로 묘사되었으나 형식화되었고, 얼굴은 다소 딱딱한 느낌을 준다.

창동 철조여래좌상은 하남시 하사창동의 절터에서 옮겨 왔다. 예전에는 과거 지명을 따라서 춘궁리 철조여래좌상으로 불렸으며 상의 전체 높이가 2.8미터에 이르는 대형 철불이다. 현재 알려진 불상 가운데 가장 크다. 이 철불이 발견된 하사창동의 절터에서 '천왕'이라는 명문이 새겨진 기와편이 발굴되었고, 고려 초기 비문 가운데 '광주(廣州) 천왕사(天王寺)'라는 기록도 있어 이 철불이 발견된 곳은 천왕사의 유지(遺地)로 여겨지고 있다. 10세기 무렵에 만들어진 것으로 추정되는 이 불상은 석굴암의 본존불을 모방한 흔적이 뚜렷하다. 8세기 중엽에 만들어진 석굴암 본존불은 불상의 재료와 상관없이 일찍부터 다른 불상의 본보기가 되어 왔다. 철이 불상의 재료로 사용된 것은 8세기 무렵으로 신라 하대에 들어 널리 보급되었다. 하지만 이 철불은 신체의 표현에서 석굴암 본존불의 역동적인 긴장감을 살리지는 못했다. 치켜 올라간 눈과 평평한 콧날 등 얼굴 표현도 사뭇 다르다. 지금은 거친 철의 질감이 날것 그대로 드러나지만 처음 조성하여 불당에 모셨을 당시에는 그렇지 않았다. 무릎에 남아 있는 옻칠 흔적으로 미루어 이 철불은 표면을 옻칠로 매끈하게 다듬고 그 위에 금을 덧칠하여 모셨던 것으로 짐작된다. 황금빛으로 빛나는 거대한 불상은 사람들에게 불국 세계의 환상을 심어 주기에 충분했을 것이다.

불상의 대형화 경향이 두드러지는 조각은 단연 석조불상이다. 충청남도 논산시 은진면 관촉사에는 높이 18미터에 이르는 관촉사 석조보살입상이 있다. 흔히 '은진미륵'으로 알려진 이 거대한 보살상은 고려 전기 불상의 대형화 추세를 단적으로 보여 준다. 마치 거석기념물을 보는 듯이 돌덩어리처럼 단순한 신체와 경외심을 불러일으키는 크고 기괴한 얼굴, 원통형의 보관

관촉사 석조보살입상(충남 논산시 관촉사 소재)
높이 18미터에 이르는 국내 최대의 석상으로, 이중으로 올린 천개에 금속제 풍경과 연 봉오리를 달았고 눈, 코, 입의 윤곽을 예리하게 새겨 멀리에서도 눈에 잘 띄게 하였다. 눈동자와 눈초리에 검은 돌을 박아 넣었고, 입술에는 붉은 칠을 했다. 얼굴과 신체에 추상적인 신성(神性)을 강조하였다.

(寶冠)과 천개(天蓋: 뚜껑처럼 생긴 넓적한 돌), 단순하고 뭉툭한 손 등이 눈에 띈다. 이렇게 어마어마한 크기의 석상을 어떻게 만들었을까? 잘 보면 신체 중간에 돌을 연결한 이음선이 보인다. 적어도 두 덩이 이상의 큰 석재를 깎아서 만들었음을 알 수 있다. 이렇게 커다란 돌은 찾기도 쉽지 않고 만들기도 간단치 않다. 높이가 높은 석조 불상은 다리, 몸통, 머리 등 몇 개의 부분에 맞는 석재를 가공하여 먼저 조각을 한 뒤 맞춰 세우는 게 일반적이다. 기중기도 없었던 당시에 무거운 돌 조각들을 어떻게 맞춘 것일까? 이 궁금증을 풀어 줄 만한 이야기가 관촉사에 전해진다.

은진미륵을 만든 스님이 고민에 빠졌다. 만들기는 만들었는데, 이것을 어떻게 세운담! 깜빡 잠이 든 스님의 꿈에 네댓 살 먹은 어린아이들이 자기들 키보다 훨씬 더 커 보이는 진흙 인형을 만들고 있었다. 다리, 몸통, 머리를 따로 만들어 볕에 말렸다. "요 녀석들이 저걸 어떻게 하나 보자." 하며 스님이 멀찍이서 지켜보는

데, 발과 다리 부분을 세운 어린아이들이 어디론가 사라지더니 곧 모래를 잔뜩 날라 와서는 먼저 똑바로 세운 다리 주위를 모래로 덮어 버리는 것이었다. 그러고는 모래 위에 물을 뿌려 단단하게 다지더니 비스듬한 모래 비탈 위로 몸통 부분을 끌고 올라가 다리 위에 올려 세웠다. 같은 방식으로 머리를 세우더니 스님을 돌아보고 씩 웃는 게 아닌가. 그 미소에 깜짝 놀라 잠에서 깨어나 보니 스님 옷에 난데없이 물에 젖은 모래가 붙어 있었다. 스님은 "아, 우둔한 나를 깨우치려고 관음보살님이 몸을 바꾸어 나타나셨던 게로구나." 하고는 꿈에서 배운 대로 해서 은진미륵을 무사히 세울 수 있었다.

이 설화는 은진미륵도 선사시대의 고인돌이나 이집트의 피라미드와 비슷한 방식으로 세워졌음을 시사한다. 18미터에 이르는 거상을 제대로 세우기 위해서는 모래나 푸석푸석한 흙을 동원했으리라는 점은 분명하다. 현지 사람들은 이 석상을 오래도록 미륵으로 신앙해 왔고, 이에 관한 설화도 전한다. 하지만 오른손으로 금속제 연꽃을 들고 있어서 처음 조성된 것으로 추정되는 광종 대인 10세기에는 관음보살로 만들어졌을 것이다. 위의 설화를 수록한 《관촉사사적기(灌燭寺史蹟記)》는 조선 후기의 문헌이기에 보살상이 조성된 연대를 확정하기는 어렵다.

자유로운 미의식의 분출

은진미륵과 같은 대형 불상은 고려의 모든 시기에 걸쳐 조성되었는데, 특히 경기도 남부와 충청도에서 널리 만들어졌다. 부여 대조사의 석조보살입상, 예산 삽교리의 석조보살입상, 당진 안국사지의 석조삼존불입상 등이 좋은 예이다. 크기는 대부분 관촉사 불상보다 작지만, 몸체를 여러 부분으로 나누어 조각한 뒤 차례로 올려 세우는 방법은 같다. 이 석조 불상들은 통일신라의 불상보다 조형적 완성도가 떨어지는 경우가 종종 있다. 이는 조각가의 솜씨도 솜씨려니와 아무래도 미의식보다는 불상의 규모를 더욱 중시한 데서 비롯된 것이기도 하다. 고려시대에는 통일신라기와 달리 중앙의 미의식이 지방의 미술을 좌우할 만큼 파급력을 갖지 못한 상태에서 지방민의 종교적 열의가 불상 조성으로 자유롭게 분출되었다.

경기도 남부, 충청도, 전라북도 일부에서 볼 수 있듯이 고려시대 지방의 조각 중에는 양감이 전혀 없이 선각만으로 팔과 옷을 새겨 비석이나 장승처럼 보이는 예도 적지 않다. 그 불상들은 마을을 지켜 주는 수호신 역할도 함께 했던 것으로 보인다. 이런 장승 형태의 조각에는 머리에 천개라 불리는 일종의 갓을 얹은 예가 많다. 고인돌의 뚜껑돌처럼 생긴 천개는 문자 그대로 '하늘 뚜껑'인 셈이다. 노천에 세워진 석불이나 마애불에 내리는 눈비가 직접 닿는 것을 막기 위해 모자처럼 불상 머리 위에 얹은 것으로 생각된다. 천개는 모양을 내서 곱게 다듬고 장식을 하기도 했으나 납작하고 넓은 판석을 그대로 올려놓은 것도 있다. 은진미륵처럼 불상 제작과 동시에 만들기도 했지만 이전에 만들어진 불상에 천개를 나중에 따로 만들어 얹은 경우도 있다. 통일신라시대에 만들어진 불상 위에 있는 천개가 바로 그렇다. 천개는 사찰의 법당이 아니라 야외에 세워진 고려 석불의 중요한 특징이라 해도 좋을 듯싶다.

중앙과 지방 미술의 양극화

고려 전기의 불교미술이 정치·문화적 원심력으로 인해 지방색이 강하면서도 크고 소박한 불상을 양산한 반면, 중앙의 불교미술은 고려 중·후기로 넘어가면서 세련된 고려청자에 못지않은 우아하고 귀족적인 아름다움을 뽐내게 된다. 국립중앙박물관 소장의 금동관음보살좌상이 대표적이다. 14세기 작품으로 여겨지는 이 보살상은 갸름한 얼굴과 가늘고 긴 팔다리, 여원 듯이 보이는 몸통의 굴곡이 인상적이다. 얼굴은 금박이 떨어져나가서 어둡게 보이지만 신체의 유려한 곡선과 천의, 장신구 표현은 섬세한 미적 감각을 보여 준다. 보살상이 머리에 쓰고 있는 보관은 당시 실제 복식과 어느 정도 관련이 있다. 복잡하게 장식된 고려의 보살상은 특히 오대, 북송, 원으로 이어지는 중국의 실제 장신구나 머리 꾸밈을 바탕으로 하여 디자인된 것으로 보인다. 두 팔을 휘감아 내린 천의(天衣)나 영락 장식까지 착착 휘감기는 선적인 조형은 고려 불교 조각의 귀족적 미의식을 드러낸다. 비록 유물이 많이 남아 있지는 않으나, 개성을 중심으로 한 문화의 중심지에서는 이와 유사한 모습의 조각이 다양하게 제작되었을 것이다.

조용하고 다소곳한 모습을 보여 주는 강원도 강릉 한송사지 석조보살좌상은 고려 불상의 또 다른 특징을 보여 준다. 재료도 우리나라 조각에서 좀처럼 보기 어려운 대리석일 뿐 아니라 조각 수법도 특이하다. 높은 원통형의 보관과 장신구, 눈썹 밑을 깊이 파서 눈 두덩이의 경계를 분명히 한 점, 작고 합죽한 입매 등은 분명 신라 불상에서는 볼 수 없는 특징이다. 당당한 가슴에서 잘록한 허리로 이어지는 신라 불상의 곡선미와 반대로 이 보살상은 어깨가 좁고 가파르며, 몸매는 통통하고 둥글게 처리되어 있다. 그럼에

❶ **금동관음보살좌상**(국립중앙박물관 소장)
여성적 색채가 농후한 고려 후기의 관음보살상이다. 온몸에 천의와 구슬 목걸이로 치장하여 복잡해 보이지만, 몸매는 가녀린 여성처럼 부드러운 굴곡이 잘 표현되어 있다. 이처럼 화려한 장신구는 중국 송·원 대(末元代)의 보살상에 흔히 보이는 특징이다.

❷ **한송사 석조보살좌상**(국립중앙박물관 소장)
우리나라에서 보기 드문 대리석제 보살상으로, 원래 강원도 강릉의 한송사지로 전해지는 곳에 넘어져 있던 조각이 1912년 일본으로 반출되었다가, '한일협정'에 따라 1966년 우리나라로 돌아온 '반환 문화재'이다.

❸ **금동대세지보살좌상**(호림박물관 소장)
라마교 미술의 성격이 강한 고려 말기의 보살상이다. 단정한 얼굴 생김새와 인체 비례, 둥글고 큰 귀걸이, 가슴까지 올라온 천의와 매듭이 원대 조성된 라마교 보살상과 매우 유사하다. 장신구가 기계적으로 표현되어 자연스럽지 못하고 틀에 박힌 표현을 하였다.

도 신체의 부드러운 조형성과 양감이 잘 드러난다. 높은 보관과 온화하게 미소 띤 얼굴 묘사로 미루어 이 보살상은 중국 송나라, 요나라 미술에서 영향을 받은 것으로 짐작된다. 이와 유사한 형태의 보살상이 강릉 신복사지와 오대산 월정사에 전래되고 있어 강원도 일대의 특수한 지역 양식이라고 생각된다.

고려 후반기 지방에서 제작된 불상의 특징을 보여 주는 조각 가운데 충주의 철불 두 구를 들 수 있다. 충주 철불은 기하학적인 경향이 극도로 표현되어 추상성이 강조된 것으로 경외심을 불러일으키는 험상궂은 얼굴을 하고 있다. 두 구의 형상이 매우 유사하여 같은 조불소(造佛所: 불상 제작소)에서 조성되었다고 보고 있다. 현재는 별다른 장식도 없고 금칠도 하지 않은 상태지만, 워낙 강한 인상을 주므로 밀교 의식을 위한 불상이었다는 주장도 있다.

이국적인 불상

이전부터 지속된 중국과의 교류는 고려시대에 와서도 활발하게 지속되었다. 특히 승려들의 잦은 왕래를 따라 당시 중국의 오대, 북송 미술 또한 자연스럽게 고려로 흘러들었다. 물론 반대의 흐름도 활발했다. 요즘의 '한류 열풍'까지는 아니지만 중국에 고려의 문화가 흘러갔다는 점은 분명하다. 1074년에 송에 사신으로 간 김양감(金良鑑)이 화공을 구하자 북송의 신종(神宗)이 이를 구해 주었다거나, 관음상을 조각해서 고려로 가져왔다는 《오등회원(五燈會元)》의 기록이 이를 뒷받침한다. 고려의 대장경이나 원효의 저술,《삼국사기》·《고려일력》 등이 송에 전해졌고 중국 현지에서 청자 등이 발견된 것으로 미루어 불상이나 불교 공예도 함께 갔으리라는 것을 쉽게 짐작할 수 있다.

호림박물관 소장의 금동대세지보살좌상은 미적 특징이 티베트 불상과 매우 비슷해 과연 고려시대 작품인지 미심쩍은 부분도 있다. 신체가 보이지 않을 정도로 과다한 영락 장식과 목걸이, 건강해 보이는 다부진 신체와 경책(경전을 새긴 작은 두루마리나 그것을 담은 작은 상자)이 놓인 연꽃가지를 손에 든 정확한 도상(圖像)의 표현에서 이국적인 라마교 미술의 영향을 느낄 수 있는 색다른 조각이다. 얼굴 생김새와 인체 비례까지도 전형적인 티베트 불상, 그 영향을 받은 원나라 불상과 상당히 비슷하다. 세지보살은 관음보살과 짝을 이루어 아미타불을 돕는 역할을 하는 보살이다. 고려시대에는 내세에 아미타불의 세계(극락정토)에 다시 태어나기를 기원하는 아미타 신앙이 유행하여 아미타, 관음, 세지를 한 벌로 한 그림이나 불상이 널리 만들어졌다.

원 왕조의 금강산 숭배

금동대세지보살좌상에는 금강산에서 출토되었다는 꼬리표가 오래전부터 붙어 있었다. 이 보살상과 한 벌로 보일 만큼 꼭 닮은 국립중앙박물관 소장의 보살상이 강원도 회양 장연리 출토라는 점이 이를 뒷받침한다. 이 보살상들은 14세기 몽골족의 금강산 숭배와 연관 짓기도 한다. 몽골에서 숭배했던 금강산에 자기네 불상을 모셔 놓았다거나 그들의 손으로 고려에서 만든 불상을 안치했다거나 하는 것이다. 원이 금강산을 숭배한 일은 원 황실에서 직접 금강산 표훈사, 장안사에 와서 불사를 했을 정도로 널리 알려졌다.《가정집》·《신증동국여지승람》·《동문선》 등에는 표훈사와 장안사에서 원의 순제와 고려 공녀 출신의 기황후가 발원한 불교 의식에 대한 기록이 남아 있다. 불교 의식을 시행한 것만이 아니다.《동국여지승람》에서는 장안사의 법당과 불상을 모두 중국 장인이 만들었다고 기록하고 있다. 이때 중국 장인이면 당연히 원의 장인이고, 장안사의 불상이 금동대세지보살상을 말하지는 않지만, 이 보살상에서 보이는 라마 미술의 요소를 납득하는 데에는 충분하다. 또 1974년에 금강산 만폭동 금강대에서도 14세기에 만들어진 불상들이 발견되는 등 상당수의 불교 조각이 금강산에서 발견된 바 있다. 이는 몽골의 금강산 숭배가 14세기에 정점에 달하면서 라마교 미술의 영향도 컸음을 말해 준다.

원과의 미술 교류는 고려 충렬왕의 비인 제국대장공주가 고려 왕실에 시집을 온 13세기 후반부터 시작됐다. 제국대장공주가 원의 장인을 직접 불러다가 궁전을 짓게 했다는 내용이《고려사》에 나온다.《가정집》에는 금강산의 동종과 연복사 동종도 원의 장인이 만들었다는 내용이 실려 있다. 1346년에 조성된 경천사 탑도 원의 장인을 불러다 만들었고, 1342년의 신광사 불사를 비롯해 개경 성균관의 소조상도 원의 장인이 만들었다. 보기에 따라서 이를 고려에 대한 원의 간섭이라고 볼 수도 있다. 그러나 그보다는 고려에 그만큼 많은 원의 장인이 드나들었고, 고려에서 이루어지는 불교미술의 생산을 중시했다고 해석하는 편이 옳다. 당시 원의 강역이 얼마나 넓었는지는 지도를 보면 금방 알 수 있다. 그 넓은 영토에서 이루어진 불교미술의 제작에 모두 원의 장인을 보냈겠는가? 원의 지배 영역에 있었던 나라는 많지만 고려에 장인을 보낸 사실은 고려를 중시했고, 금강산 숭배와 같이 특정한 신앙이 있었기 때문이다.

금동대세지보살상과 같은 계열이지만 이보다 고려의 색채가 뚜렷하게 드러나는 국립전주박물관 소장의 금동관음보살좌상과 호암미술관 소장의 금동관음보살좌상은 고려에 미친 원의 영향력을 보여 주는 미술이면서 한편으로는 그 영향을 고려화하고 있었음을 보여 준다.

이 땅에 구현한 부처님 나라의 염원

고려시대의 불교 조각은 지방마다 고유색이 잘 나타나고 있다는 점이 흥미롭다. 고려 불상이 지역마다 조금씩 다른 특징을 보이고 있는 점은 통일신라 전성기의 조각이 대체로 비슷비슷한 모습을 하고 있는 점과 좋은 대조가 된다. 이는 석불에서 더욱 두드러진다. 석불은 청동불이나 철불, 건칠불과 달리 특별한 기술이나 용광로와 같은 시설이 따로 필요 없으며 상대적으로 비용도 훨씬 덜 들기에 제작이 쉽다. 이토록 각지에서 성격이 다양한 불상이 활발히 만들어진 것은 불상을 조성하도록 시주한 사람들의 계층이 이전보다 더욱 다양해졌기 때문이다.

다양한 형상의 고려 불상이 통일신라 조각에 비해 그다지 눈길을 끌지 못했던 까닭은 일단 우리 눈에 익숙하지 않다는 점이 가장 크다. 또 불상의 외형적 아름다움에서 고려 불상은 통일신라의 불상에 비하여 뒤진다는 인식이 지배적이다. 그렇기에 교과서와 각종 서적, 대중매체에 대부분 통일신라의 조각이 실린다. 쉽게 접하는 익숙한 것에 우리 눈은 길들여진다. 자주 접하지 않으니 낯설게 되고, 낯선 탓에 더 모르게 된다. 통일신라 전성기 조각을 잣대로 한 미적 가치판단으로 고려 불상을 재단한다면 무리가 따를 수밖에 없다.

　고려시대에는 불교의 대중화만큼 불상 조성의 대중화가 이전보다 훨씬 폭넓고 뿌리 깊게 이루어졌다. 세련되고 우아한 귀족적 미의식이 엿보이는 불상과 투박하고 조잡한 서민적인 불상이 공존한다. 이 역시 단순한 이분법으로는 그 의미를 온전히 살려 낼 수 없다. 특정한 미적 기준에 얽매이지 않고 미술 작품을 독특한 문법의 시각언어로 받아들인다면, 고려의 미술은 고려시대 사람들의 믿음과 미의식에 대해 훨씬 풍요로운 세계를 열어 줄 것이다.

강희정 _서강대 동아연구소 교수

푸른 옥으로 핀 꽃, 천하제일의 고려청자

장남원

우리는 세계에서도 손꼽을 만한 자기문화를 이룩한 민족이다. 이미 고려시대에 청자를 완성함으로써 도자기 제작 기술의 진보를 이루었으며 중국과 함께 일찍부터 세계 도자사의 선두에 서게 되었다. 청자는 생활에서 사용되었던 물건이었기에 고려시대 사람들의 사상과 종교, 일상의 삶 등을 잘 담아 냈다. 특히 기물의 형태에서 보이는 빼어난 선과 더할 나위 없이 아름다운 유색, 격조 있는 문양 등은 기술적 능숙함과 조형의 아름다움으로 오랫동안 주목받아 왔다.

청자의 탄생

일반적으로 고려시대 청자는 점토로 기물(器物)을 만들고 700~800℃에서 구워 낸 후 그 위에 다시 철분이 1~3퍼센트가량 들어 있는 유약을 입혀 1,150~1,200℃ 정도의 온도에서 구워 낸 것으로 알려져 있다.

청자를 제작하려면 먼저 기술적으로 중요한 조건을 갖추어야 한다.

1,000℃ 이상의 불 조절 기술과 잿물 유약[灰釉]의 제조 그리고 시유(施釉) 기술이 필요하다. 삼국시대 이후 국내에서는 1,000℃ 내외의 높은 온도로 실생활에서 사용하기 좋은 단단한 도기를 제작하였으며, 통일신라시대에 이르면 녹유(綠釉)·갈유(褐釉) 등의 유약을 입힌 도기도 생산하게 되었다. 굽는 온도가 1,000℃를 넘으면 흙 속에 함유되어 있던 규산질이 땔감으로 사용한 나뭇재와 결합하면서 유약층을 형성하는 자연유(自然釉) 현상이 일어난다. 이 같은 특성에 착안하여 인공적으로 잿물을 만들고 입혀 구워 낸 것이 회유 도기이다. 유약은 도기 표면에 융착되어 매끄럽게 해 줄 뿐만 아니라 그릇 자체의 내구성을 높여 주고 흡수도를 낮춰 주었다. 따라서 실용적인 저장과 운반을 위한 용품으로 많이 사용하게 되었으니, 이 같은 단단한 시유 도기 제작 경험은 청자의 탄생을 앞당기는 기술적 기초가 되었던 것이다.

우리보다 청자 기술이 앞섰던 중국에서는 이미 상(은)대 이래 잿물을 발라 구운 유약 도기를 제작하였으며 한대부터 육조시대에 걸쳐 질 좋은 청자를 만들었다. 이후 오대와 송에 이르면 세련되고 완성도 높은 청자를 완성하게 되어 월주요(越州窯)·요주요(耀州窯)·여요(汝窯)·남송관요(南宋官窯)·용천요(龍泉窯) 같은 가마들이 이름을 떨치게 되었다.

그렇다면 우리나라에서는 언제부터 청자를 만들었을까?

삼국시대 이후 국내에 전래되어 사용되었던 중국의 청자와 백자는 우리 민족이 자기를 적극적으로 인식하는 계기가 되었고, 10세기경 중국 남방 월주요계 요업 기술이 직접 들어옴으로써 국내에서도 청자 생산이 본격화된다. 국내의 자기 수요는 청자에만 머물지 않아 이들 초기 청자 요장에서는

청자완(이천시립박물관 소장)
안 바닥이 좁고 옆선이 곧게 벌어졌으며 접지 면을 넓게 깎은 해무리굽 완으로 차분한 녹색을 띤다.

머지않아 백자도 함께 제작되기 시작하였다.

청자는 황해도와 경기도를 비롯하여 충청남도, 전라도로 이어지는 서남해안의 가마들을 중심으로 먼저 발달하는 지리적 특성을 보인다. 이는 아마도 10세기 말 이후 조운제(漕運制) 발달에 따른 조운로의 활성화와 연관이 있을 것이다. 기술의 진보를 바탕으로 기존 중국과의 해상 교류, 신라 말 고려 초 지방 호족들의 세력 확장과 그에 따른 자기 수요와 자본의 창출, 선종의 전래와 차 문화 유행 등이 가속화되면서 생산 지역의 확산과 소비의 증대가 이루어졌다.

당시 청자 가마터로는 황남 배천군 원산리를 비롯하여 경기도 시흥시 방산동, 용인시 이동면 서리 상반, 양주시 장흥면 부곡리, 고양시 원당면 원흥리, 여주군 북내면 중암리, 안양시 비산동, 충남 서산시 성연면 오사리, 보령시 천북면 사호리 등이 주목된다.

초기 청자 가마터에서는 대개 차를 마시는 다완(茶碗) 같은 다구류가 가장 많은 양을 차지하고 있으며, 그 밖에 제기와 의식 용구 등도 생산되었다. 이는 고려에 들어와 차가 승려나 문인의 벗으로, 왕실이나 불교 교단의 각종 행사에 필수 품목으로 부상하여 차 마시는 습관이 성행함에 따라 제다(製茶)와 음다(飮茶)를 위한 청자가 다량 제작되었기 때문일 것으로 생각된다.

하지만 《송사》 고려전의 1015년 기록에 민가의 그릇은 모두가 구리라고 한 것처럼 청자가 아직은 일부에서 사용되었고 고려의 생활문화 전반에 깊이 뿌리내린 것은 아니었던 것으로 추측된다. 고려 사회의 경제 발달과 사회 변화에 따라 고급 재료인 청자의 제작이 늘어나고 사용이 확대되는 현상은 11세기 말에서 12세기를 지나면서 두드러지는 것으로 보인다.

'천하제일'의 비색

1123년(인종 1) 고려에 왔던 송나라 사신 서긍(徐兢)의 《선화봉사고려도경》에는 "고려 사람들은 도기 중에 푸른빛을 띠는 것을 비색(翡色)이라 한다."라고 하였다. 이는 당시 중국인이 그들의 청자를 '비색(秘色)'이라 부르던 것과 달리 고려 사람은 자신의 청자를 '비색(翡色)'이라 하여 중국의 청자와 구별하고 있었음을 보여 준다. 이는 고려 사람들이 청자의 독특한 아름다움에 대하여 긍지와 애착을 품고 있었던 것을 말해 주는 예로서 서긍도 이 점에 주목한 것이다.

이러한 비색 청자는 중국인들에게 동경의 대상이 되어 칭송을 받았다. 남송 태평노인의 《수중금》에는 "건주의 차, 촉 지방의 비단, 정요 백자, 절강의 차, 고려 비색 모두 천하의 제일인데, 다른 곳에서는 모방하고자 해도 도저히 할 수 없는 것들이다."라고 하여, 천하의 명품들 가운데 고려청자를 포함시키고 있다. 특히 백자는 허베이성 정요 제품을 제일로 여기면서도 청자에 관해서는 '고려 비색'이 천하제일임을 인정하고 있다. 일찍이 당나라 시인 육구몽은 그 유명한 저장성 월주요 청자의 신비로운 색을 "늦가을의 바람과 이슬 속에 가마가 열리면, 천 봉우리의 푸른빛을 다 빼앗아 가네."라고

청자오리형연적(간송미술관 소장)
입에 연꽃줄기를 물고 연못을 유유히 노니는 오리의 모습을 본떠 만든 연적이다. 완벽한 형태에 섬세한 세부 묘사를 더해 사실감을 준다.

하지 않았던가. 그런 경험을 한 중국인들이 송대에 이르러 이처럼 고려 비색에 마음을 빼앗긴 것을 보면, 중국을 능가하는 독특한 세련미를 보인 고려청자의 완성도에 대한 감탄이며 고려 비색이 주는 아름다움과 자연스러움에 대한 찬사로서, 절정에 달했던 12세기 전반기 청자의 준수함에 대한 상찬은 비단 우리만의 자찬은 아니었음을 알 수 있다.

특히 인종 때(재위 1122~1146년)에는 안정된 대외 관계를 바탕으로 문풍이 진작되고 불교 및 예술이 발달하여 청자의 조형도 이와 분위기를 함께하였다. 인종의 장릉에서는 12세기 중엽(1146년 전후)에 제작된 청자 화병을 비롯한 합(盒)과 화형 좌대(花形座臺), 접시 등이 옥책(玉冊)과 함께 발견되었는데, 유색과 제작 기술이 완벽할 뿐만 아니라 균형과 조화가 돋보이고, 장식과 형태의 절제미가 뛰어난 전성기 청자의 모습을 여실히 보여 준다. 이 시기 청자 생산지로는 전남 강진과 전북 부안 일대가 융성하였으며, 특히 강진 가마터에서는 같은 유형의 파편들이 수집되고 있어 우리의 관심을 끈다.

한편 청자 제작 기술이 절정을 이루는 시기의 강진과 부안 일대 가마터를 조사해 보면, 고려 초기의 주 생산품이었던 다완이나 제기 외에 정병, 향로, 매병 등 특수 용기 외에 기와나 장식 타일 같은 건축용재와 화장 용구, 문방

인종 장릉 출토 청자들(국립중앙박물관 소장)
인종의 장릉에서 발견된 일괄 유품으로 무늬가 없으며 옅은 녹색이 감도는 차분한 비색을 띤다. 전남 강진의 사당리 가마터에서도 유사한 청자 조각들이 발견되었다.

용품, 약 용품에 이르기까지 생산 품목이 다채로워 생활의 여러 부분으로 청자 사용이 확대되어 가고 있음을 알 수 있다.

한 예로《고려사》의종 11년(1157)의 기록에 따르면 왕궁 동쪽에 새로 마련한 궁원에 세운 양이정(養怡亭)은 청자로 만든 기와를 덮었다고 하였는데, 실제로 강진의 가마터와 수도였던 개성 만월대 왕궁 터 등에서 청자 기와 조각들이 발견되고 있어 청자라는 소재가 이미 건축용재에까지 활용되고 있었음을 보여 주기도 한다.

아래에 인용한 시는 고려 중기 문신인 이규보(1168~1241)가 읊은 시로 고려 중기 문신인 청자 인형 연적에 대한 기특함과 소중함을 따뜻하게 표현하였다. 고려 문인들 사이에서도 청자 용품이 사랑받았음을 보여 주는 예이다.

푸른 옥으로 핀 꽃, 천하제일의 고려청자

작기도 하여라 푸른 옷 입은 동자
고운 살결 옥과 같구나
무릎 꿇어앉은 모습 너무도 공손하고
눈과 코의 윤곽 또렷하여라
종일토록 지친 듯한 내색도 없이
물병 들어 벼룻물 부어 준다네
너의 고마움 무엇으로 갚을쏜가
깨어지지 않게 소중히 간직하리.

그러나 이 시기 청자 가마터를 조사해 보면 사발, 잔, 병, 항아리 등과 같은 일상의 음식 용기가 대부분을 차지한다. 이 가운데 접시의 생산 비중이 급격하게 증가하고 있어서 청자가 생활 전반에서 광범위하게 사용하게 되었음을 말해 준다. 이러한 현상은 강진과 부안 이외에도 전국에 발달했던 크고 작은 여러 요장에서도 확인된다.

흙의 자유로움, 그 다양한 시도

한편 국내에서 본격적으로 청자 생산이 이루어지는 10세기 이후부터 강진이 요업 중심지로 부각되는 11세기까지 청자 발전기에는 청자의 질과 형태 및 문양이 안정되고 발생 초기에 강하게 나타나던 중국의 요소가 약화되며 12세기경에는 중국 도자 제작 기술의 장점을 받아들이면서도 고려의 제작과 소비 현실에 적응하면서 고려만의 특징이 드러나게 된다. 즉 이미 생활 용기로 자리 잡은 청자는 오래전부터 보편적으로 사용되어 오던 도기류나 금속기의 형태와 기능상의 장점들을 적극적으로 응용하여 고려의 새로운 조형을 이루어 나간다. 특히 제작지에서는 중국과 비교하여 도자 수요가 적고, 내수를 위주로 하였던 고려의 청자 현실을 감안하여 소규모 가마를 여러 개 운영하면서 생산량과 품종을 조절하였던 점을 볼 수 있다.

다품종 생산 체제 아래서 효율적인 제작 방법을 모색하는 과정에서 청자는 형태와 제작 방법에서 도기나 금속기와는 다른 독자성을 띠게 되었으며, 흙의 특성과 제작의 목적에 따라 도기와는 다른 다양한 제작 방법이 시도된다. 즉 물레 성형을 기본으로 하면서 틀[型]을 사용하여 형태를 만들거나, 부분적으로 문양을 눌러 찍거나, 또는 서로 형태가 다른 부분들을 별도로 만들어 접합하는 등 다양한 방법을 사용하는 것이다.

물론 문양이 없는 청자가 고려시기 내내 대종을 이루었지만 장식 면에서 그 어느 시대보다 다양한 시도가 이루어졌다. 청자는 표면 장식에 따라 순청자, 음각 청자, 양각 청자, 철화(鐵畵) 청자, 진사(辰砂) 청자, 화금(畵金) 청자, 철채(鐵彩) 청자 등으로 나눈다. 음각 청자는 순청자 위에 음각 기법으로 꽃이나 기타 식물 또는 장

청자진사연판문표형주자(호암미술관 소장)
표주박 모양 몸체에 음·양각으로 연잎 무늬를 장식하고 그 가장자리에 산화동 성분의 안료를 발랐다. 강화도에 있는 최항(?~1257)의 무덤에서 석관묘와 함께 나온 유물이라고 전한다. 이와 똑같은 청자가 미국 보스톤박물관에 소장되어 있다.

청자퇴화초화문표주박모양 주자와 승반(보물, 국립중앙박물관 소장)
개성 부근에서 출토되었다고 전하며, 술이나 물 등을 담는 주자(注子)와 받침인 승반(承盤)이 한 벌로 된 청자이다. 바탕에 백토와 자토로 무늬를 바르고 그려 흑백의 대비가 두드러진다.

식 문양을 새겨 넣은 청자를 말한다. 양각 청자는 무늬를 돋을새김하여 도드라지게 하는 기법으로 조각하거나 압출(壓出)하는 방법이 사용되었다. 철화 청자는 유약을 입히기 전에 붓에 철분 안료를 묻혀 회화적 방법으로 무늬를 그린 것이다. 그 밖에 그릇의 벽면을 도려내어 장식하는 투각(透刻), 백토(白土)를 이용하여 문양을 그리는 백화(白畫: 堆花), 다른 색의 흙을 섞어 만든 연리문(練理文) 청자를 비롯하여 사람이나 동물의 형태를 본떠 만든 상형 청자 등이 있다. 한마디로 인간이 흙으로 할 수 있는 거의 모든 종류의 방법들이 시도되고 다시 반복되며 완성되어 가는 과정을 보여 주었다.

푸른 옥으로 핀 꽃, 상감청자

고려 비색이 정점에 달했던 12세기 중반을 전후하여 고려인들은 상감(象嵌)이라는 공예 기법을 과감히 도자에 적용하여 성공을 거두었다. 상감은 바탕이 되는 재료의 성격이 서로 다르거나 또는 바탕과 색이 다른 물질을 박아 넣는[嵌入] 보편적 공예 기법으로 동서양 공예에서 역사가 오래되었으며 중국에서도 이미 당대 이래 산시성 황보요(黃堡窯), 허베이성 자주요(磁州窯), 산시성 혼원요(渾源窯) 등지에서 제작되어 왔다. 고려 금속공예에서도 '입사(入

絲)'라는 이름으로 유사한 기법이 구현되고 있었다.

상감청자는 강진과 부안 일대를 중심으로 발달했는데, 청자의 몸체에 무늬 부분을 선 또는 면으로 파낸 후, 문양 부위나 또는 바탕에 백토나 자토(藉土)를 넣어 메우고 다듬고 유약을 발라 구운 것이다. 그 결과 문양은 백색 또는 검은색으로 나타나게 되고 청자의 푸른 바탕 위에서 강한 색채의 대비를 이루었다. 상감기법의 발달로 청자는 지금까지의 단색 주조에서 다채롭고 장식적인 새로운 멋을 품게 되는데, 여기서 우리는 고려의 장식미술, 특히 청자 조형 감각의 새로운 변화를 맛보게 된다.

청자상감운학문매병(간송미술관 소장)
몸체 전면에 무늬를 6단으로 배열하고 그 안팎에 구름과 학을 상감하였는데, 구도와 문양 내용이 초기 상감보다 장식적이다.

고려 상감청자는 중국에서도 후대까지 알려졌다. 명 홍무 20년(1387)에 지은 조소(曹昭)의《격고요론(格古要論)》에서 고려 기물들 가운데 색이 용천요 청자와 유사하다고 언급했으며, 동기창(董其昌)도 그의《골동십삼설(骨董十三說)》에서 명대 이전 중국 5대 명요(名窯)를 거론하면서 외국의 가마들을 소개했는데, 이때 이슬람 도자기와 더불어 '고려요(高麗窯)'를 들었다.

청자의 조락, 그리고 움트는 새싹

몽골의 침입은 고려의 여러 방면에 타격을 주었으며 청자 제작 역시 영향을 받았다. 13~14세기를 지나면서 약간의 고급품을 제외하면 전반적으로 청자의 질은 퇴보하여 이전과 같은 투명한 비색의 좋은 질은 기대할 수 없게 되었다. 몽골에 대항하여 전쟁을 치른 이후 고려의 국력이 소모되면서 전과 같은 청자 제작이 위축되었기 때문이다. 제작상의 통제와 집중력이 약화되면서 청자의 문양은 긴장감을 잃게 되고 형태의 유려함과 제작의 공교(工巧)함, 뛰어난 유약, 번조 기술 등이 해이해지는 것을 볼 수 있다. 한편 원 황실의 요구에 따른 새로운 청자의 제작이 이루어지면서 중국에서 유행하던 용천요 청자를 비롯하여 경덕진 청화백자의 문양과 형태가 수용되는 점을 볼 수 있다.

그러나 청자는 더 이상 한정된 지배층만을 대상으로 하지 않고 대중 일반을 위해 대량생산된다. 이때 일상용 청자의 질은 다소 낮아졌지만 특정 지역이 아닌 전국의 가마에서 같은 유형이 만들어지면서 청자 제작과 사용이 새로운 국면을 맞게 된다. 그뿐만 아니라 동시대 중국과 동남아시아 일대에서 유행하던 백토분장 기법 등이 국내에서도 시도된다. 바야흐로 조선의 건국과 함께 상감의 '아들'이 분청자라는 청자 2세대를 펼치면서 생명을 이어가는 것이다.

이후 조선에 이르러 완성된 경질 백자 역시 오랜 시간 동안 축적된 고려 청자 제작 기술, 즉 도토(陶土)의 정제와 장석유(長石釉)의 사용 그리고 고화도 환원 번조(還元燔造) 등을 모태로 하여 만들어질 수 있었다. 그 점을 생각한다면 우리나라 도자기 제작 기술의 발달과 쓰임의 역사에서 고려청자가 갖는 위치와 그 중요성은 새삼 말할 나위도 없는 것이다.

장남원 _ 이화여대 교수

김부식과 정지상, 설화와 진실 사이

최연식

최고 시인의 명예를 둘러싼 갈등?

고려 중기의 문인 김황원은 대동강 가의 연광정에 올라 먼 산과 들판의 아름다운 경치를 바라보다가, 문득 시상이 떠올라 자신도 모르게 읊조렸다.

긴 성 한쪽에는 넘실거리는 물이요[長城一面溶溶水].
큰 들판 동쪽에는 점점이 산이다[大野東頭點點山].

그러나 다음 구절을 이어 가려 하니 전혀 생각이 떠오르지 않았다. 그래서 날이 저물도록 정자에서 고심하다가 끝내는 눈물을 흘리며 내려오고 말았다.

이처럼 문인들은 한 구절의 훌륭한 문장을 짓기 위해 각고의 노력을 하지만, 그렇다고 해서 쉽사리 자신과 다른 사람이 공감하는 명구(名句)가 만들어지는 것은 아니다. 그래서 종종 문인들 사이에서는 모방과 표절의 시비가 있게 되고, 특정 문인의 문장을 둘러싼 시기와 질투에 관한 소문도 생겨나

곤 한다. 그중에서도 고려 중기의 시인 정지상에 대한 김부식의 시기와 질투는 가장 널리 알려진 이야기일 것이다.

《고려사》 묘청전에는 정지상에 대하여 언급하면서 "김부식이 평소에 정지상과 문장을 경쟁하다가 불만이 있어 묘청의 난에 연루된 것을 구실로 살해하였다."라고 기록하고 있다. 그 불만의 구체적인 내용이 고려 후기에 편집된 《백운소설(白雲小說)》에는 다음과 같이 자세히 묘사되어 있다.

> 김부식과 정지상은 문장으로 함께 이름을 날렸는데 두 사람은 서로 갈등하여 잘 지내지 못하였다. 세상에 전하기를 정지상이 "사찰에 범어(梵語)가 그치자, 하늘빛은 유리처럼 맑다. [琳宮梵語罷 天色淨琉璃]"라는 시구를 짓자 김부식이 이를 탐내어 자기의 시로 만들고자 하였다. (그러나 정지상은) 끝내 허락하지 않았다. 뒤에 정지상은 김부식에게 죽임을 당하여 음귀(陰鬼)가 되었다. 김부식이 어느 날 "버드나무 천 가지가 푸르고 복숭아꽃 만 송이가 붉다. [柳色千絲綠 桃花萬點紅]"라고 봄을 노래하자, 갑자기 공중에서 정지상의 귀신이 나타나 그의 뺨을 때리며 "누가 천 가지, 만 송이를 세었느냐. '버드나무 가지마다 푸르고 복숭아꽃마다 붉다. [柳色絲絲綠 桃花點點紅]'라고 해야 할 것이다."라고 나무랐다. 뒤에 (김부식이) 어느 절에 가서 변소에 들어갔는데 정지상의 귀신이 (김부식의) 음낭(陰囊)을 쥐고서 "술도 마시지 않고서 왜 얼굴이 벌건가." 하고 묻자 김부식은 "강 저쪽의 단풍이 얼굴에 붉게 비쳤다."라고 대답하였다. 정지상의 귀신이 더욱 세게 쥐면서 "이 가죽이 무엇이냐."라고 하자 "네 아비의 불알이다."라고 하였다. 귀신이 더욱 힘을 주어 김부식은 끝내 변소에서 죽었다.

여기에는 은연중 별다른 문장 능력이 없던 김부식이 재기발랄한 정지상을 질시하고 끝내 정치적 이유를 내세워 해치고 마는 비겁한 모습이 그려져 있는데, 이는 천재 소년 모차르트를 질시하여 그의 성공을 막고 끝내는 비참하게 숨져 가게 한 살리에르의 모습(영화 〈아마데우스〉 중에서)을 연상시키기에 족하다.

> 비 갠 언덕 위 풀빛 푸른데
> 남포로 임 보내는 구슬픈 노래
> 대동강 물이야 언제 마르리
> 해마다 이별 눈물 보태는 것을.(〈임을 보내며〉)

고등학교 국어 교과서에 실려, 많은 사람이 애송하는 이 시를 10대에 지었다고 하는 천재 시인 정지상, 규범적인 유교 사상을 앞세워 우리의 자랑스러운 역사를 위축시킨 사대주의적 역사책인 《삼국사기》를 편찬한 답답한 원칙주의자 김부식, 이 두 사람의 모습은 그대로 모차르트와 살리에르의 모습이라고 하기에 부족함이 없을 것이다.

그러나 12세기 초 중국 사신의 견문록인 《고려도경》에 김부식이 최고의 학자요, 문인으로 평가되고 있는 점을 고려하면 이 문제는 쉽게 이해되지 않는다. 단순히 문장에 대한 질투 때문에 무고한 천재 시인을 시기하고 죽여야 했던 정도의 인물이 당대 최고의 지식인으로 인정되고 있었다면 당시 고려 지식인들의 수준은 어느 정도였다는 말인가. 이 문제는 고려 중기의 사상계를 제대로 이해하기 위한 중요한 단서가 될 수 있을 것이다.

대동강과 부벽루
대동강의 아름다운 경치는 많은 시인들이 읊었지만, 정지상의 시에서 가장 아름답게 묘사되었다. 오른쪽에 보이는 부벽루 정자에는 정지상의 빼어난 시 〈임을 보내며〉가 걸려 있다.

사상을 담을 것인가, 감수성을 담을 것인가

국어 교과서에는 실리지 못했지만 김부식도 많은 시를 지었고, 상당수가 《동문선》에 실려 있다. 그중 한 편을 적어 보자.

> 요 임금 뜰은 석 자 높이였지만, 천추(千秋)에 덕을 남겼고
> 진시황의 성은 만 리나 되었지만, 2대 만에 나라를 잃었네.
> 옛날의 역사는 오늘의 거울이 될 만한데
> 수나라 양제는 아무 생각 없이 토목공사로 백성의 힘 말렸구나.
> (〈비단 궁전에 대하여〉)

수양제의 사치를 비판하는 내용의 이 시는 교훈적이고 계몽적이긴 하지만 정지상의 시처럼 심금을 울리는 멋있는 시라고 하기는 힘들다. 남포로 임을 보내는 애절한 감정 대신 '정치는 이렇게 하는 것이다'라고 하는 당위의 명제만이 있을 뿐이다. 이로 보면 김부식은 정말로 문학적 감수성이라고는 찾아볼 수 없는 딱딱한 학자에 지나지 않았다고 생각할 수도 있다. 하지만 이런 시들이 나타나게 된 문화·사상적 배경을 이해하지 않고서 성급하게 내린 결론은 역사의 본모습을 흐리게 할 뿐이다.

문종 때(재위 1046~1083) 이후 고려는 송나라의 선진문화를 받아들이기 위하여 매우 적극적인 노력을 하였다. 이러한 문화 교류의 결과 고려 사회에는 새로운 흐름이 나타나게 되었다. 특히 지식인들의 학문과 문장에서 그러한 변화가 두드러졌다. 고려 전기에는 통일신라의 경향을 계승하여 당나라 시가 유행하였는데, 특히 비애가 담긴 정서를 노래하는 만당풍(晩唐風)이 아름다운 시로 여겨지고 있었다.

그러나 문종 때 이후에는 송나라 문화의 영향을 받은 새로운 시풍이 등장하였다. 송나라를 주도해 간 사대부들은 황제와 귀족들의 비서에 가깝던 남북조 시대 이래의 문인형 지식인들과는 달리 사회를 올바르게 운영해 가야 할 책임 의식을 지닌 새로운 유형의 지식인들이었다. 따라서 문장을 짓는 데에서도 개인적 정서를 노래하기보다는 사회적 책임 의식을 강조하는 내용을 담고자 하였다. 이러한 시풍의 영향을 받은 고려 중기의 시는 지식인 관료들의 사회에 대한 책임 의식을 강조하는 경향을 띠게 되었던 것이다.

정지상과 김부식의 시는 각기 이러한 만당풍과 송나라풍의 시를 대표하는 것이라고 할 수 있다. 그런데 송나라풍의 시는 사상을 담고자 하다 보니

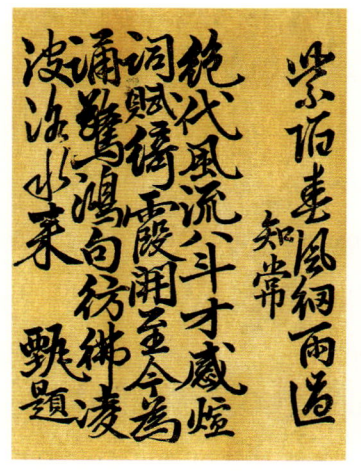

정지상 친필 시와 김부식 글씨 (오른쪽)
아름다운 시어를 사용한 것으로 이름 높았던 정지상의 친필 시와 《삼국사기》를 저술한 김부식의 글씨이다.

자연히 음악성과 감수성에는 비교적 관심을 덜 쓰게 되었고, 당연히 시적 아름다움에서는 만당풍에 견주기 힘들게 되었다. 그래서 지금도 시는 당나라 시가 제일로 꼽히고 많은 사람들이 애송하지만, 송나라 시는 그다지 사랑받지 못하고 있는 것이다.

그러나 사회적 책임 의식을 전면에 내세운 새로운 지식인들의 등장은 역사적 의미가 적지 않다. 이는 동아시아 사회의 발전, 특히 정치·사상 분야의 발전을 의미하는 것이었다. 개인적 감수성과 공존해야 하는 사회적 감수성을 내세운 이들의 문학관은 "문학은 도(道), 즉 사상을 담아서 사회 교화에 이바지해야 한다."라는 '문이재도론(文以載道論)'으로 불리는데 이러한 입장은 잊혀진 문학의 사회성을 재발견함으로써 문학의 사회적 기능에 대한 진지한 반성을 추구하게 하였다.

따라서 송나라풍의 시가 고려 사회에 나타났다고 하는 경향은 그러한 시풍이 기반하고 있는 문학관의 수용을 뜻한다. 이는 또한 개인적 감수성에 기초한 아름다움이 아니라 정치의 주체인 지식인으로서 사회의 어려움을 해결하고 일반 민중들을 올바른 길로 교화해야 한다는 사명감을 지닌 문인들의 등장을 의미한다. 실제로 현재 남아 있는 자료를 보면 김부식과 가까웠던 사람들에게서 이러한 풍의 시들이 발견되고 있는데, 여기에는 물론 김부식의 영향이 적지 않았을 것이다.

> 거센 비가 바닷바람 따라 휘몰아치니
> 뇌성 수레 구름 사닥다리 어찌 그리 웅장한고
> 개천 바닥은 물이 넘쳐 수레도 말도 못 다니고
> 마을은 폐허인 듯 우물과 부엌이 다 비었네
> ……
> 만백성들 모두 농사의 희망을 잃었으니
> 태평한 세상 올 섭리의 공 어서 베풀어 주소서. (김돈시, 〈거센 비〉)
>
> 옛 놀던 곳에 다시 찾아오니
> 바람과 달은 지난봄과 같은데
> 다만 완산(完山) 아래에
> 배부른 이 없음을 탄식하네. (허홍재, 〈완산 가는 길에〉)

김돈시는 김부식의 아들이며, 허홍재는 김부식이 주관하는 과거에 합격한 후 문생으로서 김부식과 가깝게 지냈고 《삼국사기》 편찬에도 참여하였다. 이들의 시에는 백성들의 어려움을 안타까워하는 모습이 잘 드러나 있는

데, 이러한 내용은 이 시기의 시에서는 그리 흔한 것이 아니었다.

이처럼 12세기에는 사회적 의미를 강조하는 문학관이 고려 사회에 주요한 흐름으로 등장하기 시작한다. 여기에 큰 역할을 담당한 사람이 바로 김부식이었다. 그런데 새로운 경향의 지식인들의 출현은 자연히 기존의 수식 위주로 글을 짓는 문인들과 갈등을 빚게 되었다. 최충의 손자인 최약은 문구를 아름답게 꾸미는 것은 나무에 조각을 하는 기술에 불과하다고 비판하면서 그러한 문학은 진정한 문학이 아니라고 하였다가 기존의 문인들로부터 문장에 재능이 없는 사람이 하는 질투일 뿐이라는 반박을 받았다. 한편 위의 허홍재의 시에 대하여도 일부 문인들은 시의 기품이 부족하다고 비난하기도 하였다.

김부식이 정지상을 죽인 속사정

당시의 문화적 경향과 김부식의 위치를 생각할 때 《백운소설》에 나오는 것처럼 김부식이 정지상의 시구를 빌리려고 했다거나, 그것을 거절당한 데 대한 분노 때문에 정지상을 죽였다거나 하는 일은 실제로는 있을 수 없었을 것이다. 기존의 경향을 비판하고 새로운 문학 풍조를 만들어 가는 위치에 있는 사람이 비판의 대상이라고 할 수 있는 시풍에 미련을 가지고 시구를 빌리려 했다는 점은 생각하기 힘들다. 설혹 그렇게 빌려서 시를 지었다고 해도 누가 그 시를 김부식의 시로 받아들이겠는가.

그러나 두 사람이 서로 상반되는 문학관을 대표하는 인물이었다는 점에서 일정한 갈등은 있었을 것이다. 그런데 두 사람의 문학관의 차이는 기본적으로 정치적 입장의 차이에서 비롯된 것으로서 단순히 '문학적' 차이만은 아니었다. 현대 문학계의 참여·순수 논쟁에서도 그 배경이 되는 정치·사회적 지향의 차이를 모르고서는 그러한 논쟁의 실제적 의미를 제대로 이해하기 어려운 것과 마찬가지이다.

김부식이 정지상을 죽인 직접적 이유는 정지상이 묘청의 난에 연루되었기 때문이었다. 당시 묘청 일파는 땅의 기운이 왕성한 서경(지금의 평양)에 천도하면 36국에서 조공을 바칠 것이라고 설득하면서 서경 천도 이후의 새로운 정치 체제를 구축하려고 하였는데 여기에는 정지상과 점술가인 백수한 같은 서경 출신들이 적극적으로 참여하고 있었다. 이러한 주장은 외척의 발호로 권위가 실추되어 있던 국왕으로부터도 호응을 받았으며, 북쪽에서 새롭게 등장한 금나라를 정벌하자는 민족주의적 주장으로 일시 여론의 지지를 얻기도 하였다. 그러나 그들의 이론적 근거가 풍수설이나 도참과 같은 비합리적인 사상 체계를 이용하였던 점에서 적지 않은 한계가 있었다. 따라서 당시 송나라의 사대부적 정치 이념을 받아들이고 있던 김부식과 같은 유교 관료들이 당연히 반대하였던 것이다.

영통사 대각국사비(경기도 개풍군 소재)
이 비문의 작성과 관련해서 윤관과 김부식이 최고 문장가의 명예를 다투었다는 이야기가 전하고 있지만 이것 역시 후대에 만든 이야기일 가능성이 높다.

유교 관료들은 묘청의 행태를 북송 말기에 황제의 신임을 얻어 정치에 관여하다 나라를 망친 승려 임영소에 견주면서, 국가 기강의 확립과 사회 안정은 도참이나 풍수지리적 방법이 아니라 민생의 안정을 도모하는 유교 정치 이념의 실천에 달려 있다고 주장하였다. 이들은 서경 건설을 위한 대규모 공사 자금 조달과 백성들의 부역 동원이 바로 사회 안정을 해치는 일이라고 비판하기도 하였다. 이 점은 국가의 부강과 왕실의 권위 강화를 명분으로 내세워 백성들의 어려움을 고려하지 않은 묘청 일파보다 정치적으로 진전된 입장을 보였다고 할 수 있다.

처음에는 국왕이 묘청을 적극적으로 신뢰하였으므로 유교 관료들이 열세를 보였다. 그렇지만 묘청의 장담과 달리 서경 궁궐 공사가 순조롭게 진행되지 못하고 민심이 동요하면서 점차 국왕의 지지도 약해졌고 유교 관료들의 비판도 강해졌다. 이러한 상황에서 조급해진 묘청은 결국 서경에서 반란을 일으켰고, 중앙에서는 진압 책임자로 묘청 반대에 앞장섰던 김부식을 임명하였다.

김부식은 반란군의 배후 세력을 일시에 모두 제거한다는 구실로 당시 개경에 있던 정지상과 백수한 등을 즉결 처분하였다. 이는 물론 총애를 받던 정지상 등이 국왕을 설득하여 정책을 다시 되돌리지 않을까 하는 의구심에서 나온 조치로 전략상 불가피한 것이었다고 생각된다. 그러나 그가 국왕에게 보고도 하지 않고 처형을 단행한 점은 이후 정지상의 죽음이 억울한 죽음이 되고 김부식 자신은 질투의 화신으로 전해지는 배경이 되었다.

정지상의 복권과 천재 시인 살해설 출현

묘청의 난을 진압한 후 김부식은 고려 정치를 주도해 나갔다. 따라서 이 기간에는 김부식의 문학관이 더욱 우세해졌고 개인적 감수성을 중요시하는 문학은 상대적으로 위축되었다. 특히 정지상은 역적의 일원으로 규정되었기에 이후 상당 기간 문학적으로 제대로 인정받기 힘들었다. 그러나 무인정변 이후 사회 분위기가 바뀌고, 그에 따라 문인들의 위치와 문학관이 변하면서 상황은 다시 달라졌다. 잘 알려진 대로 무인집권기에 문신들은 정치에 본격적으로 참여할 수 없었고 단지 문장 솜씨를 무인 집권자들에게 인정받아 그들의 식객으로 연명할 수 있을 뿐이었다. 이규보 같은 사람도 과거에 합격한 후에 관직을 얻지 못하자 연일 최충헌에게 시를 지어 바치며 탄원한 후에야 겨우 작은 벼슬을 하나 얻을 수 있었다.

이러한 과정을 거쳐 무인 집권자에게 등용된 문인들은 자연히 그들의 식객과 같은 존재로서 무인들의 잔치에 나가 집권자를 칭송하는 시를 짓거나 그들에게 부족한 문학적 소양을 보필하는 역할을 수행하여야 했다. 이러한 상황에서 이념을 담은 글을 짓는다는 일은 거의 할 수 없었고, 오히려 세련된 표현과 민첩한 글 솜씨가 요구될 뿐이었다. 앞에서부터 읽거나 뒤에서부터 읽거나 모두 시(詩)가 되는 회문체(回文體)나 짧은 시간을 정해 놓고 먼저 시 짓는 경쟁을 벌이는 주필(走筆) 풍조가 유행한 일 등은 이 시기의 문학적 분위기를 반영한다. 이러한 분위기에서 정지상과 같은 인물이 다시 주목받게 된 것은 우연이 아니었다.

정지상의 복권은 조심스러운 과정을 거쳐 이루어졌다. 무인집권기 초에 이인로가 고려 문인들의 이야기를 모은 《파한집》에는 정지상의 시가 두어

편 소개되고 있는데, 이인로는 정지상이라는 이름을 드러내지 않고 단지 '시인'이라고만 언급하였다. 아직도 쉽게 그의 이름을 드러내기에는 석연치 않은 사회적 분위기였던 것이다.

그러나 이보다 조금 늦게 나온 최자의 《보한집》에는 분명하게 '정지상'이라는 이름을 언급하면서 그의 시가 대단히 아름답고 뛰어나다고 칭송하였다. 송나라풍의 시가 퇴조하고 다시 개인적 정서가 강조되던 당시의 분위기에서 일반 문인들 사이에 정지상에 대한 인기는 대단할 수밖에 없었을 것이다. 더욱이 애상적 시풍은 그의 비극적 죽음과 연결되면서, 불우한 처지에 있던 많은 문인들에게 정서적 공감을 일으켰고 이는 자연히 그의 죽음을 애석해 하는 마음으로 연결되었을 것이다.

반면 김부식의 시가 말하고자 했던 문인의 사회적 책임감과 정치 참여에 대한 자신감은 정치적 지도력을 상실한 당시 문인들에게는 쉽게 이해되지 않았을 것이고, 그의 시는 단지 따분하고 재주 없는 사람의 글로밖에 여겨지지 않았던 것이다. 이러한 분위기에서 정지상의 죽음은 점차 억울한 죽음으로 인식되었고, 그 이유도 정치적인 것에서 문학적인 것으로 대체되면서 그를 죽인 김부식이 자신의 문학적 부족함을 감추기 위하여 천재 시인을 죽였다는 전설이 출현하게 된 것이다.

최연식 _동국대 교수

《삼국사기》와《삼국유사》는 왜 지었을까

최봉준

역사는 현실을 반영한다. 역사적 사실은 현실적 필요에 따라 소환되기도 하고, 잊혀지기도 한다. 고려시대는 거란, 여진, 몽골 등 북방민족이 흥기하였던 시기이다. 고려는 이들과 사대관계를 유지하는 가운데, 한족의 송, 명과도 사대관계를 맺었다. 그렇지만 고려는 북방민족과의 전쟁 또한 감수해야만 하였으며, 중국의 문화적 영향에서도 자유로울 수 없었다.

《삼국사기》와《삼국유사》는 고려시대를 대표하는 역사서이다.《삼국사기》는 최초의 기전체 사서라고 기억되고 있지만, 사대주의 시각으로 고대사를 기록하였다는 점에서 반민족주의라는 오명을 뒤집어쓰고 있다. 반대로《삼국유사》는 최초로 단군신화를 기록한 사서라는 점에서 민족주의적인 역사서로 기억되고 있다. 대중에게 두 역사서는 정반대의 이미지로 기억되고 있는 것이다.

그렇다면《삼국사기》와《삼국유사》는 왜 어떻게 쓰여졌으며, 두 역사서의 차이는 무엇이며, 우리는 이를 어떻게 인식해야 할까? 그리고 이를 통해 고려시대 사람들은 고려 이전의 역사를 어떻게 기억했을까?

두 역사서의 차이점에 대해서는 대체로 '신이사관'을 중심으로 이해하는 경향이 있다. 김부식은 유교적 합리주의에 갇혀 있었으므로 '신이사관'을 인정하지 않았으며, 일연은 그 반대라는 것이다. 과연 그럴까?

신이사관은 당연히 오늘날 대중의 인식과 거리가 있다. 신이사관을 믿든 믿지 않든 이는 모두 역사서가 편찬될 당시의 시대적 배경과 무관하지 않다. 이를 이해하기 위해 우선 김부식과 일연이 가지고 있었던 문제의식부터 살펴볼 필요가 있다.

12세기 유학자 김부식과 13세기 승려 일연

김부식(1075~1151)은 12세기를 대표하는 유학자로서 당시로서는 유교 윤리와 명분론에 철저하고자 하였던 인물이라고 할 수 있다. 김부식은 1075년(문종 29)에 김근의 셋째 아들로 태어났다. 아버지 김근은 국자좨주 좌간의대부를 지냈으며, 김부필, 김부일, 김부의 등 김부식을 포함한 4형제가 모두 과거에 합격하였다. 이 중 김부식은 1096년(숙종 1)에 과거에 합격하여 직한림원, 우사간, 중서사인, 보문각대제 등 주로 문한직에서 관직 생활을 하였다.

김부식은 고려와 송에서 학문적으로 널리 인정받는 인물이었다. 1123년(인종 1)에 송의 사신으로 고려에 왔던 노윤적과 서긍으로부터 고금에 통달하였다는 평가를 받았으며, 과거를 3번이나 주관하였다. 송나라 사신 서긍이 지은 《고려도경》에는 김부식의 생김새를 몸집이 컸으며, 얼굴이 검고 눈이 튀어나왔다고 썼는데, 그의 진영을 목판에 새겨 세상에 전하게 되면서 송에서도 유명세를 떨치게 되었다고 한다.

　김부식이라는 인물을 더욱 구체적으로 이해하기 위해 그가 당시의 윤리적 문제에 어떻게 대처하는지 살펴보자. 인종이 즉위하였을 당시 이자겸은 나이 어린 국왕의 장인이자, 외조부로서 국구(國舅)의 지위에 올랐다. 많은 중신들이 이자겸을 일반적인 문무백관과 똑같이 대우할 수 없다고 하자, 김부식은, "천자의 아버지라 하더라도 존호(尊號)가 없으면 왕이 절을 해서는 안 된다"고 하였다. 그러면서 한 고조가 아버지 태공을 대우하고자 태상황의 지위를 부여한 것, 후한 헌제의 장인이었던 복완이 공석에서는 황제와 황태후를 임금과 같이 대하고, 사석에서는 황태후에게 아비와 자식의 관계로 대했던 것 등을 그 예로 들었다. 국왕이 이자겸에게 특별한 대우를 하고자 한다면, 그에 걸맞은 지위를 부여해야 한다는 것이다. 이자겸이 사적으로는 국왕에게 외조부이자 장인이지만, 공적으로는 군신 관계에 있는 만큼 공사 구분을 해야 한다는 것이다.

　일연(1206~1289)은 가지산문 출신의 선승이다. 일연은 1206년(희종 2) 경주의 속현인 장산군(章山郡, 오늘날의 경북 경산)에서 태어났다. 일연의 생애는 경북 군위의 인각사(麟角寺)에 있는 보각국사비를 통해 확인할 수 있다. 비문에는 부모 외에 선대에 관해서는 이렇다 할 기록이 없다. 이것으로 보아 일연은 장산군의 향리 집안 출신이라 생각된다. 그의 속성은 김씨로서 9세에 해남의 무량사에 출가하였으며, 14세에 진전사의 대웅장로에게 머리를 깎고 구족계를 받아 정식으로 승려가 되었다.

　일연은 동년배들에 비해 수행의 성과가 뚜렷했던 것으로 보인다. 비문에 따르면 그는 동료들에 의해 구산사선(九山四禪)의 우두머리로 추대되었으

인각사의 일연 비(왼쪽)와 부도(경북 군위군 소재)
인각사는 일연이 말년을 보내며 《삼국유사》를 저술했던 곳이다. 경내에는 그를 추모하는 비와 부도가 서 있다.

며, 22세(1227, 고종 14)에 승과에 합격하여 현풍 비슬산의 보당암의 주지가 되었다. 일연과 그가 속한 가지산문이 정치권력과 연결되기 시작한 것은 1249년 정안(鄭晏, ?~1251)의 초청으로 남해의 정림사에 가면서부터였다고 할 수 있다. 그는 그로부터 10년 후인 1259년 대선사에 오르고 1261년에는 강화의 선월사(禪月社)에 머물면서 보조국사 지눌 계승을 자처하였다고 한다. 그리고 1283년(충렬왕 9)에 국존(國尊)에 올랐다. 일연은 비록 최씨 무신정권의 2대 집정 최우와 사돈 관계였던 정안의 초청으로 정림사에 머물기는 하였으나, 왕정복고 이후에는 무신정권과 유대 관계를 맺고 있었던 수선사를 대신하여 고려 불교계를 대표하게 되었다.

앞서 말한 보각국사비에는 일연의 사상적 경향을 대강이나마 파악할 수 있는 구절이 보인다. 일연은 수행을 하는 여가에 대장경을 열람하고 유교의 전적을 섭렵하였으며 제자백가에 통달하였다고 하였다. 그가 지은 《삼국유사》에서는 그가 평생토록 수행에 전념한 선종 승려라는 것을 느낄 수 없을 정도로 특정 신앙이나 종파에 얽매인 흔적을 거의 찾아볼 수 없다. 그리고 《삼국유사》에 달린 주석들은 유교를 비롯하여 불교 외의 전적을 널리 참고하였다. 또한 그는 앞서 언급한 바와 같이 사굴산문 출신의 보조국사 지눌의 계승자를 표방하였다. 이러한 점들은 일연이 선종 내에서도 비교적 폭넓은 사상적 지평을 가지고 있는 인물이면서도 불교 외 사상에도 많은 관심이 있었다고 평가할 수 있다.

서문으로 파악하는《삼국사기》와《삼국유사》의 성격

《삼국사기》와 《삼국유사》가 각각 어떤 문제의식에서 편찬되었는지 살펴보기 위해 각각의 서문을 보도록 하겠다.

우선《삼국사기》의 서문에는 찬자를 대표하여 김부식이 국왕의 명을 받아 찬술하였다는 내용이 쓰여 있다. 이어서 김부식은 인종의 말을 빌어《삼국사기》를 찬술하지 않을 수 없었던 이유를 아래와 같이 밝히고 있다.

> 지금의 학사와 대부는 오경(五經)이나 제자백가의 책, 진한(秦漢) 역대의 사적에는 혹은 통하기도 하고 상세하게 설명하는 자가 있으나, 우리나라의 역사에는 아득하여 그 전후 사정을 알지 못하니 심히 통탄할 만하다. 하물며 신라, 고구려, 백제가 나라를 세우고 솥발처럼 대치하면서도 중국

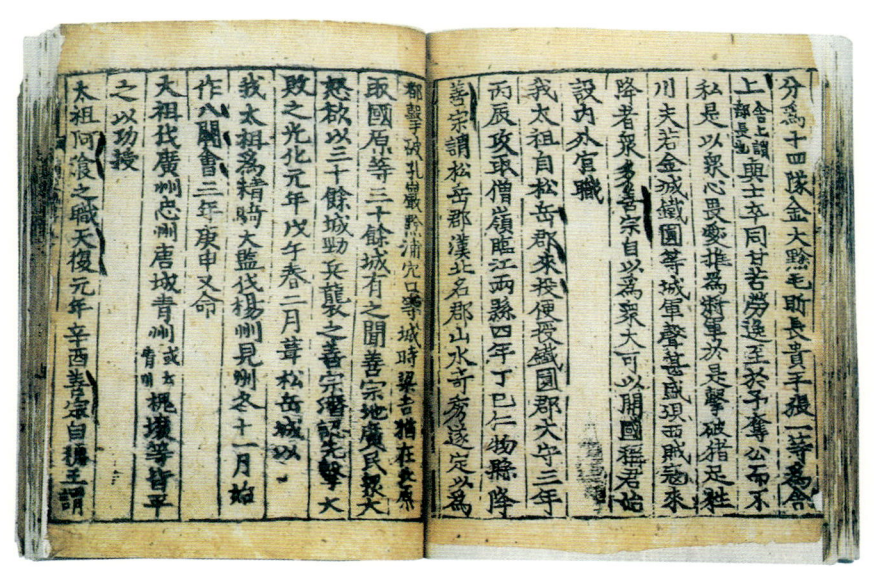

■ 《삼국사기》 (조병순 소장)
지금까지 알려진 《삼국사기》 중에서 가장 오래된 고려 후기의 판본이다.

과는 예로써 통하였으므로, 범엽의 《한서》와 송기의 《당서》에는 모두 열전에 (적혀)있게 되었다. 하지만 안으로는 상세하나 밖으로는 간략하기 이를 데 없어 모두 갖추어진 것이라 할 수 없었다. 고기(古記)는 문자가 졸렬하고 사적에 빠진 것들이 있어서, 임금과 왕후의 선악, 신하의 충성스러움과 간사함, 왕업의 안위, 인민의 치란(治亂)을 모두 드러낼 수 없으며, 권계(勸誡)를 드리울 수 없다.

위의 인용문의 내용을 요약하면 다음과 같다. 첫 번째 당시의 유교 지식인들은 중국 역사에 정통하지만, 고려의 역사는 잘 알지 못한다. 두 번째 당시까지 전해지던 고기(古記), 즉 《구삼국사》는 문장이 졸렬하고 군데군데 빠진 기록들이 있고 역사로부터 교훈을 얻을 수 없으므로 유교 지식인들에게 읽힐 수 없다. 따라서 김부식의 문제의식은 역사로부터 국가 운영에 관한 교훈을 얻기 위해서는 합리주의에 입각한 역사서가 편찬되어야 하며, 이를 유교 지식인들에게 읽혀 고려의 역사적 전통을 그들의 교양으로 삼을 수 있어야 한다는 것으로 요약할 수 있다.

여기서 주목할 점은 《구삼국사》의 존재이다. 《삼국사기》가 편찬되기 이전에 이미 삼국과 통일신라의 역사를 정리한 역사서가 있었던 것이다. 이규보의 〈동명왕편〉에는 다음과 같은 구절이 있다. "《구삼국사》의 〈동명왕본기〉를 보니, 동명왕의 신이한 사적이 세상에서 이야기하는 것보다 더했다." 여기에 나오는 《구삼국사》가 바로 위의 인용문에 나오는 '고기'라고 할 수 있다. 그리고 이규보가 했던 말로 미루어 보아 그 내용은 유교의 합리주의와는 거리가 있었던 것으로 파악된다. 즉, 동명왕의 신이한 사적이 여과 없이 거의 그대로 기록되었으며, 그렇기에 김부식은 이를 유교 지식인들에게 읽힐 수 없다고 판단하였던 것으로 보인다.

이에 비해 일연의 《삼국유사》는 신이사관을 추구한다는 점을 명확하게 밝히고 있다.

> 대저 옛 성인들은 바야흐로 예악으로 나라를 일으키고 인의로 교화를 세웠으니, 즉 괴력난신(怪力亂神)은 말이 되지 않는다고 할 수 있다. 그러나 제왕(帝王)이 장차 일어나는데, 천명을 받고 도참(圖讖)을 받아 반드시 (일반) 사람들과 다른 것이 있으며, 그래야만 큰 변화(變化)를 타고 큰 도량(度量)을 손에 쥐고서 대업을 이룰 수 있는 것이다. …… 그렇기에 삼국의 시

조가 모두 신이한 것에서 나왔다는 것이 어찌 괴이하다고 할 수 있겠는가?

위의 인용문은 《삼국유사》 전체에 대한 서문은 아니다. 기이편의 앞머리에 수록되었기에 기이편의 서문이라고 할 수 있다. 한마디로 건국의 영웅은 보통 사람들과는 다른 특별한 능력을 가지고 있으므로 그들이 신이한 행적이 있다고 한들 하등의 문제가 될 것은 없다는 논리이다. 그리고 이는 중국과 고려에 공통으로 적용될 수 있는 것이라고 하고 있다. 따라서 중국의 삼황오제와 고려의 주몽, 박혁거세, 석탈해, 김알지, 김수로 등 알에서 사람이 태어나는 것은 그들이 건국의 영웅이기 때문이며, 이들의 행적이 신이하다고 해도 괴이하게 생각할 필요는 없다는 논리이다.

《삼국사기》와 《삼국유사》는 왜 만들었을까?

김부식의 《삼국사기》는 신라본기 12권, 고구려본기 10권, 백제본기 6권, 연표 3권, 잡지 9권, 열전 10권 등 모두 50권으로 구성되어 있다. 중국의 사마천의 《사기》의 체제를 기본으로 하는 기전체 사서이다. 여기서 눈여겨볼 것은 '본기(本紀)'라고 하는 명칭이다. 사마천의 《사기》는 본기와 세가, 표, 지, 열전으로 구성되었는데, 이는 중국 정사(正史)의 기본적인 체제이다. 이 중 본기는 황제와 관련된 기록을 날짜 순으로 배열한 것이며, 세가는 제후와 관련된 기록을 같은 방식으로 배열한 것이다. 이러한 중국 정사의 체제를 감안하면, 중국의 주변에 위치하며 제후로서의 명분을 가지고 있는 고려는 삼국의 국왕에 관한 기록을 '세가'라고 해야 한다. 게다가 《삼국사기》에는 폐하(陛下) 등과 같이 황제를 부르는 명칭이 그대로 기록되어 있다. 이는 김부식이 명분론에서 다소 자유로웠던 것은 아닌가 하는 인상을 준다.

그렇다고 김부식이 삼국의 국왕을 중국의 황제와 동등한 존재로 본 것은 아니다. 그는 《삼국사기》〈고구려본기〉 말미의 사론(史論)에서, 고구려는 기자(箕子)의 교화가 있었던 곳이라고 하였다. 그러나 겸손한 마음을 갖지 않고 중국과 연이어 전쟁을 벌이고 끝까지 대립하다가 나라가 멸망한 다음에야 전쟁을 멈추게 되었다고 비판하였다. 〈백제본기〉 말미에서도 그는 삼국의 시조는 모두 성인이라고 하면서, 백제는 신라에 대한 원한을 풀기 위해 당의 중재에도 의롭지 않은 전쟁을 일으킨 결과 패망하고 말았다고 비판하였다. 이는 신라가 중국과의 사대 관계에 충실한 결과 국난을 극복하고 고구려와 백제를 멸망시킴으로써 삼한일통(三韓一統)을 달성하였다고 했던 것과 대비된다. 곧 고구려와 백제 멸망의 원인은 중국에 대한 명분을 지키지 않았다는 것이었다.

여기서 시선을 끄는 대목이 바로 '기자(箕子)'이다. 기자는 고대 중국의 성인으로 상나라가 멸망하기 직전 고조선으로 건너와 팔조 법금을 비롯한 유교적 교화를 펼친 인물이다. 여기서 고구려가 기자의 교화가 있었던 땅이라고 한 것은 고구려의 수도가 고조선의 수도였던 평양에 자리 잡고 있으며, 기자의 교화를 계승한 땅에 존재한다는 의미라고 할 수 있다. 따라서 그러한 곳에 자리 잡은 나라가 중국에 대한 사대를 어겼다는 것은 기자의 교화를 정면으로 거부한 일이라 할 수 있으며, 그렇기에 망국에 이르는 것은 당연하다는 논리이다.

김부식이 활동했던 11세기말에서 12세기 전반기는 이자의의 난(1095), 이자겸의 난(1127), 묘청의 난(1135) 등 굵직한 변란이 발생하였다. 이는 문벌 귀족들 사이에서 벌어진 기득권 다툼으로서 결국에는 하극상 현상까지 나타났다. 특히 이자겸은 앞서 언급한 바와 같이 국왕의 장인이자, 외조부로서 친족을 요직에 앉히고 스스로 국공(國公)이라 칭하며, 왕태자와 동등한 예우를 받았다. 여기서 한 걸음 더 나아가 이자겸은 자신의 생일을 인수절이라 칭하는 등 국왕과 다름없는 대우를 받고자 하였으며, 왕이 직접 자신의 집으로 와서 지군국사(知軍國事)로 책봉해 줄 것을 요구하였다. 또한 묘청 일파는 서경으로 천도할 것을 주장하면서 금국정벌론을 주장하였다. 이 모든 현상들은 김부식이 보기에 명분 질서를 공공연히 부정하는 사건들이었다.

그러나 한편으로 김부식이 신이사관이나 고유의 문화적 전통을 인정하였던 측면도 발견할 수 있다. 그는 주몽, 혁거세, 탈해, 김알지 등 신이한 탄생 과정과 영웅적인 건국신화의 주인공들의 이야기를 기록하면서도 이들의 이야기는 너무도 괴이하여 믿을 수 없으나 세간에서 사실로 믿고 있으니 기록하지 않을 수 없다고 하였다. 이와 같은 이야기들은 유교적 합리주의에 따라 모두 기록에서 배제되어야 마땅하다. 그러나 이를 모두 기록에 옮긴 일은 그가 신이사관을 제한적으로 인정하였던 것으로 볼 수 있다. 이와 비슷한 시각으로 볼 수 있는 것이 거서간(居西干), 차차웅(次次雄), 이사금(尼師今), 마립간(麻立干) 등 신라 고유의 왕호가 그대로 기록되었다는 점이다. 유교적 사고방식에 따르면 이는 모두 중국식 왕호로 교체되어야 한다. 그러나 김부식은 신라 고유의 왕호를 문화적 전통으로 보았다. 그럼에도 신라 고유의 왕호를 그대로 사용한 것은 이를 하나의 문화적 전통으로 인식한 것이라

할 수 있다. 하지만 신라 왕실에서 근친혼이 성행하고, 불교를 혹독하게 신봉한 점에 대해서는 비판하였다. 이와 같은 점들을 통해 생각해 볼 때 김부식은 고유의 문화적 전통을 철저하게 외면하지 않았지만, 유교적 시각에서 제한적으로 인정하고 있었다는 것으로 결론을 내릴 수 있다.

이에 비해 일연의《삼국유사》는 김부식의《삼국사기》에 비해 고유의 전통을 상당히 폭넓게 인정한 것으로 이해할 수 있다.《삼국유사》의 '유사(遺事)'라는 명칭은《삼국사기》에서 빠진 것을 기록한다는 의미가 있다. 중국 정사에서는 불교 관계 기록이 상세하게 기록되어 있으나,《삼국사기》에서는 제외되었다. 이를 보충하려는 의도는《삼국유사》의 체제에서도 어느 정도 확인할 수 있다.《삼국유사》는 왕력(王曆), 기이(紀異), 흥법(興法), 탑상(塔像), 의해(義解), 신주(神呪), 감통(感通), 피은(避隱), 효선(孝善) 등 9편을 모두 5권으로 묶었다. 이 중 흥법, 탑상, 의해, 신주, 감통 등 다섯 편은 불교와 관계되는 기록으로서 앞서 언급한 불교 관계 기록을 보충한다는 문제의식에 충실한 것으로 이해할 수 있다. 그렇기에《삼국유사》는 그 이름과 체제, 내용면에서《삼국사기》와 상호보완적 성격을 갖는다고 할 수 있다.

《삼국유사》에는 위에서 말한 항목별로 건국신화, 불교 관계 설화들이 주로 기록되었다. 이들 기록은 일연이 몸을 담고 있는 가지산파와 선종에만 한정되는 것은 아니다. 오히려 종파에 구애받지 않는다고 보는 편이 합리적이다.《삼국유사》에 수록된 불교 관계 설화들은 관음신앙을 통한 공덕이나 아미타신앙과 같이 고려시대 이전 기층 민중들의 종교적 구원과 신앙을 담고 있는 것이 많다.《삼국유사》가 몽골과 오랜 전쟁을 끝내고 강화가 이루어진 시점에 지어졌다는 것을 생각한다면, 공덕이나 아미타신앙을 통해 일

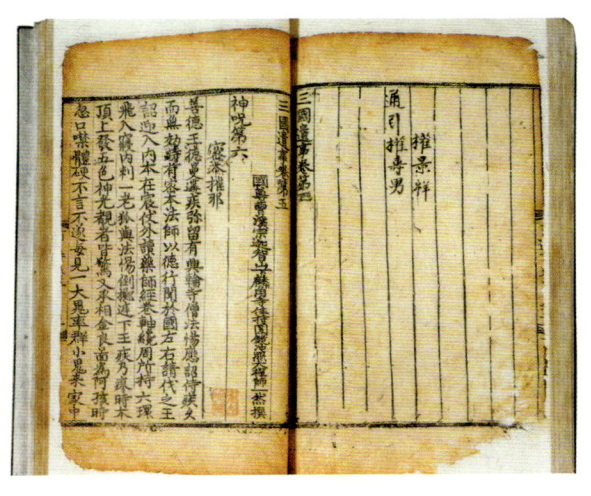

《삼국유사》(곽영대 소장)
조선 초기의 판본으로 종래에 알려진 몇 권의 《삼국유사》보다 연대가 앞선다.

연은 전란에 지친 민중의 마음을 달래 주고 그들의 신앙을 북돋워 주기 위하여 《삼국유사》를 지었다는 것을 알 수 있다.

더욱이 일연은 선승답게 지나친 불교 신앙 때문에 신라가 망국에 이르고 말았다는 김부식의 인식과는 다른 방향에서 불교와 국가의 문제를 해석하였다. 《삼국유사》 흥법편 보장봉로 보덕이암(寶藏奉老 普德移庵)에는 고구려에 도교가 전래되어 불교가 쇠퇴하게 되었던 이야기를 전하고 있다. 굳이 번역하면 '보장왕이 도교를 받들었으므로 보덕이 절을 옮겼다.' 정도가 되는데, 이야기를 요약하면 다음과 같다. 고구려 말기 보장왕 때 연개소문은 불교 세력을 견제할 목적으로 당나라에서 도교를 들여왔다. 이로 인하여 국운이 쇠퇴하게 되지 않을까 걱정하는 보덕의 간언을 보장왕이 듣지 않았으므로, 보덕은 방장(方丈)을 날려 백제로 건너갔고, 고구려는 결국 멸망하게 되었다고 하였다. 고구려와 백제가 모두 신라와 당나라에 의해 멸망하였다는 점에서 결과가 크게 다르지 않은 것으로 볼 수 있으나, 여기서 중요한 점은 고구려가 불교를 의도적으로 쇠퇴하게 한 결과 망국에 이르게 되었다는 점이다. 즉, 일연은 불교를 통해 국운이 연장될 수 있다고 보았던 것이다.

《삼국유사》의 체제에는 불교 관계 기록이 가장 많은 부분을 차지한다. 그러나 왕력, 기이, 피은, 효선 등 불교와 거리가 있는 기록들도 많이 있다. 이 중 《삼국유사》와 관련하여 상식적으로 가장 많이 떠올리는 것이 바로 단군신화이다. 중국 측 기록에서 단군은 한반도에서 신봉했던 여러 신적 존재 가운데 하나였으며, 원간섭기 이전까지 서경, 강화, 구월산 등 일부 지역에서 신봉되던 존재에 불과하였다. 《삼국사기》에 단군이 등장하지 않는 점은 아마도 《사기》, 《한서》 등 중국 사서에 나오는 기자와 달리 단군을 공식적으로 인정할 수 없었기 때문이 아닌가 생각된다. 그러다가 13세기 말에 단군이 갑작스럽게 기록에 등장하게 된다. 7년의 차이를 두고 지어진 《삼국유사》와 이승휴의 《제왕운기》 모두 단군을 우리 역사의 시작으로 보고, 첫머리에 단군신화를 적었다. 이는 일반 민중에게 단군이 그만큼 많이 알려져 있었고 친숙한 존재였다는 것을 의미한다. 특히 일연은 말년에 주로 경상도 지역에서 활동하였다. 《삼국유사》가 일연이 경상도 지역에서 활동하던 중에 지어졌다는 것을 생각한다면, 적어도 13세기 말에는 경상도 지역에서도 단군신화를 알 정도로 널리 전파되었다는 것을 확인할 수 있다. 그리고 이 당시 고려인들 대부분이 단군을 고려의 역사적 기원으로 인식하고 있었으며, 《삼국유사》에는 그와 같은 당시의 역사 인식이 반영되어 있는 것으로 보는 것이 합리적이다.

앞서 잠시 언급한 이승휴의 《제왕운기》의 단군신화와 《삼국유사》의 단군신화를 비교해 보면 당시에 단군에 관한 전승이 어떻게 진행되고 있었는지 대강이나마 확인할 수 있다. 《제왕운기》에 나오는 단군의 탄생 과정은 우리가 알고 있는 단군신화의 내용과 다르다. 여기서는 환웅이 천부인 3개를 가지고 신단수에 내려왔다가 손녀에게 약을 먹여 사람이 되게 하고 단수신과 혼인하게 하여 남자아이를 낳게 하였는데, 그가 바로 단군이라고 하였다. 이와 같은 차이는 당시까지 단군신화가 입에서 입으로 전승되는 과정에서 부분적으로 이야기의 형태가 달라지기도 하였다는 것으로 해석할 수 있다. 따라서 《삼국유사》와 《제왕운기》의 단군신화는 각각 여러 형태의 이야기들 중 하나였음을 어렴풋이 짐작할 수 있다.

　《삼국유사》 기록에서 단군이 나라를 세운 때는 중국의 요임금이 즉위한 지 50년째 되던 해라고 하였다. 즉 고려의 역사적 기원은 중국과 어깨를 나란히 할 수 있을 정도로 오래되었다는 이야기가 된다. 그 결과 단군에서 기자로 계승되고 위만조선을 거쳐 삼한과 삼국, 통일신라에서 고려로 이어지는 하나의 계통을 만들 수 있게 되었다.

　여기에 단군신화는 천손에 의한 역사의 시작을 이야기하고 있는 만큼, 고려는 천손의 후예가 된다는 논리로 이어질 수 있었다. 천손을 거쳐 기자로 상징되는 유교적 교화의 역사 또한 자국의 역사를 인식하는 하나의 뼈대를 이루게 되었다. 즉 단군으로 상징되는 독자적인 역사적 전통과 기자로 상징되는 중국 중심의 보편문화까지 전통은 독립성·개별성과 보편성의 두 가지 계통을 가질 수 있게 되었던 것이다.

　그렇다면 고려는 고유의 독자적 전통, 일찍부터 흡수하기 시작한 중국 중심의 동아시아 보편, 그리고 중국에 정복당하지 않고도 역사가 오래된 나라가 될 수 있다. 이는 몽골과 40년간 항쟁을 하다가 결국 부마국이 될 수밖에 없었던 당시의 현실을 반영한다. 고려는 유구한 역사와 자체 전통을 가지고 있으나, 한편으로 새로이 보편의 주체가 되었던 원의 정치적, 문화적 영향력에서 자유로울 수 없었다. 13세기 말 고려인들은 단군과 기자와 같이 상호보완적 존재를 고대사 인식의 뼈대에 함께 편입시키지 않을 수 없었던 것이다.

김부식의 《삼국사기》의 전체적인 내용도 《삼국유사》와 같은 방법으로 해석할 수 있다. 김부식이 사대주의적인 역사 해석을 하고 있었던 것은 부정할 수 없다. 이는 그가 유학자이기 때문이라고 할 수 있다. 하지만 앞서 말한 바와 같이 김부식은 고려의 역사적 전통인 신라 고유의 왕호를 비루하다고 여기지 않고 그대로 기록하였다. 그리고 국왕과 관련된 기록들을 세가라 하지 않고, 본기라고 한 것은 고려가 비록 중국에 사대를 하고 있는 입장이지만, 스스로 황제국의 위상을 가지고 있다는 것을 드러내는 것이라 할 수 있다. 또한 《삼국사기》에는 단군신화가 수록되지 않았다. 이는 김부식의 '민족의식'이 부족해서가 아니라 유교 지식인의 입장에서 공식적인 역사서에 등장하지 않는 단군을 쉽게 인정할 수 없었던 데서 그 이유를 찾아야 할 것이다.

김부식의 《삼국사기》와 일연의 《삼국유사》에는 초자연적 신이한 현상들이 기록된 역사서이지만, 신이사관을 인식하는 방법과 수위가 서로 달랐다. 이는 이들 역사서가 각각 유학자와 승려에 의해 씌어졌기 때문이기도 하지만, 편찬자의 시각과 사상적 배경, 그리고 시대적 배경 아래서 이해할 수 있다.

《삼국사기》는 문벌귀족들 사이에서 벌어진 기득권 다툼과 하극상을 배경으로 하면서도 금의 외교적, 군사적 압박을 배경으로 하였다. 김부식은 12세기를 대표하는 유학자로서 명분론과 유교적 합리주의를 바탕으로 삼국의 역사를 객관적으로 보고자 하였다. 그는 주몽신화와 혁거세신화 등을 비교적 상세하게 서술하였으며, 앞서 말한 바와 같이 신라 고유의 왕호를 그대로 기록하였다. 이는 김부식이 유교적 합리주의를 바탕으로 신이사관을 전혀 인정하지 않았으며, 오로지 사대주의로 일관하였다는 일반적인 상식과는 거리가 있다.

정리하면 김부식은 당시의 유교 지식인들에게 유교적 기준에 따라 새로 정리한 고려 이전의 역사를 읽힘으로써 중국의 역사만이 아니라 자국의 역사를 유교적 교양의 수준으로 끌어올리고 나아가 나름의 기준으로 고유의 문화적 전통과 중국 중심의 보편문화를 조화시키고자 하였다.

삼국유사는 13세기 말 고려가 오랜 대몽항쟁을 끝내고 원과 새로운 관계를 만들어가기 시작했던 시기에 씌어졌다. 일연은 중국의 성인들의 출생이 신이한 것이었듯이 고려 역사가 시작되던 즈음에 출현하여 나라를 세운 인물들 역시 성인이며, 그들의 출생이 신이한 것이어도 하등 이상할 것이 없다고 하였다. 그러한 관점에서 단군신화를 기록하였으며, 주몽, 혁거세, 탈해, 김알지, 수로왕의 이야기, 그리고 불교 관계 설화를 기록하였다. 이는 일연의 《삼국유사》가 김부식의 《삼국사기》에 비해 고려의 전통을 비교적 폭넓게 인정하는 것으로 볼 수 있다. 그리고 고려가 스스로의 전통을 유지하는 가운데 새로운 보편의 주체가 되었던 원과의 관계를 원만하게 풀어 가야만 하였던 당시의 현실을 잘 보여 주는 것으로 이해할 수 있다.

《삼국사기》와 《삼국유사》의 지향점은 서로 다르지만, 《삼국유사》가 《삼국사기》에서 소홀하게 다루었던 신이사관과 불교 관계 기록과 설화들을 기록한 만큼 상호보완적 관계를 이루고 있는 것으로 볼 수 있다. 그렇지만 서로 다른 지향점은 각각 12세기와 13세기의 현실을 담고 있으며, 여기에는 각각의 시대가 필요로 하고 기억하고자 하는 과거사가 담겨 있다.

최봉준 _가톨릭대 연구교수

풍수지리는 과연 미신인가

류주희

삶의 터전에서 무덤에 이르기까지

　예나 지금이나 사람들의 명당에 대한 관심은 도에 지나칠 정도로 끊일 줄 모른다. 요즈음에도 자손의 발복을 위하여 이른바 명당이라는 묏자리를 잡아 놓고 수천 평을 흡사 왕릉처럼 꾸며 놓은 묘들을 볼 수 있다. 과연 좋은 자리에 묘를 쓰고, 집을 지어야만 자손들이 부귀영화를 누릴 수 있을까? 명당이란 도대체 어떤 것이기에 우리네 조상으로부터 자손 대대로 명당 잡기에 혈안이 되어 지관(地官)을 상전 모시듯 하는 걸까?
　명당은 풍수지리에서 후손에게 장차 좋은 일이 많이 생기게 된다는 묏자리나 집터를 가리킨다. 이를 통해 알 수 있듯이 풍수지리는 산과 물의 형세를 살펴, 도읍지·주택·묘지 등을 선정하는 일종의 지리학이다. 도읍지나 주택같이 살아 있는 사람들이 활동하는 곳을 양기(陽基) 또는 양택(陽宅)이라 하는 반면 죽은 사람이 묻히는 묘지를 음택(陰宅)이라 한다. 고려시대에는 음택풍수보다는 양기 또는 양택풍수를 더욱 중요시하였다. 서긍이 지은 《고려도경》에 보면, "고려는 본디 글을 알아 도리에 밝으나 음양설에 구애되어 꺼리기 때문에, 그들이 나라를 세울 때에는 반드시 그 형세를 관찰하여 장구한 계책을 세울 수 있는 곳이라야 자리 잡는다."고 하였다. 풍수지리설이 도읍지를 선정하는 데 지대한 영향을 미쳤음을 보여 주고 있다.

풍수지리설에 따르면 선정한 곳의 쇠퇴하고 왕성함과 순하고 거스름에 따라 국가나 인간의 길흉화복에 많은 영향을 받는다고 한다. 땅에는 만물을 탄생시키는 힘이 있는데, 그 힘이 왕성하기도 하고 쇠약하기도 하여 땅의 기운이 왕성할 때에는 그곳에 자리 잡은 국가나 개인이 흥하고, 반대로 쇠약할 때에는 멸망한다는 것이다. 이것이 땅의 활력 여부에 따라 국가나 개인의 인생에 커다란 영향을 끼친다는 '지기쇠왕설(地氣衰旺說)'이다. 한편 땅의 기운은 고정불변하지 않고 항상 변하므로 애초에 땅의 기운이 왕성한 곳을 선정했다고 하더라도 시간이 지나 땅의 기운이 쇠약해지면 국가나 개인도 그에 따라 멸망할 수 있다고 한다. 그리하여 고려 중기 이후에 개경은 땅의 기운이 쇠약해졌기에 도성을 옮겨야 한다거나, 국왕이 일정 기간 동안 땅의 기운이 왕성한 곳으로 가서 머물러야 한다는 등의 주장도 나왔다. 이러한 주장은 국정 운영을 쇄신하려는 방편으로 제기되기도 하였지만, 대부분은 일부 계층의 정치적 목적을 실현하기 위한 수단으로 제기되었다.

풍수가들이 주장하는 명당은 산세가 바람을 막아 주고 수세가 열을 식혀 주는 곳으로, 곧 배산임수(背山臨水)의 땅이다. 그들은 그와 같은 명당이 아니면 절이나 탑 등을 세워 재앙을 막아야 한다는 '비보사탑설(裨補寺塔說)'을 내세운다. 이러한 비보사탑설은 지리적 조건의 부족함을 인위적으로 고칠 수 있다는 관념에 기초하고 있다.

풍수지리설은 그 자체로서뿐만 아니라 도참설과 연결되어 고려시대에 커

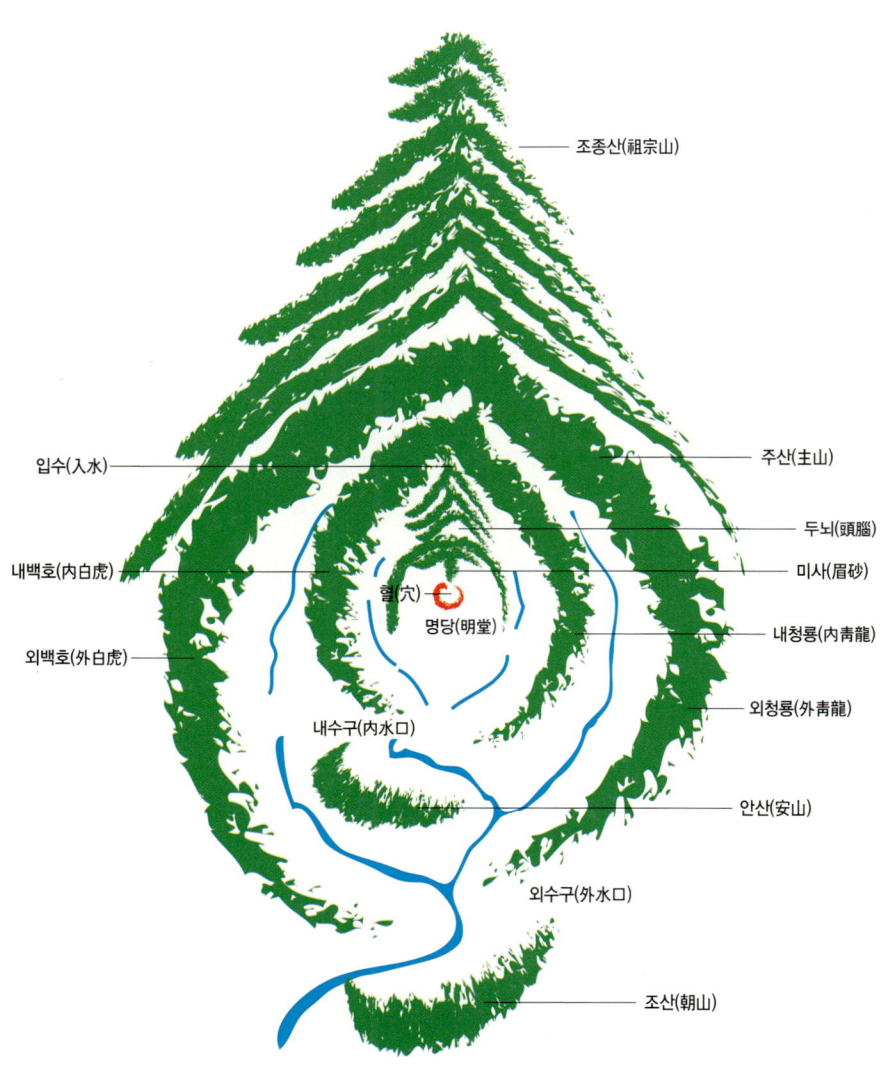

산국도
명당은 혈 앞의 터전, 안산은 집터(명당)의 맞은편 산, 조산은 혈의 맞은편에 높이 솟아 있는 산이다.

다란 영향을 미쳤다. 도참은 미래의 길흉화복이나 성쇠 혹은 득실 등의 징조를 추측하거나 예언하는 일종의 복술(卜術)을 말한다. 고려시대에는 많은 도참설들이 유행하였는데, 대체로 풍수지리설과 관련하여 왕조의 장래를 예언하고 있다. 고려의 역대 왕들은 이러한 도참설에 입각하여 3경(三京 : 개경·서경·남경 혹은 동경)이나 3소(三蘇)를 설치 경영하기도 하였다. 3소는 국도(國都)의 진산(鎭山)이며 수호 산인 송악을 중심으로 한 주위의 세 진산을 말한다. 곧 백악산(白岳山, 경기도 장단의 白鶴山)의 좌소(左蘇)와 백마산(白馬山, 경기도 개풍군 소재)의 우소(右蘇), 기달산(箕達山, 황해도 신계군 소재)의 북소(北蘇)이다. 이곳에 궁궐을 조성하고 순주(巡駐)하여 국업을 연장시켜 보려 한 것이다.

고려시대에 풍수지리가들은 서운관(書雲觀)이라는 관청에 소속되어 천문(天文)·역수(曆數)·측후(測候)·각루(刻漏)·점복(占卜) 등의 일을 맡아보았다. 풍수지리와 관련된 일을 맡은 관리들은 958년(광종 9)에 쌍기의 건의로 실시된 과거 시험에서 잡업(雜業) 중 지리업으로 등용되기 시작하였다. 이들 풍수지리사들의 관리 임용은 당시 사회에 풍수지리 사상이 널리 보급된 데 따른 것이었다. 이들은 주로 왕실의 능묘를 축조하고 보수하는 일을 전담하고 풍수에 관한 책을 편찬하는 데에도 참여하였다. 또한 왕명으로 이궁지(離宮地 : 왕의 별장 터)나 천도할 만한 땅을 찾아다녔으며, 성을 축조할 만한 터를 잡거나 왕의 피서지를 선정하는 역할도 하였다.

전 국토의 효율적 운영 원리, '풍수지리설' 집대성

우리나라에는 삼국시대 이래로 고유의 풍수지리설이 전래되어 왔다. 그 후 체계화된 중국의 풍수이론이 삼국통일 이후 도입되면서 풍수설은 급속도로 확산되었다. 신라 하대에는 특히 지배층 내부의 거듭된 권력 쟁탈전으로 지배 체제가 붕괴되었고, 중앙 귀족들은 끝없는 정치적 혼란 상태에서 정신적인 안식처가 필요했다. 그러한 상황에서 풍수지리설은 불교 신앙과 함께 그들에게 안정과 희망을 주는 또 하나의 사상으로 받아들여졌다.

지방에 대한 중앙 통제력이 약화되면서 지방 각지에서는 성주·장군을 칭하는 호족들이 새로운 세력으로 대두하였다. 이 호족들은 세력을 성장시키는 데 풍수지리설을 적극 이용하였다. 특히 왕건이 태어나기도 전에 도선이 이미 새로운 왕조의 창건을 예언하였다고 전하는 '옥룡사 선각국사비'의 내용에서 풍수지리설은 호족들에게 자기 세력의 존재를 정당화하는 이론적 근거로 적극 이용되었음을 볼 수 있다. 이 비문은 도선이 입적한 후 곧바로 지어진 것이 아니라 250여 년이 지난 1150년(의종 4)에 찬술되었기에 윤색된 부분이 적지 않다.

중앙 귀족에게 받아들여졌던 풍수지리설이 지방의 호족 사회로 확대되어 가는 과정에서 중요한 역할을 담당한 인물이 신라 말 고려 초의 승려인 도선이다. 도선은 구산선문(九山禪門)의 하나인 동리산문(桐裏山門)의 승려로 20세에 혜철 문하에 들어가 선(禪)을 배우고 태백산 등지를 유람한 뒤 광양의 옥룡사에 들어가서 일생을 마쳤다고 한다. 그가 머물렀던 광양 옥룡사는 견훤의 세력권 내에 포함된다. 그럼에도 도선과 견훤을 연결하는 풍수지리설이 남아 있지 않은 것은 아마도 왕건이 후삼국을 통일하였기 때문으로 보인다. 곧 왕건 세력을 정당화하고 합법화하는 이론적 근거가 되는 풍수지리설만이 후대에 전해질 수 있었던 데 그 원인이 있을 것이다.

  도선은 전국을 답사한 경험을 토대로 국토의 효율적인 운영원리로서 풍수지리설을 집대성하였다. 그의 생애에 대해서는 여러 설이 있으나 대체로 827년(흥덕왕 2)부터 898년(효공왕 2)에 걸쳐 생존했던 것으로 알려져 있다. '선각국사비'에 따르면 도선은 이인(異人)에게서 풍수지리설을 배웠다고 하는데, 그

〈도선국사상〉(전남 순천시 선암사 소장)

사람은 불교계의 인물로 생각된다. 왜냐하면 그가 술법을 전해 주면서 '이 또한 대보살이 세상을 구제하고 중생을 제도하는 법'이라고 밝히고 있기 때문이다. 이와 관련하여 도선에게 풍수지리설을 전수해 준 사람이 바로 그의 스승인 혜철일 것이라는 의견도 있다. 혜철이 당나라에 다녀오면서 중국의 풍수 이론을 도입하여 전수해 주었다는 것이다.

  도선은 그 후 전국을 답사한 경험을 토대로 산수의 순함과 거스름을 정하고 명당을 제시하는 한편 국토에 대한 각종 비기(秘記)와 답산가(踏山歌)를 남겼다. 그의 저술로는 《도선비기》가 대표적으로 알려져 있으며 그 외에도 《도선밀기》·《송악명당기》·《도선답산가》·《삼각산명당기》·《옥룡기》 등이 있다. 그중에서도 고려시대에 풍수지리 사상이 어떻게 이용되었는가를 알려

주는 유일한 자료는 《도선비기》이다. 이 책은 오늘날 전하지 않기에 어떠한 내용을 담고 있는지는 구체적으로 알 수 없으나 당시 가장 권위 있는 책으로 중요한 정책 결정을 할 때에는 늘 이론적 근거가 되었다.

도선은 풍수지리의 이론에만 치우치지 않고 실제 경험을 바탕으로 하여 풍수지리설을 유기적으로 이해하였다. 그는 어느 한 지역(명당)을 중심으로 국토를 재편성하고 그에 맞는 운영 원리를 찾고자 하였다. 그리하여 산수의 순함과 거스름을 정하는 데 중점을 두고 보조적인 성격으로서 비보사상(裨補思想)을 내세웠다. 도선의 풍수지리설은 명당을 설정하고 그곳을 중심으로 전 국토의 순역(順逆) 형세를 집대성한 것이다.

풍수지리설을 이용한 지역 차별

이러한 도선의 풍수지리설은 왕건에게 적극 수용되어 정치에 반영되었다. 그러나 왕건은 도선과 달리 비보에 더 중점을 두었다. 그는 도선의 풍수지리설을 받아들이는 한편 자신의 정치 운영에 맞게 비보 사상과 도참 사상을 연결하여 변용시켰다. 비보설은 도참설과 연결되어 특정 지역을 중시한다든가, 혹은 반란을 일으킬 형세이거나 임금에게 배역(背逆)하는 모습이므로 그 지역 민은 등용해서는 안 된다는 등의 이론적 근거로 작용하였다. 왕건이 남긴 《훈요십조》 중에 차령산맥 이남과 금강 밖은 산수의 형세가 배역하는 모습이므로 그 지역 사람들도 배반하거나 반역하려는 마음을 가졌다고 하여 그곳 인물들은 기용을 삼가라는 내용이 있다. 곧 후백제 땅에 대해 유독 차별적인 인사 정책을 강조하고 있는 것이다. 그러나 《훈요십조》 내용은 지리적인 이유에서라기보다는 고려 체제를 순순히 받아들이고 투항한 신라와는 달리 끝까지 반항했던 후백제에 대한 보복적인 조처로 보아야 한다. 또 한편으로 강제로 통합된 후백제 출신 인물들이 그 원한으로 반란을 꾀하지 않을까 하는 염려에서 그곳 출신 인물들의 정치 참여를 막고자 한 조치로 이해된다.

신라 말 고려 초 각 지역에서 세력을 떨치던 호족들은 시시각각으로 변하는 세력 판도에 따라 또는 자신의 정치적 이해관계나 지리적 여건에 따라 이합집산을 거듭하였다. 특히 후백제 영역과 근접한 지역에서 이러한 현상이 두드러졌으며, 왕건 즉위 초에는 웅주(공주) 지역과 관련된 환선길과 이흔암의 두 모반 사건이 발생하기도 하였다. 이러한 경험에 따라서 왕건은 풍수지리 이론에서 권위를 빌려 후백제 지역에 대한 정치적 차별을 정당화하고자 한 것으로 보인다. 그러나 이는 그 정치적 의도와는 상관없이 현재에 이르기까지 많은 영향을 미치고 있다.

풍수지리를 동원한 묘청의 야망

풍수지리설은 비보 사상과 결합될 때까지도 전 국토를 답사한 경험을 토대로 합리적이고 과학적인 면모를 갖고 있었다. 그러나 도참사상과 결합되면서 그것은 지리 도참설로 흘러 정쟁에 이용되었다. 정치가들은 권력을 강화하는 수단으로 풍수지리의 권위를 빌리려 하였으며, 풍수가들은 정치가의 권력을 빌려 자신의 권위를 높이고자 하였다. 정치가들은 풍수지리의 권위를 빌려 정책 추진의 정당성을 확보하고 지배력을 강화하고자 하였다. 이에 따라 풍수가들은 그들의 정책을 뒷받침해 줄 이론을 개발하여 제공하지 않으면 안 되었고 이 과정에서 도참 논리를 빌려 왔다.

  풍수지리설과 도참사상의 결합을 보여 주는 대표적 사건이 서경천도운동이다. 서경은 동쪽과 남쪽이 대동강에 닿아 있고, 북쪽은 을밀대와 모란봉을 품은 금수산이 있으며, 서쪽은 대동강의 지류인 보통강이 흘러 풍수가들이 말하는 명당이었다. 이곳은 수덕(水德)이 순조롭고 지맥의 근본을 이루는 '만대 대업의 땅'으로 지목되어, 태조는 후대의 임금들이 반드시 넉 달 동안 이곳에 머물라는 훈요를 남기기까지 하였다. 그러나 그 이면에는 더 실질적인 이유가 있었다. 태조는 북방 민족의 침략에 대비하는 국방상의 필요성을 강조하는 한편 서경 지역의 이반을 사전에 봉쇄하려는 정치적 의도로 서경 경영을 추진하면서 그 이론적 근거로 풍수지리를 내세운 것이다.

  고려시대에 지리 도참설을 바탕으로 발생한 가장 커다란 사건은 1135년(인종 13)에 묘청 등이 일으킨 서경천도운동이다. 인종 때에는 외척인 이자겸이 '십팔자(이)위왕(十八子[李]爲王)'이라는 도참설을 믿고 난을 일으켜, 많은 사람이 죽고 궁궐이 거의 불타 버려 민심이 매우 흉흉하였다. 대외적으로도 금나라의 외교적 압력에 시달리고 있었다. 이때 묘청과 정지상 등은 개경의 지덕이 쇠약해져 나라 안팎으로 어려움을 겪고 있다고 하며 서경으로 도읍을 옮길 것을 주장하였다. 이들의 서경 천도 주장에 대한 기록은 다음과 같다.

    인종 6년에 일관(日官) 백수한이 검교소감으로 서경의 분사(分司)에 임명되니, 묘청을 스승으로 삼고 음양비술을 잘한다 하여 뭇사람을 현혹하였

대화궁 터(평남 대동군 소재)
대화궁은 고려 인종 때 묘청 등이 서경천도운동의 일환으로 풍수 도참설에 따라 세운 궁궐이다.

다. 정지상 또한 서경 사람이라 그 말을 깊이 믿고 말하기를 "상경(上京)은 기업이 이미 쇠하여 궁궐이 다 불타 남은 것이 없으나 서경은 왕기(王氣)가 있으니 도읍을 삼는 것이 좋겠다." 하고 곧 근시(近侍)인 내시랑 김안과 더불어 꾀하기를 "우리들이 만약 임금을 모시고 서경에 도읍하면 마땅히 중흥공신이 될 것이니 일신의 부귀뿐만 아니라 자손의 무궁한 복이 될 것이다."라고 하였다. …… 묘청 등이 아뢰기를 "신 등이 서경 임원역의 지세를 살펴보니 이것은 곧 풍수에서 말하는 큰 꽃 모양의 터입니다. 만약 궁궐을 지어서 거처하면 천하를 병합할 수 있으며 금나라가 폐백을 가지고 스스로 항복할 것이고 36국이 모두 신하가 될 것입니다."라고 하였다.

이를 보면 인종 때의 서경천도운동은 묘청과 정지상 등 서경 세력이 자기들의 출신 지역으로 도읍을 옮겨 중흥공신이 되어 정권을 잡으려는 정치적 야심에서 출발하였음을 알 수 있다. 묘청과 정지상 등의 주장은 서경 왕기설에 바탕을 두고 있었다. 마침내 묘청 등의 주장에 따라 대화궁을 짓고 그 안에 팔성당을 세우는 등 서경천도가 곧 실현되는 듯하였다. 그러나 궁궐을 준공한 뒤 대화궁 근처에 벼락이 떨어지고 임금이 서경으로 행차하는 도중 갑작스런 폭풍우로 수많은 사람과 말들이 죽거나 다치는 등 불상사만 잇따라 일어났다. 이에 서경 천도론은 백성들의 호응을 얻지 못하고 오히려 묘청 일파를 배척하는 목소리가 높아 갔다. 결국 서경 천도의 주장이 받아들여지지 않자 묘청 등은 서경에 대위국(大爲國)을 세워 개경의 조정과 정면으로 대결하기에 이르렀다.

　이 묘청의 난을 김부식은 5,6년 전부터 계획하여 일으킨 것으로 설명하고 있다. 그러나 묘청이 난을 일으켰다가 곧바로 서경 사람들에게 잡혀 죽은 데에서 알 수 있듯이 묘청의 난은 오랜 준비 끝에 일으킨 거사가 아니었다. 실제로도 국왕의 서경 행차가 중지된 인종 12년 8월 이후에야 반란 계획을 꾸민 듯하며, 거사도 반란을 일으키기 며칠 전에 갑자기 결정한 것으로 보인다. 이는 서경천도운동의 중심인물인 정지상과 백수한 등이 반란이 일어난 줄도 모르고 개경에 그대로 머무르고 있었던 것에서도 알 수 있다. 또한 대위라는 나라 이름과 천개(天開)라는 연호를 칭하고는 있지만 국왕을 새로이 옹립하지 않았다든지, 군대를 일으켰다고 그들 스스로 임금에게 알린 점 등으로 미루어 왕권 자체에 대한 도전이 아닌 중앙의 문벌귀족들을 타도하는 데 그 거사 목적이 있었던 것으로 보인다. 고려 조정이 군사를 동원하여 반란을 완전히 평정하는 데에는 1년이라는 시일이 필요하였다. 결국 김부식을 중심으로 하는 개경의 보수 귀족들에 의해 서경천도운동은 좌절되고 서경의 지위는 갈수록 격하되어 갔다.

　그 뒤 고려에서는 무신정권의 성립 등 사회가 크게 바뀌지만 지리 도참사상은 여전히 유행하였다. 조선 초까지도 풍수지리설은 도읍지의 선정 등에 많은 영향을 미쳤다. 그러나 후대로 가면서 풍수지리설은 허무맹랑한 비기로 전해지면서 미신화되어 결국에는 집터나 묏자리 등을 봐 주는 가장 초보적인 방법만 남게 되었다. 도선이 전 국토를 합리적으로 운영하는 방법으로 집대성하였던 풍수지리설은 후대로 내려오면서 미신적인 요소만 남게 된 것이다. 풍수지리를 빙자한 갖가지 행사가 왕실과 지배층을 중심으로 이루어질 때 각종 폐단이 일어나는 것은 자명한 일이다. 지금도 종교적 의미를 떠나 미신적 속성을 지닌 사이비 종교가 자주 세상을 떠들썩하게 한다.

고려 말 풍수지리에 대한 비판이 일어나게 된 계기는 물론 그 폐단이 큰 이유가 되었겠지만, 한편으로는 성리학의 발전과 깊은 연관을 지닌다. 특히 신진 사대부는 당시 왕실을 지배하고 있던 불교가 통치 이데올로기로서의 기능을 잃고 풍수 도참과 습합되는 등 폐단을 노출하자 불교에 대한 비판과 함께 풍수 도참을 비판하였다. 이러한 상황은 유교와 불교가 날카롭게 대립하고 있었던 고려 말에 있었던 것이고, 조선 건국 이후에도 여전히 풍수 도참은 이성계와 무학대사가 한양을 수도로 정할 정도로 중요한 사상으로 작용하게 된다.

류주희_국사편찬위원회 편사연구관

만월대는 고려시대에도 궁궐 이름으로 불렸을까

정요근

만월대에 있던 고려 궁궐의 이름은 무엇일까

궁궐은 국왕이 정치를 행하는 곳이자 국왕과 왕비 등이 사는 곳을 말한다. 경복궁이나 창덕궁과 같이 서울에 남아 있는 조선시대의 궁궐은 누구나 한번은 들어 봤거나 가 봤을 것이다. 그러면 고려시대의 궁궐은 어떨까? 우리 역사에 관한 관심이 높은 사람이라면, 고려왕조의 도읍인 개경은 개성에 있었고, 개성의 고려 궁궐이 만월대에 있었다는 사실 정도는 알고 있을 것이다.

만월대에서 '대(臺)'는 '흙이나 돌 따위로 높이 쌓아 올려 사방을 바라볼 수 있게 만든 곳'이라는 사전적 의미를 지닌다. 그러므로 만월대는 '만월(滿月), 즉 보름달을 바라보는 대' 또는 '보름달이 떠 있는 대'라는 뜻일 것이다. 실제 만월대라는 이름이 '달을 바라보는 대'라는 뜻을 지닌 망월대(望月臺)가 변한 것이라는 설도 예전부터 전해지고 있다.

그런데 '대'는 터만 남은 곳을 뜻하므로, 실제 궁궐이 존재했던 고려시대 당시에 불렀던 명칭은 아니다. 만월대 자리에 있던 고려 궁궐은 고려 말기

송악산과 만월대 전경

인 1361년(공민왕 10)에 홍건적의 2차 침입으로 완전히 불에 타 파괴된 후 끝내 재건되지 못했다. 따라서 망월대나 만월대 모두 아무리 빨라야 고려 말기부터 사용되었을 것이며, 실제로는 조선시대에 들어와 널리 불렸던 명칭일 것이다.

> 황성 옛터에 밤이 되니 월색만 고요해
> 폐허의 설운 회포를 말하여 주노나
> 아 외로운 저 나그네 홀로 잠 못 이뤄
> 구슬픈 벌레 소리에 말없이 눈물져요

위 노랫말은 일제강점기인 1932년에 이애리수의 노래로 발표된 황성 옛터라는 노래의 가사이다. 여기에서 나오는 황성도 만월대를 지칭한다. 황성

(荒城)은 '황폐해진 성'이라는 뜻이다. 당시 동방예술단이라는 순회극단의 연주자였던 전수린이 자기 고향인 개성에 가서 달 밝은 밤에 만월대에 들렀을 때 세월의 무상함을 느끼고 이 노래를 만들었다고 한다.

 만월대에 있던 궁궐은 고려왕조의 정궁(正宮)이자 법궁(法宮)이었다. 조선왕조로 치면, 경복궁과 같은 위상을 지녔다. 그렇다면 고려 당시에는 만월대에 있던 궁궐의 이름이 무엇이었을까? 유감스럽게도 현재 남아 있는 문헌 자료에는 당시 궁궐을 지칭하는 이름이 전해지고 있지 않다. 고려 궁궐에 대한 당대의 기록으로는 서긍(徐兢)의 《고려도경(高麗圖經)》이 대표적이다. 서긍은 송나라 사신단의 일원으로 1123년에 고려를 방문하였다. 자기 나라로 돌아간 후 《고려도경》을 집필하고 개경의 궁궐에 대한 기록을 남겼다. 그런데 《고려도경》에는 궁궐 내의 여러 전각에 대해서는 세세하게 서술되어 있지만, 정작 궁궐 명칭 자체에 대해서는 아무런 언급이 없다.

서쪽 측면에서 본 만월대 전경
(국사편찬위원회, 《개성의 역사와 유적》, 2018, 12쪽)

조선 초기에 편찬된 관찬 역사서인 《고려사》에도 만월대에 있던 궁궐 명칭에 대한 기록이 없다. 중국에서도 당나라나 송나라, 원나라의 궁궐에 따로 이름이 없었다고 한다. 그런 까닭에 고려에서도 궁궐의 이름을 정하지 않았을 확률이 높다. 《고려사》에는 본궐(本闕)이라는 표현이 가장 많이 확인되며 그 외에 본궁이나 법궁, 대궐 등의 명칭이 사용되기도 하였다. 만월대의 고려 궁궐 이외에, 개경에는 별궁(이궁)으로 불렸던 별도의 궁궐도 여러 곳이 있었다. 별궁은 수창궁, 연경궁 등 대부분 '궁'이라는 이름을 가졌으므로, 만월대에 있었던 고려의 정궁 역시 이글에서는 편의상 '본궁'으로 부르고자 한다.

건국 이래 여러 번 중건이 이루어진 개경 본궁

고려 태조 왕건은 918년에 태봉의 임금이었던 궁예를 쫓아낸 후, 태봉의 도읍인 철원에서 즉위하고 고려를 세웠다. 곧이어 다음 해인 919년, 태조는 자신의 출신지인 송악으로 도읍을 옮기고 만월대 자리에 궁궐을 지었다. 송악, 즉 개경으로의 천도와 동시에 급하게 궁궐을 지었으므로, 개경 본궁이 처음 건축되었을 때에는 규모도 크지 않았고 전각도 많지 않았을 것이다. 기록에는 분명히 드러나지 않지만, 919년 이후에도 한동안 궁궐의 전각을 상당히 확장해 나갔을 것이다. 이후 4대 임금 광종 때인 961년(광종 12)에는 대대적인 본궁 증축 공사를 착수하였다. 당시 광종은 정광(正匡) 벼슬에 있던 왕육(王育)이라는 사람의 집으로 옮겼다가, 2년 후인 963년에 공사가 끝나자 본궁으로 돌아왔다. 공사가 2년에 걸쳐 진행되었으므로, 상당한 규모의 공사였음을 알 수 있다.

그러나 광종 때 증축된 본궁은 불과 50년도 되지 않은 1011년(현종 2)에 크게 파괴되었다. 1009년 강조의 정변으로 인하여 목종이 폐위되고 현종이 즉위하자, 강조의 죄를 묻는다는 구실로 거란의 대군이 고려를 침략하였다. 이 사건이 거란의 2차 침입이다. 거란군을 막기 위한 강조의 방어군이 패배함에 따라 현종은 개경을 떠나 멀리 나주까지 피난을 떠날 수밖에 없었고, 거란군이 개경을 점령하는 와중에 본궁도 완전히 불에 타 버렸다. 거란군이 철수하고 현종이 개경으로 돌아온 후, 궁궐의 재건 공사가 시작되었다. 1011년에 시작된 공사는 1014년에 마무리되었다.

몇 년 후 다시 대대적인 궁궐 중건 공사가 진행되었다. 공사는 1020년(현종 11)에 착수되었으며, 3년 후인 1023년에 끝났다. 대대적인 공사였던 만큼 새로 만들어진 궁궐의 구조는 이전의 궁궐 구조와는 상당히 달랐을 것이다. 실제 개경 본궁의 정전(正殿)에 해당하는 회경전(會慶殿)은 당시의 공사가 마무리된 후인 1029년(현종 20)에야 문헌 기록에서 처음으로 확인된다. 이후 일부 건물의 화재나 새로운 건물의 신축이 있었으나, 당시에 중건된 본궁은 1126년(인종 4) 이자겸 일파의 난동으로 인해 다시 불에 타 버릴 때까지 고려의 정궁으로서 위용을 갖추었다. 서긍의 《고려도경》에 실린 내용은 모두 현종 연간에 조성된 본궁의 모습을 대상으로 묘사한 것이다. 따라서 우리가 알고 있는 개경 본궁의 전체적인 구조와 전각 배치는 현종 때 중건된 본궁의 모습을 보여 준다.

하지만 현종 때 중건된 본궁은 1126년에 일어난 이자겸의 난으로 다시 불에 타 버렸다. 파괴된 본궁은 1132년(인종 10)에 중수 공사에 들어가 6년 후

홍관 비각 원경
1126년(인종 4) 이자겸이 반란을 일으켜 궁궐을 불태울 때 인종을 호위하다가 목숨을 잃은 충신인 홍관(洪灌)의 추모비가 만월대 서쪽에 위치한다. 비는 1809년에 세워졌다. 오른쪽 사진은 오공산을 배경으로 한 홍관 비각 원경이다.

인 1138년(인종 16)에 완공되었다. 하지만 무신정변 1년 후인 1171년(명종 1)에 본궁은 다시 크게 화재를 입었다. 개경 내의 승려들과 군사들이 불을 끄려고 궁궐에 이르렀지만, 당시 권력을 잡고 있던 무신 세력은 불 끄러 오는 사람들이 자기들을 공격할지도 모른다는 불안감에 그들을 궁궐 안으로 들이지 않았다. 그래서 화재 피해가 더욱 심해져서 전각들이 모두 불에 타 버렸다고 한다. 본궁의 복구 공사는 1179년에 착수되어 1188년이 되어서야 완성되었다. 하지만 당시의 국왕이었던 명종은 본궁에서 기거하는 것을 그다지 내켜 하지 않았고, 수창궁 등과 같은 별궁에 자주 머물렀다.

이후 몽골의 침입으로 고려 정부는 1232년에 개경에서 강화도로 도읍을 옮겼다. 1270년 개경으로 환도할 때까지 본궁은 사실상 비어 있는 공간으로서 유지 보수만 되는 상황에 놓였다. 개경으로 환도한 이후에도 역대 국왕들은 본궁에 기거하는 것을 선호하지 않고 주로 별궁에 거처를 두었다. 그와 같은 상황은 고려 말기까지 이어졌다. 당시 국왕들이 주로 이용하던 별궁은 수창궁과 연경궁 등이었다. 본궁은 1361년(공민왕 10) 홍건적의 2차 침입 때에 완전히 불에 타 버렸지만, 1392년 멸망 때까지 중건되지 않았다. 본궁 대신 별궁에 거주하는 방식을 선호하는 전통이 고려 말기까지 이어졌던 까닭에 본궁 중건의 필요성이 절실하지 않았던 것이다.

회경전을 중심으로 펼쳐진 개경 본궁의 구조

조선시대와 같이 궁궐의 배치를 정밀하게 그려 놓은 지도가 남아 있지 않은 관계로, 오늘날 고려시대 개경 본궁의 구조와 전각들의 배치를 정확히 이해하는 데에는 어려움이 있다. 다만《고려사》에 실린 내용과 서긍의《고려도경》에 서술된 기록을 종합하여 그 실상을 어느 정도 복원할 수 있을 뿐이다. 특히 1123년 당시의 상황을 기록한《고려도경》이 없었다면 본궁 내부의 구조와 전각의 위치를 파악하는 데에 지금보다 더 큰 어려움이 있었을 것이다. 다만 지난 2007년부터 진행되어 온 개성 고려궁성(만월대) 발굴 조사의 성과는 개경 본궁의 구조와 전각 배치를 확인하는 데에 큰 도움이 되고 있다.

《고려도경》에 따르면 고려의 왕부(王府)에는 내성(內城)이 있는데, 내성에는 13개의 문이 설치되어 있다고 기록되어 있다.《고려사》에서는 이 내성을 황성(皇城)이라 표현하고 있다. 황성은 황제와 같이 높은 권위를 가진 위엄 있는 성이라는 뜻이다. 황성은 둘레 약 4.7킬로미터의 성곽으로 개경 본궁과 그 주변 지역을 둘러싸고 있었다. 황성의 정문인 광화문(廣化門)은 동쪽을 향하고 있었으며, 도성 내에 길게 뻗어 있는 거리와 통했다. 광화문의 안 팎에는 주요 관청들이 배치되었고, 광화문 안쪽에는 둘레 약 2,170미터의 궁성(宮城)이 조성되어 있었다. 궁성은 궁궐을 둘러싼 성곽을 말한다.

　광화문을 통해 궁성 쪽으로 들어가면, 승평문이 나온다. 승평문은 정남향의 문으로서 본궁을 드나드는 정문이며, 삼문(三門) 구조로 세워졌다. 문 안쪽의 좌우에는 2개의 정자를 만들었다. 두 정자 모두 동락정(同樂亭)이라고 불렀다.

　승평문의 안쪽으로 들어가면 신봉문이 나온다. 신봉문은 본궁 안 15개의 문 중에서 가장 화려했다. 승평문에서 신봉문까지는 작은 담장으로 이어져 있었고, 두 문 사이 담장 안의 내부 넓은 뜰을 구정(毬庭)이라고 불렀다. 구

창합문 터
(국립문화재연구소 문화유산 연구지식포털(http://portal.nrich.go.kr/))

회경전 계단 전경(위)과 회경전 터
개성 만월대 남북공동발굴 디지털기록관 누리집
(http://www.manwoldae.org/)

정은 군대의 사열, 팔관회 등의 대규모 행사가 열리는 공간이었다. 구정을 지나 신봉문의 앞으로는 동서 방향으로 광명천이라는 작은 냇물이 흘렀다. 광명천을 건너 신봉문을 지나면 안쪽에 창합문이 있었다.

  창합문 뒤로는 회경전 계단이 위치하였다. 만월대의 랜드마크라 할 수 있는 회경전 계단은 비교적 온전한 상태로 남아 있다. 3개의 열로 구성된 중앙 계단은 전체 폭 23미터의 규모를 갖추고 있으며, 3개의 열 중 가운데 열은 현재 잔디로 덮여 있고 양 측면에 2개의 계단이 남아 있다. 2개의 계단은 각각 폭 7.5미터의 크기를 지닌다. 계단 아래부터 위까지 전체 높이는 약 7.4미터로서 경사도는 37°에 달하는 급경사이다. 서울 시내에 있는 조선시대의 궁궐이 평탄한 대지 위에 조성된 것과는 달리, 만월대의 회경전 계단을 통해 알 수 있듯이 개경의 고려 본궁은 경사지의 경사면을 따라 조성되었다.

회경전 계단 위로 올라가면 본궁의 정전인 회경전이 자리 잡고 있었다.

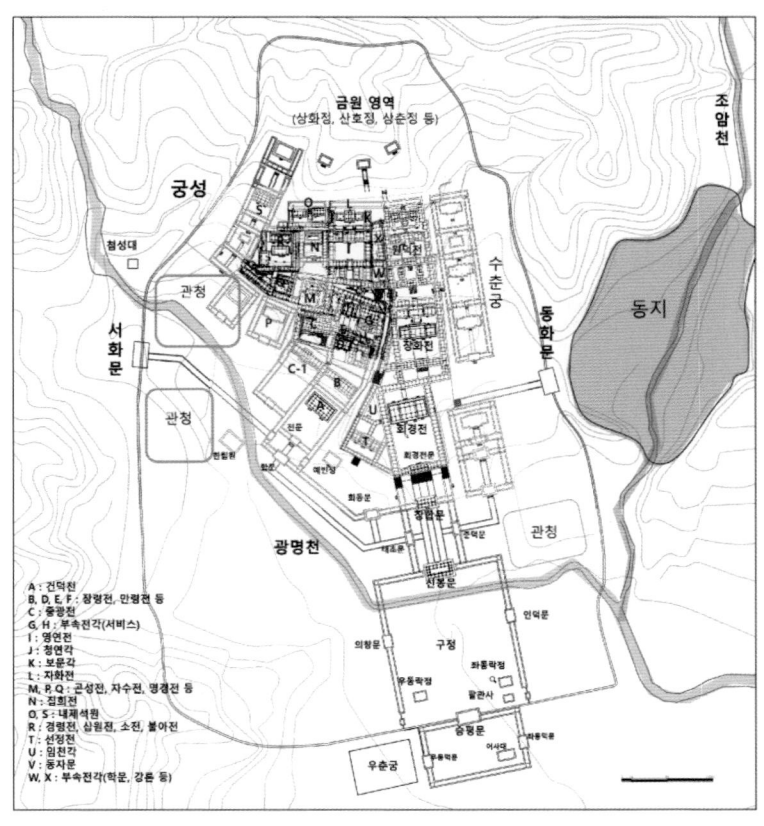

만월대 개경 본궁 종합 배치 추정도(남창근, 〈고려 본궐 만월대 주요전각 위치와 배치체계〉, 《중앙고고연구》 32, 2020, 110쪽)

장화전 터와 그 후면
(개성 만월대 남북공동발굴 디지털기록관
누리집(http://www.manwoldae.org/))

  경복궁의 근정전이나 창덕궁의 인정전과 마찬가지로 회경전은 외국 사신의 영접 등 국가의 중요한 행사를 거행하는 의례 공간이었다. 다만 조선시대와는 달리 불교 법회나 토속적인 초제(醮祭) 등의 행사도 개최되었다. 회경전 건물과 회경전 계단은 국왕의 권위와 위엄을 상징하는 공간이었다. 따라서 회경전은 웅장하고 화려한 위용을 자랑하였다. 건물의 양쪽 섬돌은 붉은색으로 칠하고, 난간은 구리로 만든 꽃 모양으로 화려하게 장식하였다.
  회경전 서쪽에는 건덕전이 위치하였다. 건덕전은 회경전 다음의 두 번째 정전이다. 신하들의 신년 하례나 외국 사신의 영접, 대규모 연회, 각종 법회 등은 회경전뿐만 아니라 상황에 따라 건덕전에서도 이루어졌다. 건덕전 가까이에는 국왕이 평소에 직무를 수행하는 공간인 선정전이 있었고, 다량의 서적을 보관하는 임청각도 회경전이나 건덕전과 멀지 않은 곳에 있었다. 또한 건덕전 뒤쪽에는 국왕의 침전에 해당하는 만령전이 있었다. 만령전과 그 근방에 있는 여러 건물은 왕비와 후궁 등 국왕의 여자들과 시종하는 궁녀들이 거처하는 공간이기도 하였다.

그 외에 회경전 뒤쪽으로는 장화전과 원덕전 등의 전각이 있었고, 건덕전과 만령전의 뒤편으로도 중광전을 비롯하여 크고 작은 전각들이 빽빽하게 들어서 있었다. 또한 회경전의 동쪽으로는 태자가 머무는 동궁과 그 부속 건물들이 배치되었다. 고려시대에 동궁은 수춘궁 혹은 좌춘궁이라고도 불렀다.

오늘날 회경전과 그 뒤쪽의 건물들은 중심 건축군, 건덕전과 그 뒤쪽의 건물들은 서부 건축군, 동궁과 그 주변 건물들은

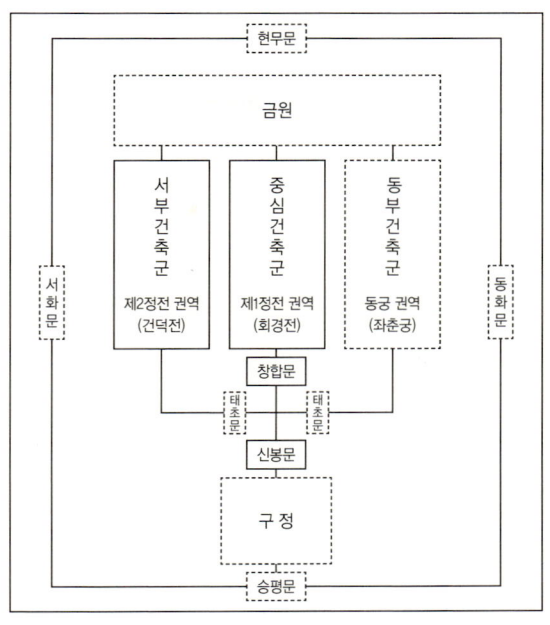

만월대 고려 궁성 구조 모식도(원본은 '이상준, 〈개성 고려궁성(만월대) 남북공동발굴조사의 성과와 과제〉, 《신라 왕경에서 고려 개경으로》, 2019, 63쪽'에 수록. '남창근, 앞의 논문, 2020, 112쪽'에서 재인용)

동부 건축군 등으로 분류하고 있다. 세 건축군의 뒤쪽에는 궁궐의 후원이 조성되어 산호정, 상화정, 상춘정 등의 크고 작은 정자가 있었다. 동궁의 동쪽에도 연못이 꾸며져 있어서 휴식과 연희의 공간으로 활용되었다. 아울러 본궁 안에는 비서성, 한림원, 보문각 등의 관청들이 위치하였다.

한편 1138년 본궁의 중수가 이루어졌을 때 본궁 내의 여러 전각과 궁문의 이름을 대대적으로 고쳤다. 당시 국왕이었던 인종은 각 전각과 궁문의 현판을 직접 친필로 작성하였다. 이때 회경전은 선경전으로, 건덕전은 대관전으로 이름이 바뀌었다. 그 외에 선정전은 선인전, 중광전은 강안전, 장령전은

봉원전, 수춘궁은 여정궁 등으로 각각 이름을 바꾸었다. 1126년에 있었던 이자겸의 난과 1135년에 있었던 묘청의 난을 극복한 후 새로운 정치를 수행하겠다는 인종의 의지가 반영된 조치였던 것이다.

남북한 협력사업의 상징, 고려궁성(만월대) 남북 공동발굴조사

오늘날 만월대 일원은 북한의 국보유적 제122호로 지정되어 있다. 만월대 일원은 일찍이 20세기 초반부터 실물 조사가 이루어졌다. 북한에서도 6.25 전쟁 직후인 1954년에 기초적인 발굴 조사를 시작한 이래, 1973년부터 1999년까지 간헐적으로 몇 차례의 발굴 조사를 진행하였다. 북한의 발굴 조사는 주로 중심 건축군과 서부 건축군을 대상으로 이루어졌으며, 이를 통해 회경전을 중심으로 한 중심 건축군의 배치와 구조가 어느 정도 확인되었다. 그러나 광대한 궁궐 영역의 면적에 비하면 북한 측의 발굴 조사는 제한적인 수준의 작업에 지나지 않았다.

이후 2005년에 남북한 학자들이 '개성역사유적지구'를 유네스코 세계유산으로 등재하기 위해 협력하기로 합의하고, 그 첫 번째 사업으로 개성 고려궁성, 즉 만월대 자리에 대한 발굴 조사를 실시하기로 하였다. 이에 남북 교류협력사업의 일환으로 2007년에 개성 고려궁성(만월대) 남북공동발굴조사가 시작되어 2018년까지 모두 8차에 걸쳐 발굴 조사가 진행되었다. 또한 2013년에는 만월대 등 개성 일대의 12개 역사 유산이 '개성의 역사 기념물과 유적'이라는 이름으로 유네스코 세계유산에 등재되었다.

2007년부터 진행된 고려궁성(만월대) 남북공동발굴조사는 서부 건축군을 대상으로 이루어졌다. 2007년 상반기의 1차 조사에서는 조사 지역 전체를 대상으로 시굴 조사를 실시하였고, 같은 해 하반기의 2차 조사에서는 서부 건축군의 뒷부분에 해당하는 제1건물지군을 조사하였다. 이후 2008년의 3차 조사에서는 제1건물지군 서편의 제2~3건물지군을 조사하였고, 2010년의 4차 조사에서는 추정 건덕전 구역을 조사하였다. 2011년의 5차 조사는 그해 여름에 내렸던 폭우로 인하여 훼손될 위험이 있는 유구를 보존하기 위하여 긴급하게 시행되었다.

이후 남북관계가 악화하면서 한동안 발굴조사가 중단되었다가 2014년에 6차 조사가 재개되었다. 6차 조사에서는 제5건물지군을 조사하였으며, 2015년의 7차 조사에서는 서부 건축군 중앙부에 해당하는 제6~8건축군에 대한 조사가 이루어졌다. 하지만 2016년 북한 핵실험의 여파로 개성공단이 폐쇄되는 등 남북관계가 악화하면서 발굴 조사는 다시 중단되었다. 다행히 2018년에 열린 평창 동계올림픽을 계기로 남북관계가 급격히 회복되면서 8차 조사가 실현되었다. 2018년의 8차 조사에서는 서부 건축군과 중심 건축군의 경계 지대에 해당하는 회경전 뒤쪽 축대와 계단을 중심으로 주변의 건물지들을 함께 조사하였다.

2018년까지 모두 8차례에 걸친 조사를 통하여 건덕전 추정 건물지를 포함한 40곳 남짓한 건물지와 4개의 축대, 2개의 대형 계단이 확인되었고, 금속활자와 자기, 기와 등 1만 4,000여 점에 달하는 유물이 수습되었다. 특히 5점의 금속활자, 다양한 형태와 용도의 청자, 30여 종에 달하는 명문 기와 등은 발굴을 통해 확인된 실물 자료로서 중요한 의미를 지닌다. 또한 경사지에 세워졌던 고려시대 건축물의 건축 양식과 배치에 대한 이해를 풍부히

고려궁성(만월대) 유적 서부 건축군 제6건물지군
(개성 만월대 남북공동발굴 디지털기록관 누리집(http://www.manwoldae.org/))

고려궁성(만월대) 유적에서 출토된 금속활자
2015년 제7차 발굴 때에 신봉문 서쪽 약 255미터 지점에서 출토된 고려시대 금속활자로서, 嫥(전일할 전, 혹은 아름다울 단)이 새겨져 있다.
(개성 만월대 남북공동발굴 디지털기록관 누리집(http://www.manwoldae.org/))

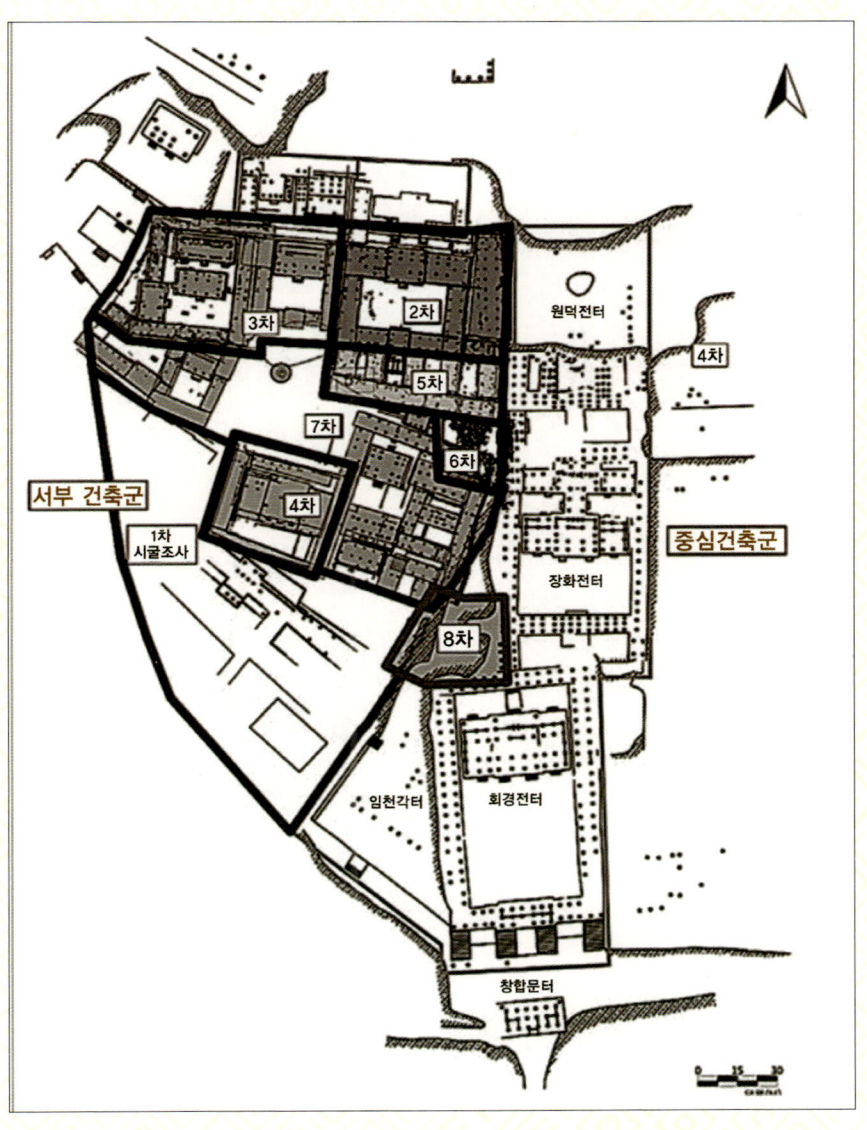

고려궁성(만월대) 연차별 남북공동발굴 조사 구역(조은경, 〈개성 고려궁성 조사연구 성과와 향후 과제〉, 《고려 도성 개경 궁성 만월대》, 국립문화재연구소, 2019, 68쪽)

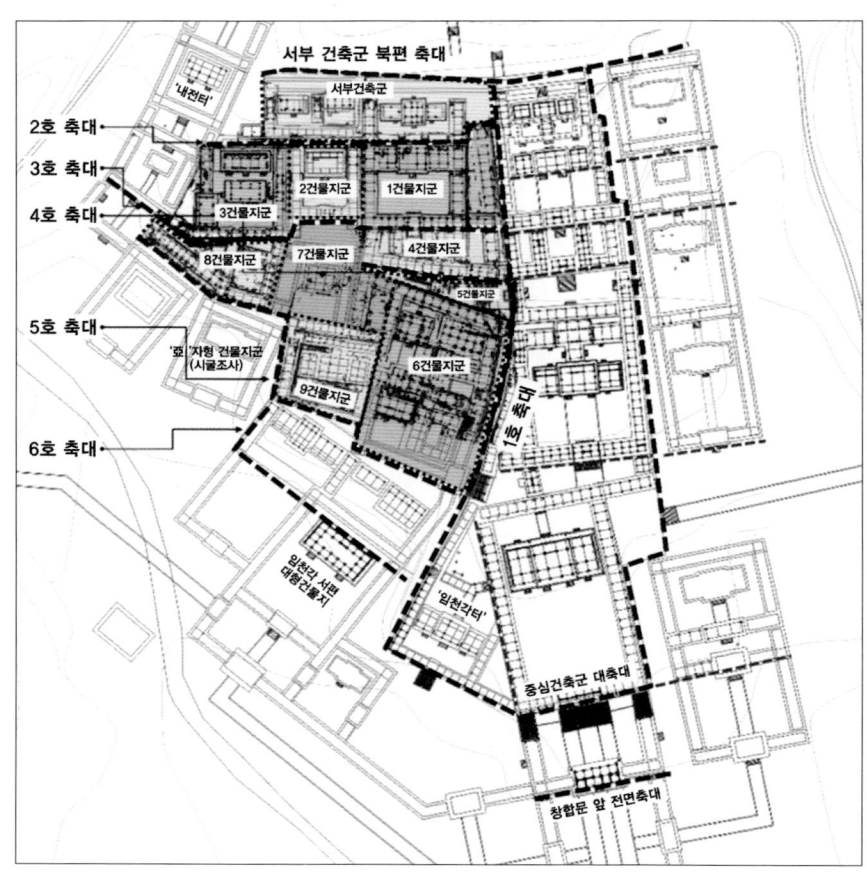

| 개경 본궁 발굴조사지역 건물지군 및 축대 위치도('남창근, 앞의 논문, 2020, 115쪽에서 인용)

할 수 있게 되었고, 문헌에서 이름으로만 확인되는 전각 중 일부는 정확한 위치를 찾을 수 있었다. 게다가 남북분단 이후 이질적인 역사 인식을 지녀 왔던 남북의 학자들이 정기적으로 만나 조사하고 토론하면서, 서로 학문적 공감대가 형성되는 기회가 마련되었다. 그와 같은 점에서 고려궁성(만월대)

남북공동발굴조사는 남북한 사이의 화해와 협력을 강화하는 데에 소중한 경험과 자산이 되어 왔다.

그런데 2019년에 남북관계 및 북미관계가 냉각되면서 2021년 10월 현재 발굴조사는 중단된 상황이다. 2007년부터 2018년까지 서부 건축군 전체 면적의 60퍼센트 정도만이 발굴 조사가 진행되었고, 서부 건축군의 서쪽 측면과 동부 건축군 전체는 발굴 조사가 착수되지도 못한 실정이다. 과거 북한에서 단독으로 진행한 중심 건축군 역시 추가 발굴의 필요성이 절실하다. 전문가들에 따르면 적어도 30년 동안 꾸준히 발굴 조사가 이루어져야 만월대 전체 구역에 대한 궁궐 윤곽이 어느 정도 파악될 것이라고 한다. 따라서 앞으로 발굴 조사가 계속될수록 만월대 개경 본궁에 대한 실체는 더욱 구체적으로 드러날 것이다.

개경 안에는 별궁도 있었다

조선시대에도 도읍인 한양에는 정궁이자 법궁인 경복궁 이외에 창덕궁, 창경궁, 경희궁, 경운궁 등 여러 궁궐이 있었다. 실제로 경복궁보다 창덕궁을 선호했던 국왕들도 적지 않았다. 당연히 고려시대 개경에도 만월대의 본궁 이외에 여러 별궁(이궁)이 운영되었다. 그중 대표적인 별궁으로는 수창궁과 연경궁을 들 수 있다.

수창궁은 《고려사》 기록에 가장 이른 시기에 나오는 별궁이다. 거란의 침입으로 나주로 피난 갔던 현종이 개경에 돌아와서 머물렀던 궁궐이 바로 수창궁이다. 고려 중기의 인종과 의종, 명종 등도 수창궁에서 살았던 기간이

제법 길었다. 수창궁은 몽골의 침입으로 파괴되었지만, 고려 말기인 1381년(우왕 7)에 재건되었다. 고려의 마지막 임금인 공양왕이 수창궁에서 즉위하였고, 조선의 태조 이성계와 3대 임금인 태종 이방원도 수창궁에서 즉위하였다.

수창궁에 버금가는 중요한 별궁으로는 연경궁이 있다. 본궁의 동쪽에 있었던 연경궁은 현종의 왕비인 연경궁주가 머물렀던 연경원에서 기원하였다. 연경궁주가 왕자(훗날 10대 임금인 정종이 되었다)를 낳자 연경원은 연경궁이 되었다. 하지만 이때는 국왕의 별궁이 아니라 왕비의 궁이었다. 이후 숙종 연간(1095~1105)에 이르러 정식으로 국왕의 별궁이 되었다. 이자겸의 변란으로 본궁이 불탔을 때, 인종이 연경궁으로 옮기면서 이름을 인덕궁으로 고쳤다. 하지만 얼마 후 다시 연경궁이라 하였다. 고려 후기인 1309년(충선왕 1)에는 연경궁을 대대적으로 중수하고 연경궁을 관리하는 관원의 수를 대폭 증원하였다. 아마도 국왕이 본궁 대신 연경궁에 주로 거처하였기 때문일 것이다. 고려 말기 공민왕 때까지도 연경궁은 주요한 궁궐로 기능하였다.

수창궁과 연경궁 이외에도 여러 별궁이 있었다. 고려 전기에는 명복궁(明福宮)과 장락궁(長樂宮)이라는 별궁이 있었고, 고려 후기에는 제상궁(堤上宮)과 수령궁(壽寧宮), 이현신궁(梨峴新宮) 등의 별궁도 확인된다. 하지만 별궁 중에는 오랫동안 유지되지 못하고 불에 타 버리거나 철거된 곳들도 있었으며, 다른 성격의 건물로 바뀌는 곳도 있었다.

정요근 _ 서울대 교수

고려시대 사람들은 어떻게 살았을까 1

2부 삶의 즐거움과 괴로움

고려시대 농민의 한해살이
무당의 입김이 천하를 호령하다
청주 한잔에 서린 촌 늙은이의 피눈물
고려시대 사람들도 고기를 먹었을까
고려시대 사람들의 장례 모습

고려시대 농민의 한해살이

오치훈

고려시대 백정은 우리가 아는 백정이 아니다?

국어사전을 찾아보면 백정(白丁)에 대해서 '소나 개, 돼지 따위를 잡는 일을 직업으로 하는 사람'으로 정의한 것을 쉽게 확인할 수 있다. 사극에 등장하는 백정이 한 손에는 칼을 들고 푸줏간에서 일을 하는 모습을 떠올리면 사전적 정의가 옳다는 것도 쉽게 이해된다. 그러나 백정에 대한 이와 같은 이미지는 적어도 고려시대 백정과는 너무나 동떨어진 모습이다. 결론부터 말하자면 고려의 백정은 일반 백성, 곧 양인 농민을 뜻하는 용어였다.

백정이란 단어에서 '백(白)'의 의미는 일반적으로 '희다', '하얗다'라는 뜻이지만, 한자에서는 여러 다른 뜻을 지닌다. 그중 하나가 '없다'이다. 아무것도 없으니 깨끗하고 하얗고 밝다는 뜻과 서로 통한다. 한편 '정(丁)'이란 널리 알려져 있듯이 보통 16세에서 59세에 이르는 성인 남성을 일컫는 말이다. 여자들이 사내를 가리켜 이르는 말로 '남정네'가 있고, 나이가 젊고 기운이 좋은 남자를 '장정(壯丁)'이라 하는 것도 모두 '정'과 관련된 어휘이다. 따라서 백정이란 다듬어서 표현하면, 국가에 부담하는 특정한 역(役)이 없는 성인 남자라고 할 수 있다. 여기서 특정한 역이란 관직에 취임하여 공무를 하거나 직업군인으로 선발되어 국방의 임무를 하는 등의 일을 말한다. 그러므로 고려시대 백정은 관료, 서리, 향리, 군인 등을 제외한 양인 농민 일반을 뜻하였다.

농민의 터전이자 조세 수입의 원천, 민전(民田)

고려에서는 특정한 역을 담당하는 관료와 서리, 군인 등은 국가로부터 전시과(田柴科)와 녹봉(祿俸)을 받을 수 있었다. 이에 비해 백정 농민은 아무것도 받지 못했지만 대체로 조상 대대로 물려받은 토지를 이용하여 생계를 유지하였다. 물론 관료층의 경우도 그들 자신이 소유하는 토지가 있었으며 이처럼 일반 백성 대부분이 갖고 있는 민전이 곧 농민들의 삶의 터전이었다.

전근대 왕조국가에서 전국의 토지는 모두 왕의 소유이며 백성들은 다만 그것을 경작하는 존재였다는 인식이 오랫동안 일반적인 사실로 알려진 적이 있었다. 특히 일제강점기에 그러한 인식이 널리 퍼져서 고려시대에는 모든 토지가 국유지였다는 주장도 있었지만, 그것은 사실과 다르다는 것이 밝혀졌다. 위로는 국왕으로부터 아래로는 노비에 이르기까지 토지를 소유할 수 있었다.

이것은 고려에 앞서 이미 신라시대부터 확인된다. 최치원이 찬술한 숭복사비(崇福寺碑)에는 왕릉을 조성하기 위해 인근의 토지를 쌀 이천 섬으로 구매했다는 사실이 전하며, 역시 최치원이 찬한 경북 문경에 있는 봉암사 지증대사 적조탑비(鳳巖寺智證大師寂照塔碑)에는 대사가 자신의 토지인 장(莊)

전남 담양 개선사지 석등(문화재청 국가문화유산포털)

12구(區)와 전(田) 500결(結)을 사찰에 기부하는 내용이 확인된다. 또한 전남 담양에 있는 개선사석등기(開仙寺石燈記)에는 승려 입운이 경조(京租) 100석으로 오호비소리(烏乎比所里)의 공서(公書)·준휴(俊休) 두 사람으로부터 논 14결을 구매했다는 사실이 전한다. 1309년(충선왕 원년)으로 확인되는 강원도 고성 삼일포 매향비에는 통주부사(通州副使) 김용경(金用卿) 양주부사(襄州副使) 박전(朴琠)이 토지를 기부한 일과 백정 우달(于達)이 토지를 소유하고 있는 상황이 기록되어 있다. 이외에도 토지의 증여와 상속, 매매가 여러 사료에서 확인된다. 이처럼 토지에 대한 권리가 존재하였으므로 백정 농민은 토지를 개간하여 생계를 유지하였으며, 국가에서는 이들로부터 세금을 거두어 재정을 운영할 수 있었다.

 농민의 토지소유권을 보호하는 한편 그로부터 조세를 거두기 위해서는 토지대장이 필요하였으며, 토지대장을 작성하기 위해서는 사전에 토지에 대한 조사가 이루어져야 했다. 여기서 토지대장을 양안(量案)이라고 부르며, 토지조사를 양전(量田)이라고 한다. 양전사업을 통해서 작성한 토지대장이 곧 양안이었다. 고려시대에 양전을 행한 사례는 찾아볼 수 있지만 토지대장인 양안은 현재 전하지 않는다. 다만 양안의 내용에 대해서는 다른 사료와 현존하는 조선시대 양안을 통해서 유추를 할 수 있다. 양안에는 전답(田畓)

의 위치, 사방의 경계, 토지 면적과 소출, 소유주 등이 명기되어 있어 토지에 대한 기초적인 사실과 국가의 파악 방식을 살필 수 있다. 민전에서 조세를 거두는 일은 이처럼 양안을 토대로 이루어질 수 있었다.

그렇다면 민전에서는 세금을 얼마만큼 거두었을까? 일반적으로 토지의 경작자인 농민이 국가에 납부하는 전조(田租)를 조세라고 하는데, 고려에서는 소출의 10분의 1을 납부했다고 여겨진다. 전근대 사회가 농업에 크게 의존했던 것을 생각하면 총 생산액의 10퍼센트 세금은 과다다고 하기는 어

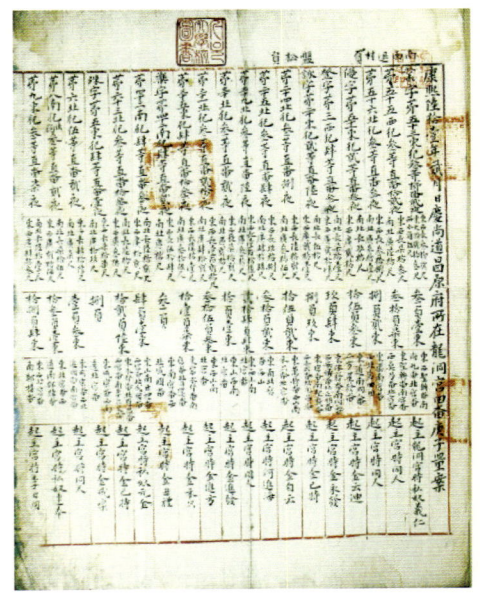

1722년 경남 창원 용동궁 양안
(국사편찬위원회 우리역사넷 한국문화사 27권 3장 2. 조선왕조의 농지 개간 장려 〈용동궁 전답 경자양안〉)

려울 것이다. 그러나 농민이 국가에 바치는 세금은 조세 이외에도 몇 가지가 더 있으므로 생활이 편했다고 하기는 힘들다. 몇 가지 세금은 잠시 후에 별도로 언급할 것이다. 여기서는 농민이 얼마나 생산을 했는지 그렇게 생산된 소출에서 10분의 1은 어느 정도가 되는지를 알아보자.

누군가 역사는 승자의 역사이자 지배층의 역사라고 했던가? 틀린 말은 아닐 것이다. 현재 남아 있는 주요 역사 자료에는 그것을 정리한 지배층과 승자의 관점이 투영되어 있고, 주로 그들의 이야기가 전하기 때문이다. 그래서 농민의 생활상을 파악하기에는 여러 난점이 있다. 고려시대 농민의 평

균적인 생산액을 정확히 알려 주는 사료는 없다. 다만 국가가 세금을 얼마나 어떻게 거두었는지를 전하는 자료가 있어 그것으로 가늠해 볼 뿐이다.

고려에서는 992년(성종 11)에 공전(公田)에서 거두는 세율을 정하였다. 그 내용을 보면 총 생산액이 수전(水田: 논)과 한전(旱田: 밭) 각각 상·중·하의 등급으로 나뉘어 정리되어 있다. 하등전보다 상등전이 토양이 비옥하고 소출이 많이 나는 토지에 해당한다. 1결의 면적에 대한 생산액을 정리하면 수전 상등전은 15석, 중등전 11석, 하등전 7석이며, 또 다른 내용에는 상등전 18석, 중등전 14석, 하등전 10석으로 되어 있다. 여기서 고려의 농민이 평균 어느 정도의 생산을 했는지 알 수 없지만 많은 수의 사람들이 하등전을 경영했다고 여겨지므로 대략 1결당 7~10석 정도가 일반적인 상황이 아니었을까 한다. 여기서 농민이 생계를 유지하는 데 소요되는 양과 남는 양은 얼마인지를 확인해 보면 당시 농민의 삶을 좀 더 깊이 이해할 수 있을 것이다.

고려시대 사람들의 식사량에 대해서는 자료가 매우 부족하지만 몇몇 사료를 통해 확인할 수 있다. 1255년(고종 42) 몽골에 사로잡혔다가 도주한 백성들이 경성에 모이자 이들에게 하루 쌀 1승씩을 주어 연명하게 하였는데, 죽은 사람이 셀 수 없이 많았다고 한다. 1274년(원종 15)에는 일본 원정을 앞두고 전함을 건조하는 데 동원된 인부에게 하루 식량으로 대략 5,6승을 지급했다. 또한 1275년(충렬왕 원년)에는 고려 왕과 왕비가 하루에 쌀 2승을 먹었다는 기록이 있다. 모두 고려 후기의 사례이며 일반적인 상황과는 거리가 있지만 하루 끼니로 적어도 3승은 필요하지 않았을까 한다. 이제 공식을 이용해 보면, 10승=1두, 15두=1석이 되므로 1인의 하루 식량 3승의 1년치는 1,095승, 약 110두로 7.3석이 된다. 이를 곧바로 성종 때 정해진 수확량과 비교하면 농민 대다수는 1결에서 성인 1인이 1년 동안 소비하는 곡식을 생산하고 그 가운데 10분의 1을 조세로 납부한 셈이 된다. 이러한 계산에는 150년 이상의 시간 차이와 도량형의 문제가 고려되어야 하지만 당시 농민의 삶이 얼마나 여유가 없고 힘겨웠을지는 대략 가늠이 된다.

부지런히 일해도 남는 게 없는 삶

일반적으로 전근대 동아시아 국가에서 백성이 바치는 세금으로는 조(租), 용(庸), 조(調)가 있었다. 시대와 국가마다 명칭이 다르고 구체적인 세금의 형태와 납부 방식 등에 차이가 있으나 큰 틀에서는 유사하다. 고려에서도 사료 상에는 조(租), 포(布), 역(役), 공부(貢賦), 상요(常徭), 잡공(雜貢)의 다양한 세목(稅目)이 확인되므로 일괄적으로 말하기는 어렵지만 여기서는 복잡한 설명은 접어 두고 조(租), 용(庸), 조(調)의 구도를 토대로 이야기를 전개하겠다.

먼저 조(租)에 대해서는 토지의 수확물 중 일부를 바치는 것으로 민전에서 10분의 1을 거두어 갔다고 앞서 소개하였다. 용(庸)은 사람의 노동력을 동원하는 것으로 예컨대 토목공사에 동원되는 일에 해당하며, 조(調)는 각 지역의 특산물을 징수하는 세금이다.

노동력을 동원하는 용(庸)은 사료에 주로 요역이라는 표현으로 등장한다. 요역을 부담하는 성인 남성을 정(丁)이라고 하는데, 고려에서는 16세에 정(丁)이 되어 국역을 부담하고 60세가 되면 노(老)라고 하여 역을 면제하였다. 요역은 주로 궁궐과 관아, 제방의 축조와 같은 토목공사 혹은 세금을 서울로 수송하는 일에 동원되었다. 관인도 양인 신분에 속했으므로 본래는 요역을 부담해야 하지만 관직에 종사하였으므로 면제되었고, 관인의 가족도 원칙적으로는 요역 동원의 대상이지만 물건을 납부하여 대체하는 등 방법으로 실제로 동원되지는 않았다. 결국 요역에 동원되는 주요 대상은 양인 농민이었으며, 이들로부터 무상으로 노동력을 착취했기에 요역은 가장 부담스러운 세금이었다. 또한 요역은 무한정으로 동원할 수 없으므로 정해진 기간이 있었는데 조선의 경우는 30일, 흉년에는 20일이 원칙이었다. 고려시대 요역에 대해서는 현재 규정이 전하지 않아 알 수 없지만 조선과 비슷한 수준으로 짐작된다. 그러나 그러한 규정이 얼마나 지켜졌을지 아울러 농번기를 피하지 않고 돌발적으로 동원하는 일은 없었을지 단언하기 어렵다.

　지역에서 거두는 특산물은 공물(貢物)로 불렸는데 이는 군현 단위로 징수되었다. 공물은 종류도 다양하고 그것을 생산하거나 채취하는 데 많은 인원이 필요했으므로 이 또한 요역의 형태와 유사한 점이 있었다. 본래 공물의 액수는 각 군현의 토지 면적과 호구의 숫자를 토대로 정해졌는데 수취과정에서는 군현의 하부 단위인 촌락과 촌락에 속한 각 농민 가호에 분정(分定)되었다. 따라서 농민이 직접 공물을 촌락 내의 행정을 담당하는 촌정(村正)을 통해 군현에 납부하였지만 경우에 따라서는 공물 값에 해당하는 포(布)로 대체하거나 촌락 단위로 민호(民戶)를 단체로 동원하여 공물을 직접 생산하기도 하였다. 이처럼 수취와 납부 방식이 다양했기에 공물 납부 과정에는 폐단이 발생할 여지가 많았다. 예컨대 공물을 대신하여 포로 납부할 경우에 실제 공물가보다 많은 양의 포를 거두어 차익을 남기거나, 또는 이를 악용하여 선납(先納) 및 대납(代納)을 하고 수수료를 막대하게 거두는 일도 있었다.

고려시대 농민은 생계를 이어 나가기 위해서 농사를 지어야 하고 그로부터 얻은 수확물을 납부하며, 몸은 늘 농경 활동에 얽매여 있음에도 각종 요역에 동원되었다. 더구나 공물을 납부하는 과정에서 요역과 마찬가지로 노동력을 무상으로 바치거나 포(布)를 만들어 내는 등 끊임없는 세금 부담에서 자유롭지 못했다. 이런 농민들의 모습을 이규보(1168~1241)는 다음과 같이 묘사하였다.

> 힘들여 농사지어 군자를 봉양하니 그들을 일컬어 농부라 하네.
> 알몸을 얇은 베옷으로 가리고 매일같이 얼마만큼 땅을 갈았던가.
> 벼 싹이 겨우 파릇파릇 돋아나면 고생스럽게 호미로 김을 매네.
> 풍년 들어 많은 곡식을 거두어도 한갓 관청 것밖에 되지 않는다오.
> 어쩔 수 없이 모조리 빼앗겨 하나도 소유하지 못하네.
> 땅을 파 올방개를 캐 먹다가 굶주림에 지쳐 쓰러진다오.
> 일할 때 아니라면 어느 누가 이들에게 좋은 음식 먹여 줄까.
> 목적은 힘을 취하기 위해서이지 이들의 입을 아껴서가 아니라오.
>
> 《동국이상국집》

끼니는 무엇으로 해결했을까?

우리에게 '삼시세끼'는 하루에 아침, 점심, 저녁 식사 이렇게 세 번의 끼니를 갖추어 먹는 것을 의미하는 일반적인 용어이다. 최근에는 이러한 명칭을 사용한 예능 오락 프로그램도 나와서 많은 사람들의 공감을 불러일으켰다.

14세기 고려 불화 〈미륵하생경변상도〉 부분(일본 신노인 소장)
추수하는 고려 농민의 모습을 엿볼 수 있다.

하지만 우리네 부모님과 할아버지, 할머니 세대만 해도 끼니를 걱정하는 일이 다반사였으니 고려시대에는 오죽했을까?

점심이라는 말의 어원에 대해서는 중국 당(唐)에서 비롯되었다는 의견이 있는데, 그 뜻은 허기가 져서 가라앉은 마음[심(心)]에 불을 붙여서[점심(點心)] 정신을 차릴 만큼만 간단하게 먹는 간식이다. 고려시대에도 하루의 끼니는 대개 조석(朝夕)으로 표현하였으니 말 그대로 '아침저녁'이었다. 그러나 중국 사신에게 세 끼니를 대접했다거나 부모님께 하루 세 끼를 바쳐 봉양했다는 등의 사료가 있어 세 끼 자체에 대한 인식이 없었다고는 할 수 없다. 그러나 이는 일반적인 상황이었다고 보기는 어려우므로 고려 농민들은 세 끼를 먹되 점심은 간단히 하고 사정이 여의치 않으면 그마저도 언제든 생략

했다고 짐작된다. 끼니는 그렇다고 한다면 음식은 무엇을 먹었을까?

이 문제에 대해서도 지금의 관점에서는 당연히 쌀이 주식이었다고 생각하겠지만 과연 고려시대에도 그러했을지는 부정적이다. 쌀은 끼니를 해결하는 데 중요한 곡식이지만 단순히 식량이 아니라 국가 조세로 거둬들이는 대표적인 물종이자 화폐로 기능하였으므로 최고의 가치를 부여 받았다. 따라서 쌀농사를 짓는다고 해서 그것으로 끼니를 해결했을 가능성은 매우 낮다. 그보다는 기장, 조, 보리, 밀, 콩, 팥 등의 다른 곡물을 섭취했을 것이다. 특히 밭에서 거두는 조와 콩, 보리가 쌀을 대체하는 주식이었다고 여겨진다. 조는 소미(小米)라고도 불렸으며 보리는 쌀, 조와 함께 녹봉으로 지급하는 물품의 하나이기도 했다.

곡물 이외에도 다양한 식량이 확인되는데, 이는 농민들이 곡물로만 끼니를 해결하기 어려웠다는 점을 보여 준다. 주로 말 먹이로 쓰이는 피[稗]도 잡곡에 섞어 먹은 일이 있듯이 들판과 산에서 자라는 다양한 잡초도 끼니를 보충하는 데 이용되었을 것이다. 특히 도토리는 여러 자료에서 확인이 되는 주요 식품이었다. 상황이 이러하다 보니 육식은 전혀 일반적이지 않았고 여기에는 불교문화의 영향도 있었다. 다만 13세기 후반 몽골의 영향을 받으면서 점차 육류 소비가 증가했을 수도 있고, 이는 소주의 전래와 보급과도 관련되었을 것이라 짐작된다. 그러나 일반 농민이 그러한 생활을 영위했을 것 같지는 않다.

밥과 함께 먹는 소채류는 다양하였는데 이들 부식으로는 김치, 장아찌가 주류였다. 여름에는 장아찌를 담가 먹고 겨울에는 소금에 절인 김치를 먹었다. 김치는 배추와 고추가 없었던 시절이므로 오늘날과는 달리 무를 중심으로 동치미처럼 담가 먹었다고 생각된다. 그 밖에 기록에는 과일로 대추, 밤, 배, 능금, 복숭아, 앵두, 감 등이 보이며, 수산물과 해산물도 확인되지만 일상적인 먹거리는 아니었다. 농민의 경우는 더욱 그러했으니 흉년이 들거나 조세 부담이 커지면 초근목피(草根木皮)로 연명하는 일이 잦았다. 여러모로 농민의 삶은 고달팠다.

오치훈_경기대 교수

무당의 입김이 천하를 호령하다

정학수

　최근에 대형 사건·사고가 발생할 때마다 이를 미리 예언했다 하여 항간에 유명해진 점쟁이들이 있다. 무슨 보살이니 도사니 하는 이들은 대기업에 초빙되어 신입 사원을 뽑을 때에 면접관으로 참여하는가 하면, 국가 중대사를 결정하는 데 자문을 해 주기도 했었다고 한다. 평소에는 관심을 두지 않다가도 곤경에 처하거나 결정하기 힘든 어려운 문제에 부딪힐 때 사람들은 그들의 말에 귀를 기울인다. 첨단 과학의 시대에 살면서도 운수를 점쳐 보고 그들이 제시하는 처방에 효과가 있다고 믿는 것이다.
　체계적인 교리와 의식 그리고 조직을 갖춘 종교가 있음에도 무속으로 대표되는 민간신앙이 아직까지 전승되고 있는 까닭은 그만큼 생명력을 유지할 만한 역할을 해서일 터이다. 그렇다면 불교 국가인 고려에서 이러한 무속은 도대체 어떤 모습으로 비쳐졌을까.

송악산
개경의 진산 송악산은 고니대가리 같다 하여 곡령(鵠嶺) 또는 곡봉(鵠峯)으로도 불렸는데, 오늘날 개성에서는 "임신한 여인이 머리칼을 늘어뜨린 채 두 손을 가슴에 모으고 가지런히 누워 있는 형상이어서 멀리서도 알아볼 수 있다"고 소개하고 있다. 높이는 해발 489미터인데, 강화도 마니산(472m)보다 약간 높다. 송악산 남쪽에 개경 본궐터인 만월대가 자리하고 있다.

귀신을 숭배한 사람들

송나라 사신 서긍은 《고려도경》에서 "고려 사람들은 병이 나서 아파도 약을 먹지 않고 오직 귀신을 섬길 줄만 알아, 저주하여 이겨 내기를 일삼는다. 본래 귀신을 섬겨 주문과 방술을 알 따름이다. 백성들이 재난이나 질병이 생기면 개경 북쪽에 있는 숭산 신사(崧山神祠, 송악산 정상에 있었다)에 가서 옷과 말을 바치고 기도한다."라고 하여, 고려 사람들이 귀신을 무척 숭배한다고 기록하였다. 불과 두어 달 머물다 간 외국인의 눈에 비친 오만하고 과장 섞인 내용이기는 해도, 고려시대 민간에 성행한 무풍(巫風)의 정도를 짐작케 해 준다. 그리고 이러한 무풍에 관한 기록은 이미 태조 때부터 나타나고 있다.

918년(태조 1)에 담당 관리가 "전 대의 임금도 해마다 한겨울에 팔관회를 크게 베풀어 복을 빌었으니 그 제도를 따를 것"을 건의하자 태조는 이를 받아들여 그해 11월에 팔관회를 열었다. 팔관회는 원래 출가하지 않은 일반 신도들이 이날 하루 동안만은 여덟 가지 계율을 지키면서 승려처럼 경건하게 살아 보게 하고자 만든 불교의 법회였다.

그런데 이때에 벌어진 행사 모습을 보면 순수한 불교 행사 모습은 아니었다. 대궐 안 광장에 갖가지 등불을 설치하여 밤이 새도록 땅에 가득히 광명을 비추었다. 또 두 곳에 각각 높이가 15미터나 되는 연꽃 형상의 채색 무대를 높게 설치하고 그 위에서 온갖 유희를 벌였다. 사선악부라는 악단이 나와 흥을 돋우었으며, 용·봉황·코끼리·말·수레·배의 가장행렬이 벌어졌다. 모든 관원이 정복 차림으로 예를 행하였으며, 밤낮으로 즐기며 구경하는 사람들이 개경을 뒤덮었다고 한다. 한마디로 경건한 불교 법회라기보다는 음주 가무가 벌어지는, 신명 나는 축제의 한마당이었다.

이때 태조는 위봉루에 올라 이를 관람하고, 그 명칭을 '부처를 공양하고

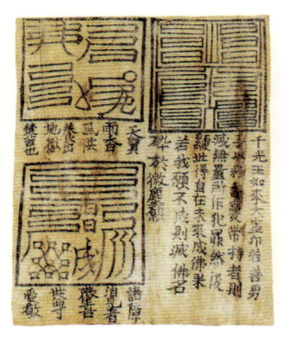

고려시대 부적(호암미술관 소장)
부적이란 액을 막고 복을 빌기 위해 글씨나 그림, 기호 등을 종이에 그린 것. 이 부적은 사각형의 종이에 목판으로 찍은 것이다. 부적의 내용은 "이것을 가지고 있으면 지은 죄를 다 용서받고 미래에는 성불하게 되리라."로 불교의 영향을 엿볼 수 있다.

귀신을 즐겁게 하는 모임'이라 하였다. 그가 남긴 '훈요십조'에는 팔관회에서 즐겁게 하는 귀신의 종류가 구체적으로 거명되어 있다. 하늘, 큰 산, 큰 강, 그리고 바다의 용이 바로 그것들이다. 더욱이 국가에서는 이 신령들에게 대왕이니 장군이니 하는 작호를 내려 주었으니, 그 신들의 이름은 오늘날 무당들이 섬기는 것과 다를 바 없다. 그러면 개인적인 신앙 형태는 어떠했을까.

무인집권기의 권력자 이의민은 본래 글을 모르며 무당을 믿었다고 한다. 고향인 경주에 나무로 깎아 만든 귀신상이 있었는데, 그곳 사람들은 이를 '두두을(豆豆乙)'이라고 불렀다. 이의민은 집 안에 당(堂)을 짓고 그 귀신을 맞아다가 날마다 제사하면서 복을 빌었다. 그것이 신통했는지 그는 천한 신분임에도 승승장구하여 최고 권력자가 되었다. 그런데 하루는 그 사당에서 이상한 곡성이 들려왔다. 이의민이 괴상히 여기고 물으니, "내가 너의 집을 오랫동안 지켜 주었는데 이제 하늘이 화를 내려 내가 의탁할 곳이 없어지게 되어 울고 있다."라고 하였다. 과연 얼마 안 있어 이의민은 최충헌 형제에게 비참하게 살해당하였다.

이처럼 지배층 가운데서도 집 안에 신당을 마련하여 귀신을 섬기는 일이 있었다. 그러나 일반 백성들은 개인적인 신당을 갖추지는 못했던 것 같다. 그들은 안녕을 위해 귀신에게 의뢰할 일이 생기면 명산대천에 있는 신당에 찾아가 빌거나 무당에게 굿을 청하였다. 이규보가 기록한 굿판의 모습은 오늘날과 다를 바가 없었다.

이규보가 개경에 살 때 이웃에 무당 집이 있었는데, 날마다 많은 남녀들이 구름같이 모이고 북, 장구 등 시끄러운 소리가 끊이지 않았다. 그 무당은 주름진 얼굴, 반백의 머리에 대략 50대쯤 되어 보이는 여자였다. 들보에 닿을 듯이 둥둥 뛰는 중간중간에 새소리 같은 목소리로 늦을락 빠를락 두서없이 중얼거리는 예언이 신통하게 잘 맞는다 하여 신도들은 양손을 맞대고 빌며 곡식과 옷감 등을 바쳤다고 한다. 타고 있는 두 자루의 초에 떡이며 고기, 과일로 질펀하게 차린 굿상 뒤 신당의 벽에는 무신도가 액자처럼 모셔져 있고, 신이 내려오는 길목인 신간(神竿)과 굿상 곁에는 굿을 차린 이가 바친 재물이 수북이 쌓여 있는 모습을 쉽게 상상할 수 있다.

이처럼 고려 사회는 위로는 국가 왕실에서부터 아래로는 지배층과 일반 백성에 이르기까지 그들의 생사화복에 관한 것을 귀신에게 상당히 의존하였다.

서슬 푸른 무당의 권세

고려시대에는 지방관이 임지에 부임하면 그 지방의 유력한 신들을 찾아 인사를 드려야 했다. 만약 이것을 어기면 탄핵을 받기도 하였다. 한때 등주(지금의 북한 강원도 안변군)의 성황신이 여러 번 무당에게 내려 국가의 길흉과 화복을 신통히 알아맞혔다. 그 지방의 관리였던

성황당 현판과 그 세부(전북 순창군 순창 설씨 문중 재실 소장)
성황 대신 사적(城隍大神事跡)으로 시작되는 이 현판은 1823년(순조 23)에 만들어졌다. 여기에는 1281년(충렬왕 7)에 이 지역 출신 설공검을 성황 대신으로 모신 내력과 국가로부터 봉작된 경위 등이 이두문과 함께 기록되어 있다.

함유일은 성황당에 제사할 때 고개만 숙이고 절하지 않았다 하여 파면당하였다.

이처럼 고려시대에는 토속 신들과 그 신들을 섬기는 무당들의 권세가 대단하였다. 그러면 이들은 어떻게 이 같은 권세를 누릴 수 있었을까. 그것은 이 신령들이 국토를 지켜 주고 백성을 보살펴 준다고 여겼고, 권력이나 재력으로도 어쩔 수 없는 불가항력의 재난으로부터 벗어나고픈 바람을 신령과 교감하는 무당이 해결하여 준다고 믿었기 때문이다.

농업 사회에서는 비가 무엇보다 중요하였다. 그 때문에 가뭄이 들면 국왕들은 무당을 불러 기우제를 지냈다. 1021년(현종 12)에는 뜰 가운데에 흙으로 용을 빚어 놓고 남녀 무당들을 모아 비가 오기를 빌었고, 1132년(인종 11)에는 관청 앞에 무당 300여 명을 모아 놓고 비를 빌었으며, 6월에 또 무당을 모아 비를 빌었다고 한다. 1173년(명종 3)에는 정월부터 비가 내리지 않아 개울과 우물이 모두 마르고 곡식이 말랐으며 전염병까지 발생하여 사람들이 많이 굶어 죽었다. 그러다 보니 심지어는 인육을 파는 자가 있게 되자 무당을 모아 놓고 비를 빌었으며, 근신들을 전국에 파견하여 명산대천에서 또 빌었다. 이런 때에 왕은 불기운을 멀리하고 물기운을 끌어오기 위하여 물과 관련되는 것이면 명산대천 어디에서든 기우제를 지내고, 여기에서 무당을 동원하여 의식을 담당케 하였다.

1146년(인종 24) 왕이 병들자 무당에게 점을 쳐 보게 하니 모반죄로 축출당한 척준경이 병의 원인이라는 점괘가 나왔다. 이에 왕은 무당의 지시에 따라 척준경에게 문하시랑평장사라는 벼슬을 추증하고 그 자손들에게 관작을 주었다. 그리고 내시를 파견하여 김제에 신축한 벽골제의 둑을 헐어 버

지리산 성모상(경남 산청군 소재)
지리산 천왕봉 마루턱에 성모사(聖母祠)가 있고, 그 안에 이 여신상이 있었다. 현재 사우는 없어졌고, 1987년 천왕사라는 암자를 짓고 안치하였다. 성모는 이 산을 수호하는 여신이었는데 국가적인 차원에서 숭상되어 왔고, 민간에서는 고려 태조의 어머니로 여겨 숭상하는 사람이 많았다고 한다.

리게 하였다. 이 사례는 무당의 점복과 치병의 기능을 동시에 보여 준다.

한편 무당과 관련된 폐단도 많았다. 고종 때 홍복원은 자신의 집에 머물던 왕족인 영녕공 준을 미워하여 무당을 시켜 몰래 저주하게 하였다. 그 무당은 왕준 형상의 나무 인형을 만들어 손을 묶고 머리에 못을 박은 다음 땅에 묻거나 우물에 넣어 저주하였다. 또 충렬왕 때에는 무당과 술승(術僧)들이 공주를 저주하여 병들어 죽게 했다는 사건이 있었다.

영험하다고 사람들이 믿고 있던 신령의 권위를 빌려 위세를 떨치고 농간을 부린 무당의 사례도 있다. 충렬왕 때 심양이라는 사람이 공주 지방의 관리가 되었을 때의 일이다.

장성 지방에 한 여자가 있었는데, "금성대왕(錦城大王)이 나에게 내려와서 '네가 만약 금성신당의 무당이 되지 않는다면 나는 반드시 네 부모를 죽일테다.'라고 하여서 놀란 나머지 무당이 되었다."라고 떠벌렸다. 그때 그는 같은 지방 사람인 공윤구와 사통하고 있었다. 그가 귀신의 말이라 하면서

"내가 장차 원나라에 가려는데 반드시 공윤구를 데리고 갈 것이다."라고 하였다. 그리하여 나주의 수령이 역마(驛馬)를 그에게 내주었다. 나주 출신의 관리가 왕에게 그 무당이 신기하고 영험하다고 말했으므로 왕은 그 무당을 맞아다가 접대하려 하였다. 그 때문에 무당 일행이 지나가는 고을에서는 수령이 예복을 입고 교외에까지 나가서 맞이하여 후하게 접대하였다. 그런데 그가 공주에 도착하였으나 심양은 그들을 맞이하지 않았다. 무당이 화를 내면서 귀신의 말이라며 "나는 반드시 심양에게 재앙을 내릴 것이다."라고 하고는 되돌아가 다른 곳에서 숙박하였다. 심양이 사람을 시켜 그들을 엿보게 하였더니 그는 공윤구와 함께 자고 있었다. 그리하여 그들을 체포하여 문초하자 모든 사실을 자백하였다.

무당들은 귀신을 전문적으로 받들면서 신령과 교감하는 역할을 국가로부터도 인정받아 사회의 안정을 가져오는 데 도움을 주었다. 하지만 위와 같이 때로는 불안한 사람들의 마음을 악용하여 물의를 일으키기도 하였다.

민초의 동반자, 무당

무당을 중심으로 한 세계관과 의례 그리고 신봉자 집단 등으로 이루어진 종교 형태를 무속·무교·무격 신앙이라고 하는데, 이는 흔히 종교적 체계를 갖추지 못한 채 민간에서 전승되는 신앙이라는 의미에서 일반적으로 민간 신앙의 부류에 넣어 부르고 있다. 우리가 민간신앙 하면 으레 무속 신앙을 떠올리는 것은 무속이 지니고 있는 전문성 이외에도 오히려 민초들의 사고와 종교의식이 무속 신앙에 집약되어 있다고 생각하기 때문이다. 실제로 무속의 중심인 무당은 인간의 생사화복을 해결해 주는 해결사임을 자처하고 있고 민초들은 그것을 철석같이 믿고 있는 것이다.

잦은 자연재해와 전쟁 그리고 힘 있는 자들 밑에서 시달리며 춥고 배고픈 생활을 하던 민초들에게는 유교나 불교가 강조하는 정신적 윤리성이나 내세적 구원 의식이 자리 잡을 겨를이 없었다. 어떻게 하면 현세에 굶지 않고 병들어 죽지 않을까 하는 현실적 당면 문제가 그들에게는 무엇보다도 중요하고 절실하였다. 따라서 무속은 민초들에게 베풀어 주는 역할, 곧 불안 해소와 생활에 희망을 주고 삶의 이상과 의미를 부여하는 중대한 종교적 기능을 해 왔던 것이다.

무속은 불교와 같은 종교가 수용되기 이전부터 있었던 것은 틀림없지만, 그것이 언제 어떻게 성립되었는지는 확실하지 않다. 고조선의 단군신화에 무속적 요소들이 나타나고 있어 무속이 고조선 시기를 전후해서 이미 우리 문화 속에 자리 잡고 있었음을 보여 준다.

조선 초기 유교적 사관에 입각하여 편찬한 《고려사》에서는 고려시대의 무속을 음사(淫祀)라 하여 세상에서 마땅히 없어져야 할 것으로 보았다. 남녀가 굿판에 모여 노래하고 춤추는 행위를 유교적인 안목에서 부정적으로 본 것은 당연하고, 또 간혹 굿을 빙자하여 간통, 재산 축적 따위 불미스러운 일이 발생하였으니 더욱 비판과 경계의 대상이 되었던 것이다. 그러한 시각은 앞의 함유일의 사례에서 보았고, 무속을 몰아내야겠다는 의도에서 쓴 이규보의 글에서도 강조되고 있지만, 특히 무인 집권기에 현덕수라는 사람이 겪은 일에도 그와 같은 무속의 폐해가 잘 나타나 있다.

그가 일찍이 안남 도호부사가 되었을 때 정사(政事)가 청렴하고 밝았으므로 아전과 백성이 그를 공경하고 두려워하였다고 한다. 특히 그는 음사를 미워하여 무당을 경내에 들어오지 못하게 하였다. 그런데 하루는 아전이 여자 무당과 그 남편까지 잡아 왔길래 현덕수가 신문하여보고는, "이 무당은 여자가 아니다."라고 하였다. 그러자 동료들이 웃으며 말하기를, "만약 여자가 아니면 어찌 남편이 있을 수 있는가."라고 하였다. 현덕수가 곧 사람을 시켜 무당을 살펴보게 하였더니 과연 남자였다. 예전부터 무당이 죽은 사람을 살린다는 술수를 핑계로 사대부의 집에 드나들면서 몰래 부녀자를 간음하기도 하였다. 몸을 더럽힌 자는 부끄러워서 감히 남에게 알릴 수 없었으므로 이르는 곳마다 그러한 병폐가 많았다고 한다.

음지에서도 뿌리내린 무속 신앙

이 밖에도 《고려사》에는 음사로 치부하는 무당 관련 기사가 자주 등장한다. 물론 그 대부분은 후세를 경계하기 위한 의도에서 서술된 것이다. 무속에 대한 평가는 어떻게 보느냐에 따라 달라질 수 있겠지만, 고려시대에는 무속이 엄연히 존재하였고 또 자못 성행하였음은 틀림없는 사실이다.

당시 유학자들은 무속을 미신, 국가재정 낭비 등의 이유로 배척하였는데, 인종 때에는 무당을 도성 밖으로 몰아내거나 궁중 출입을 금지하기도 하였다. 그 후 무당이 주관하는 국가 제사를 중지하고, 일부 지방관은 무당을 탄압했으며, 나아가 국가에서 무당에게 세금을 징수하기도 하였다. 이는 이후 무당의 활동을 어느 정도 제약하고 천시하는 경향을 낳기도 하였으나 큰 효과를 보지는 못하였다.

우리 역사에서 종교는 사회 통합과 정치 이념의 확립에 대단히 중요한 역할을 하였다. 고려시대의 주요 종교는 불교였다. 불교는 왕실과 지배층을 비롯하여 민간에 이르기까지 광범위한 지지를 받았으니, 개인의 신앙 대상일 뿐 아니라 국가 사회의 지도사상이었다. 흔히 고려시대 문화유산 하면 팔만대장경을 떠올리듯이, 고려는 우리에게 불교적 이미지를 강하게 남기고 있는 것이다.

　하지만 물에 빠지면 지푸라기 하나라도 잡으려는 심정이 인지상정이고 보면, 절박한 곤경에 처하면 대부분의 사람들은 어디에든 매달리려 한다. 그럴 때면 고상하고 숭엄한, 천상에 멀리 있는 신보다는 나를 직접 겨냥하여 속 시원히 말해 주고 가려운 곳을 긁어 주는 점쟁이나 무당들이 더욱 절실한 믿음의 대상이 되었던 것이다. 그러면서도 무속은 신앙의 대상이기 이전에 일상적으로 집안 신이나 마을신, 성황신 등을 모시는 것과 같이 민초들에게 있어서는 생활의 한 부분이었다.

정학수 _ 인천문화재단 인천문화유산센터장

청주 한잔에 서린 촌 늙은이의 피눈물

홍영의

굴러 들어온 소주가 토속주를 몰아내다

요사이 모 가수의 '막걸리 한잔'이란 노래와 함께 우리의 전통주가 호황을 누리고 있다고 한다. 서민의 술이라는 막걸리 한병 가격이 십만 원대를 넘기는 고급 막걸리의 탄생은 격세지감을 느끼게 한다. 25년 전만 해도 모 국회의원과 재벌이 일반인은 꿈에도 상상할 수 없는 '루이 14세'인가 '발렌타인 30년산'인가 하는 값비싼 양주를 외국에서 사들여 와서 물의를 일으킨 적이 있었기 때문이다. 그때 문득 1079년(문종 33) 송나라에서 붉은 칠에 도금하고 꽃을 조각한 상자에 곱게 넣어 보내 온 행인자법주(杏仁煮法酒 : 살구씨를 달여서 빚은 법주) 열병이 생각났었다. 물론 그것은 문종의 몸을 위한 약용으로 쓰였을 터이지만, 아마도 당대에는 가장 비싼 수입주가 아니었나 한다. 하지만 예나 지금이나 일반 서민들이 그런 고급 술을 구경조차 하기 힘든 것은 마찬가지일 것이다. 그러나 고급 술만이 술은 아니다. 그런 호사를 누리지는 못하더라도 막걸리 한 사발에 풋고추 하나면 장땡인 그런 날도 즐거운 시절일 수 있으려니 한다.

옛 사람의 말에 "한 고을의 정치는 술에서 보고, 한 집의 일은 양념 맛에서 본다. 대개 이 두 가지가 좋으면 그 밖의 일은 자연히 알 수 있다."라고 하였다. 술이란 알코올 성분이 들어 있어 마시면 사람을 취하게 하는 음료이다. 주세법(酒稅法)에 따르면 알코올 1도 이상의 음료는 술로 정하고 있다. 술은 일부 민족을 제외한 거의 모든 민족이 즐기고 있으며, 그 용도도 다양하여 관혼상제와 같은 행사에 꼭 필요한 물품이다.

우리나라에서는 전통적으로 쌀과 누룩으로 술을 빚었다. 술을 빚는 곡물로는 기장[黍]이나 차조[秫]도 술을 만드는 재료로 활용되었다. 언제부터 곡물로 술을 빚었으며, 어떤 재료와 방법으로 술을 만들었는지는 자료가 부족해서 확인하기 어렵지만, 술 빚는 솜씨가 일찍부터 발달해 왔음은 틀림없다.

우리나라의 전통 술은 청주(淸酒)와 탁주(濁酒)로 구분된다. 청주는 용[甕]수를 박아서 그 안에 고인 맑은 술을 말하는데, 고급 술로 평가되었다. 청주는 '성인주(聖人酒)'로, 법주(法酒)·벽료(碧醪)·녹파주(綠波酒)·순주(醇酒)로 불렸으며, 관인층이나 높은 신분의 사람이 아니면 마시기 힘들었다.

술이 익으면 약간의 청주를 확보하기도 하였지만, 대부분은 탁주로 만들었다. 탁주는 막걸리를 의미하며, 발효된 내용물을 짜거나 거른 것을 말한다. 용수로 거르기도 하였고, 또 머리에 쓰는 두건[巾], 혹은 체[籭], 띠[茅]를 엮어 거르기도 하였다. 눌러 짤 때에는 보자기나 자루에 넣어서 짜는 방식으로 하였을 것이다. 탁주는 탁료(濁醪)·현주(玄酒)·백주(白酒)·박주(薄酒)·촌료(村醪)·촌주(村酒) 등 여러 이름으로 불리기도 하였다.

고려시대에는 통일신라때보다 술의 종류와 이름도 많이 보인다. 고려 최고의 주성(酒聖)이라고 일컬어지는 이규보의《동국이상국집》과 문인들의 각종 문집에는 수많은 술이 소개되어 있다. 이름만 들어도 알 수 있는 동동주·황금주·춘주(春酒 : 三亥酒)·송주·국화주·화주·송주(松酒)·두견주·죽엽주·계피주·이화주·초화주·오가피주·백자주(柏子酒)·창포주·자주(煮酒)·부의주(浮蟻酒)·유하주(流霞酒)·자하주(紫霞酒)·방문주(方文酒)·천일주(千日酒)·천금주(千金酒)·신라주(新羅酒)·향양주(香釀酒)·아황주(鵝黃酒)·약양주(藥釀酒)·도소주(屠蘇酒) 등이 그것이다. 외래 수입주로는 행인자법주(杏仁煮法酒)·양주(羊酒)·계향어주(桂香御酒)·포도주(葡萄酒)·마유주(馬乳酒)·상존주(上尊酒)·백주(白酒)·중산주(中山酒)·아라길주(소주) 등이 보인다.

동동주와 같은 부의주는 항아리에 술의 원료를 넣어 일정한 기간이 지나 술이 숙성되면 거품이 발생하는 모습을 개미[蟻]가 떠 있거나, 하얀 구더기[蛆]가 올라 있는 것처럼 보였기에 그런 이름으로 불렸다. 이런 종류의 술들은 조선시대에도 대갓집이나 각 고을의 토속 명주가 되어 오늘날까지 이름을 떨치는 것도 있다. 오늘날 서민층과 가장 절친한 소주는 몽골과 전쟁을 치르는 중에 들어와 전래의 막걸리·청주와 함께 3대 주종으로 자리 잡았다. 특히 소주는 타이나 인도네시

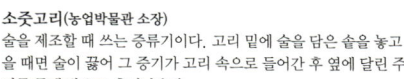

소줏고리(농업박물관 소장)
술을 제조할 때 쓰는 증류기이다. 고리 밑에 술을 담은 솥을 놓고 불을 때면 술이 끓어 그 증기가 고리 속으로 들어간 후 옆에 달린 주둥이를 통해 밖으로 흘러나온다.

아·서인도에서는 '아라크', 원나라에서는 '아라길주', 만주어로는 '알키' 등으로 불려져 왔으며, 우리나라 개성에서는 '아락주'라고도 했다. 최근 각광받는 안동소주는 원나라가 일본을 정벌할 계획으로 안동에 병참기지를 만들면서 전파시킨 것이다. 이후 소주는 빠른 속도로 유행을 탔다. 1375년(우왕 원년)에 소주 금주령이 내려진 것이나 그 이듬해 김진(金縝)의 소주에 얽힌 일화는 자못 흥미롭다. 이 사건은 경상도원수였던 김진이 이름난 기생을 모아 부하 장수들과 밤낮으로 소주를 마시는 바람에 '소주도(燒酒徒)'라는 이름까지 얻게 되었는데, 왜구가 마산에 침입하자 싸워 보지도 않고 줄행랑을 쳤다는 것이다. 그 때문에 조선시대에 와서는 약으로 쓰는 것 이외에는 소주를 마시지 못하도록 법으로 정할 정도였다.

이때 들어온 소주를 지금껏 우리 술이라고 자연스럽게 인정하였듯이 언젠가는 양주를 우리 술로 인정할 때도 있을지 모르겠다. 그때는 양주를 어떻게 부를까?

벽란도에서 질펀한 술 한잔 걸치고

대나무 숲에 둘러싸인 맑디 맑은 강가엔 낮이나 밤이나 시끌벅적한 사람 소리들, 낮이면 드나드는 상선과 어선들, 그리고 전국 각지에서 들어오는 조운선(漕運船)들로 나루는 발디딜 틈 조차 없다. 만선을 하고 돌아온 어부들은 서로가 고기를 많이 잡았네 하며, 잡아 온 고기를 상인에게 넘기며 옥신각신 한 푼이라도 더 받을 양 씨름하며 값 치르기에 바쁘고, 온갖 물화를 도성으로 나르는 수레꾼들은 진흙탕에 빠진 수레에 곤욕을 치르고 있다. 한쪽에서는 물주(物主)가 아직 오지 않았는지 송인들과 파란 눈동자를 가진 아라비아(大食國, 回回人) 상인들은 무슨 말인지도 모를 소리를 저희들끼리 주고받으며 노닥거리고 있다. 이들이 들여온 물건은 상류층이나 살 수 있는 약재, 비단, 그리고 도자기와 향료·상아·공작 등의 금은보화들……, 갈매기 떼 노니는 한쪽 백사장 가에 수군들을 옹위하여 화각(畫角) 소리 요란하게 불며 나타난 조운고사관(漕運考查官)은 사공들의 굽실거림에 흐뭇한 듯 연신 거들먹거리며 이것저것 손짓하더니 장부를 펼쳐 보다가 셈이 틀리는지 아래 관원에게 삿대질하는 모양새는 가관이라.

위에서 묘사한 바로 이곳이 수도 개경에서 30리 길인 예성강 포구의 벽란도이다. 신라 때부터 무역항으로 각광을 받기 시작한 이래 광종 때 송나라와 공식 무역 관계가 열린 이후부터 국제간의 무역항으로 크게 자리 잡은 것이다. 여기저기에서 우리의 금·은·인삼·면포 등이 뛰어나다는 소문을 듣고 세계 곳곳에서 모여드는 대상인들은 관리를 붙잡고 무역 허가를 내달라고 아우성치던 곳, 이들 때문에 고려가 "코리아(KOREA)"라고 불리게 된 것도 우연은 아니었다.

여기는 밤만 되면 그야말로 불야성을 이룬다. 예성강곡(禮成江曲)을 부르며 고기를 낚는 어선들의 불빛, '청기(靑旗)'라 불리는 등을 달아 세워 둔 주막의 푸른 깃대, 포구 안쪽에 즐비한 요리집과 긴 장대를 세워 양가와 구별한 색주가의 붉은 등불 아래 문을 기대어 비단 옷 입고 손짓하며 뭇 남정네를 부르는 몸 파는 여인들, 무뢰배와 시비가 붙은 어느 순진한 시골 장정의 우격다짐, 어디선가 시회(詩會)를 여는지 기생들의 풍악 소리와 술 취한 이들의 호기 어린 웃음소리, 도성에서 바람 쐬러 나왔는지 한 무리의 고관과 그 부인들을 인도하는 초롱불, 그리고 하인이 소리 지르는 '게~ 물렀거라!' 벽제(辟除) 소리. 도성에서 두 서너 시간이면 올 수 있는 곳이기에 너 나 할 것 없이 모여든 벽란도의 저녁 풍경에 길 가는 이나, 도회에서 바람 쐬러 나온 이들의 눈을 멈추게 한다.

그러나 이러한 벽란도의 명성도 한때 퇴조하였다. 몽골 침입과 그로 인한 강화로의 천도는 새로운 환락가를 만드는 계기가 되었다. 최자(崔滋)의 〈삼도부(三都賦)〉를 보면, 대몽항쟁 시 항전의 수도였던 강화도의 풍경을 그린 내용이 보인다. 이 글에는 수도 천도와 함께 새로운 번화가로 등장한 13세기의 강도(江都)에는 해안과 언덕에 공경대부의 화려한 저택과 비교되는 상인·어부·소금 굽는 이의 집들이 즐비하게 어우러져 있는 모습을 자세히 묘사하고 있다.

대몽항전의 본거지가 오히려 이전의 개성에서와 같은 생활을 영위하였다면, 강화로 천도한 최씨정권의 항몽 자세를 읽을 수 있지 않을까. 그 때문에 삼별초(三別抄)와 일부 관료들, 일반 민들은 그들에게서 등을 돌리고 제주와 진도로 옮겨 가면서 그들과 대항하게 되었던 근본적인 이유가 되었을 법하다.

지금도 금주령이 내려진다면

지금 이 땅에 금주령이 내려진다면 1930년대 미국의 마피아 대부 알카포

네처럼 밀주로 떼돈을 벌 수 있을까. 또 술과 관련된 그 많은 사업들과 그것으로 먹고 사는 사람들은 어찌 될까. 미국은 경제공황 때문에 금주령을 내렸다지만, 우리는 어떤 핑계를 댈 수 있을까. 설마 1960~70년대 잘살기운동이 한창이었던 새마을운동 때의 밀가루 막걸리의 치기 어린 향수를 느껴가며, 때로는 남아돈다는 쌀 때문에 집집마다 담아 놓은 농주와 겨우 살아남은 전통 민속주를 금주령이란 미명 아래 없앴는데 지금은 과연 그럴 수 있을까. 더구나 막대한 재정수입을 포기하면서까지……. 오히려 술 때문에 모진 고통을 당하는 수많은 사람들을 위하여, 아니면 몇 개 안 되는 세계 1위 자리를 선뜻 양보하기 위해서라면 또 모를까. 위스키의 본고장인 영국에서 조차도 혀를 내두를 정도로 세계 1, 2위를 다투는 양주 수입국, 둘째가라면 서러워 할 1인당 술 소비량, 음주 운전 적발과 그로 인한 사고가 가장 많은 나라. 고려시대 이야기가 아니라 현재 우리의 실정이다.

그럼 고려 정부는 술을 어떻게 정책적으로 적절히 이용했을까. 지금처럼 주세(酒稅)를 국가의 주요한 재정수입으로 삼았을까. 또 금주령은 무슨 이유로 내렸을까. 이에 대해 애주가들은 어떤 반응을 보였는지 궁금하다.

고려시대에는 양온서(良醞署)라는 관청을 두어 행사에 필요한 술과 감주를 관장하였다. 양온서는 장례서·사온서 등으로 여러 차례 이름이 바뀌었으며, 사온서는 조선시대까지 계속 존속하였다. 983년(성종 2)에는 성례(成禮)·낙빈(樂賓)·연령(延齡)·영액(靈液)·옥장(玉漿)·희빈(喜賓) 등 6개의 주점(酒店)을 사람과 물물의 유동량이 많은 개경의 번화가 등지에 설치하여 술을 판매하였다. 국가에서 주점을 설치하여 술을 관장한 이유는 다점(茶店)·역원(驛院) 등과 마찬가지로 효과적인 대민정책과 정보수집의 필요성 때문이었다.

아울러 주점은 화폐유통에도 활용되었다. 이것은 1002년(목종 5) "차·술·음식 등의 점포들이 교역을 할 때에는 화폐를 사용하라."고 한 점에서 짐작할 수 있다. 숙종 때에는 해동통보를 유통시키면서 중앙과 지방에 술을 관장하는 관청을 설치하였다. 이때 송나라처럼 술의 전매제가 시행되었는지는 알 수 없으나 일정한 세금을 부과하였을 것이다.

한편 국가에서는 금주령을 내리기도 했다. 현종 때부터 20여 차례나 내린 금주령은 홍수나 가뭄 등의 자연재해로 곡식이 부족하거나, 나라에 대상(大喪)이 있어 자숙해야 할 때 내려졌다. 또한 절이나 승려가 술 때문에 폐단을 일으킬 때에도 금하였으며, 어떤 때에는 소주를 사치품목으로 여겨 금지한 일도 있었다. 심지어 원간섭기에는 원나라에서 금주령이 내려지자 고려 정부에서도 하는 수 없이 이를 실시한 적도 있었다. 즉 국가 행사인 성절일(聖節日)·팔관회·연등회 등을 제외하고는 사사로이 술을 만들어 마시는 무리는 처벌하였고, 누룩까지도 값을 치르어 거둬들여야 했다. 또 그 내용을 담은 방을 붙여 널리 알렸다. 금주령이 내려지면 그 순간부터 술 빚는 일이 금지된 것이다. 그리고 일정한 기간을 정해 기왕에 양조한 것을 모두 소비하게 했다. 금주령이 발동되면 시작 시점을 분명하게 제시함으로써 기왕의 술을 처분할 수 있도록 하였다.

이렇게 내려진 금주령은 관료뿐만 아니라 백성들에게도 큰 불편이 아닐 수 없었다. 술에 취해 돌아오다가 야경꾼에게 들켜 곤욕을 치룬 이규보는, '나라에서 농민들에게 청주와 쌀밥을 먹지 못하게 한다는 소식을 듣고' 라는 시에서 이렇게 불만을 토로하였다.

> 장안의 부유한 집에는 술과 패물이 산같이 쌓였는데
> 절구로 찧어 낸 구슬 같은 쌀밥을 말이나 개에게도 먹이고
> 기름처럼 맑은 청주를 종들도 마음껏 마시네
> 이 모두 농부에게서 나온 것 하늘로부터 받은 것이 아니로세
> ……
> 희디흰 쌀밥이나 맑디맑은 청주는
> 모두 이들의 힘으로 생산한 것 하늘도 이들이 먹고 마심을 허물치 않으리
> 권농사에게 말하노니 법령이 혹 잘못된 것 아니요
> 높은 벼슬아치들은 술과 음식에 물려 썩히고
> 오랑캐들도 나누어 갖고는 언제나 청주를 마신다오
> 노는 사람들도 이와 같은데 농부들은 어찌 못 먹게 하는가.

말이나 개에게 쌀밥을 먹이고, 종들에게 청주를 마음껏 마시게 하면서도 매일같이 힘들여 일하는 농민에게는 그들이 생산한 흰쌀밥, 맑은 술 한 번 제대로 먹고 마시지 못하게 하는 현실을 개탄한 것이다. 금주령을 내렸지만, 힘없는 사람이나 피해를 당했을 뿐, 권세가들은 아무런 거리낌도 없었던 것 같다.

금주령이 내려지면 술 마시는 것은 당연이 금지되었다. 그렇지만 현실에서는 술 마시는 일이 없지 않았다. 고위층의 인물이나 왕실과 관련된 이들은 금주령하에서도 어느 정도 술을 마실 수 있었던 것으로 보인다. 물론 상당한 부담감 속에서 음주하였을 것이다.

충렬왕 4년 무렵의 일로 추정되는데, 주열(朱悅)이라는 인물이 술을 좋아

하여 하루라도 마시지 않는 날이 없었다. 사신이 되어 지방에 이르렀는데 마침 금주령이 내려진 때였다. 그가 갈증이 몹시 심하여 물을 찾자, 현령이 그가 술을 좋아함을 알고 큰 그릇에 술을 따라 바쳤으며 주열이 말없이 마신 일이 있다. 또 우왕 초 무렵에 청렴하기로 소문난 경복흥(慶復興)이 지윤(池奫)과 이인임(李仁任) 등이 인사를 마음대로 하자, 술 마시고 취하는 것을 일로 삼았다. 도당에서 원나라에 보낼 글을 의논하고자 하였는데, 경복흥이 술에 취해 오지 않은 일이 있었다. 이때 최영(崔瑩)이 당리(堂吏)에게 소리쳐 말하기를, "금주방(禁酒榜)을 철거할 것이다. 수상이 이와 같을 수 있겠는가?"하여 힐책을 당하였다. 찾아온 여러 재상에게 "내가 약(藥)을 먹고 취했

청자상감유로문매병(국립중앙박물관 소장)
1345년(충목왕 1)에 제작된 것으로 버들잎 사이로 세로로 길게 '을유사온서(乙酉司醞署)'라는 명문을 흑상감하였다.

기에 나갈 수 없었소."라고 궁색한 변명을 하였지만, 금주령이 내려졌음에도 경복흥 같은 고위의 인물이 술을 마셨던 것이다.

 금주령을 위반해 처벌받는 이들은 하층의 사람이나 술을 판매해 생활해 가는 상인뿐이었을 것이다. 상층 신분의 사람들은 술을 마시더라도 항상 법망에서 빠져나가 처벌을 면제받으며, 반면 낮은 계층의 사람은 조금이라도 술을 마시면 처벌에서 벗어날 수 없었고, 또 술을 팔아 생활을 영위하는 자들만 처벌받았던 것은 예나 지금이나 '빽 없는' 이들의 서러움이 아니던가!

 이와 같은 현실은 고려 말의 문인인 윤여형(尹汝衡)이 상률가(橡栗歌)에서 농민들의 참상을 절실하게 표현한 데에서도 알 수 있다. 고위 관료와 부호

에게 토지를 빼앗기고, 조세를 2, 3중으로 물리며, 그들의 집에서는 하루 먹는 것이 만 전어치나 되고, 그들의 하인은 술에 취하여 수레 위 비단 요에 토할지언정, 그 좋은 음식들이 모두 다 촌 늙은이 눈 밑의 피인 줄을 그들이 어찌 알기나 하랴마는 그 자리에서 묵묵히 일하던 우리네 삶은 아직도 그대로이다.

술 빚는 사찰, 술 파는 주점 그리고 기생집

고려시기에 사찰에서 술을 생산하는 예는 여럿 찾을 수 있다. 1010년(현종 원년) 승려의 양조 행위를 금하는 조치가 내렸다. 이것은 그만큼 이 무렵 승려와 비구니가 술 빚는 일을 활발히 하였음을 뜻한다. 현종 12년 6월에는 승려의 음주를 금할 것을 사헌대에서 아뢴 일이 있다. 승려가 마신 술은 대체로 승려가 생산한 술일 가능성이 높다. 그만큼 사원에서 술을 빚어 승려가 소비하는 일이 흔했던 것이다. 다음 달에는 사원의 양조를 다시 금하는 조치를 취하였다. 이러한 조치에도 현종 18년에는 양주의 장의사·삼천사·청연사에서 승려들이 쌀 360여 석을 사용해 술을 빚고 있다. 금령을 어기고 360여 석에 이르는 엄청난 규모의 쌀로 술을 빚었던 것이다. 6월의 절기로 보아 이때는 아마도 묵은 곡식을 활용하여 술을 빚은 것으로 보인다.

1056년(문종 10)에도 승려들이 술을 빚고 있었을 뿐만 아니라 기생집까지 출입하는 일까지 드러나고 있다. 한쪽 어깨를 내놓는 승려의 도포는 술독의 덮개로 떨어지고, 불경을 강송(講誦)하는 장소는 헐어서 채소밭의 이랑이 되었으며, 상인들과 매매로 통하고 객인(客人)들과 술주정과 오락으로 결탁하며, 기생집에서 떠들썩하게 섞이었다는 것이다.

 승려의 타락상을 지적해 표현한 극단적인 내용이지만 승려들이 술을 빚는 일이 흔하였음을 알 수 있다. 이 시기 이후에도 승려의 양조 행위는 계속되었으며 나아가 술을 적극 판매하기도 하였다. 또 사원을 찾은 승려에게 술을 제공하는 경우를 볼 수 있는데, 그 술은 사원에서 생산한 것으로 보인다. 사원은 풍부한 곡식의 잉여분을 가지고 있었으므로 이러한 양조 행위를 활발하게 전개할 수 있었다. 민간에서보다 사원에서 훨씬 다량의 술을 생산할 수 있었으며, 사원에서 오랫동안 쌓아온 양조 경험은 질 좋은 술을 생산하는 것을 뒷받침하였을 것이다.

 사원에서 생산한 술은 여러 사람이 소비하였다. 대개 사원을 찾는 속인이 많이 소비한 것으로 보이며, 국왕이 행차하면 대량으로 소비되었다. 사원에서 설행된 여러 불교행사에서도 술이 소비되었을 것이다. 민간에 팔거나 사찰에 묵는 행려인에게 보시할 때에도 술을 사용하였다.

 고려시기 술 생산은 보편화되어 있었다. 술은 본인의 집에서 만들어 마셨다. 상층 사람들이 집에서 술을 빚는 것은 흔한 일이었다. 문인의 시에서는 자신의 집에서 술을 빚고 있음을 표현한 내용이 다수 보인다. 주당인 이규보가 "우리 집에 새로 빚은 술이 지금 용수에 가득 찼다."고 자랑할 정도였다. 이규보는 손님을 맞이해서 자신의 집 술을 맛보도록 하기도 하였고, 이색(李穡)은 이웃 지인의 집에 술이 익으면 찾아가 함께 술을 마신다고 하였다.

 술은 개경 등의 도회는 물론 지방에서도 빚어 소비하였다. 예컨대 이규보의 농토가 있는 근곡촌에도 술이 있었다. 정도전(鄭道傳)이 나주 거평부곡에 유배되어 있을 때 그곳의 황연이라는 인물이 집에서 술을 잘 빚었다고 하였다. 황연은 또한 술 마시기를 좋아해 술이 익을 때마다 정도전을 청하여 함께 술을 마셨다. 그리고 "저 산 밑의 집집마다 백주(白酒)를 빚고 있다."고 할 정도로 산촌에서도 빚었다. 전국 어디에서나 술을 생산해 소비한 것으로 보이지만, 가난하고 궁벽한 마을에서는 곡식이 여유롭지 못하기에 술을 빚는 일은 어려웠을 것이다.

국가에서도 술을 빚었다. 외국 사신을 접대하거나 제향이 있을 때, 또 신료와 함께 연회를 베풀었을 때 많은 술이 필요하였다. 국왕이 특별한 이들에게 어주(御酒)를 내려 주는 일이 많기에 국가 기구에서 생산한 술이 다량으로 필요하였다. 국가에서 사용하는 술은 양질이었는데, 그것은 양온서(良醞署, 司醞署)에서 조양도제고(造釀都祭庫)를 설치해 제공하였다.

술을 많이 빚어 소비한다는 것은 민간의 수요가 그만큼 많다는 것을 뜻한다. 술이 부족하거나 떨어질 때, 또 긴급히 술이 필요하면 외부로부터 술을 공급받을 수밖에 없었다. 그리하여 술 거래가 빈번해지며, 술을 전문으로 판매하는 술집이 다수 늘었다.

술은 누구나 즐겨 마셨기에 전문적으로 술을 파는 점포도 곳곳에 있었다. 김부식은 서경 소재의 술집을, 이규보는 청기점(靑旗店)·청기(靑旗)로 묘사하고 있다. 술집은 통상 푸른 깃발을 달고 있었던 것으로 보인다. 술파는 집을 주루(酒樓)·주가(酒家)·주기(酒旗)·고주점(沽酒店)·봄주막[春帘]으로 불렀다. 고려 가요 〈쌍화점〉에도 술 파는 집이 보인다.

고려시기 술의 거래가 활기를 띠고 술을 전문적으로 판매하는 주점이 다수 존재하는 상황에서 화폐 사용을 장려하기 위해 당연히 주점을 주목하였다. 1102년(숙종 7)에도 화폐를 주조했을 때, 경성에 좌우의 주무(酒務)를 두어 화폐 사용의 이로움을 알리도록 하였다. 주무는 곧 주점을 뜻하므로 주점에서 가장 활발히 화폐를 사용하였음을 알 수 있다. 숙종 9년에도 주현(州縣)에 명을 내려 미곡을 내서 주식점(酒食店)을 열고 백성들에게 무역을 허락함으로써 화폐의 이로움을 알도록 하였다. 역시 주점이 화폐를 활발하게 사용할 수 있는 공간이었음을 알려 준다.

술이 활발하게 거래되고, 주점이 설치 운영되기에 술 상인도 존재하였다. 조선 초 금주령이 내릴 때마다 술을 판매해 살아가는 상인이 뚜렷한 실체로서 자주 언급되었다. '술을 팔아서 생활하는 자들[賣酒以生者]', '술을 팔아서 생활의 밑천으로 삼는 자[賣酒資生者]', '탁주를 파는 자[賣濁酒者]'가 그들이다. 이들은 술을 팔아 생활을 이어가는 술 상인으로 보인다.

고려시대에는 관청에서 기녀까지 두고 운영한 주점들도 있지만, 개인이 운영하는 '청루(靑樓)'라는 주점도 있었다. 그런데 당시의 술집은 술과 함께 기녀 등을 통한 여흥도 서비스로 제공되는 경우가 많았을 것으로 보인다. 개경의 시장을 감독했던 경시서에서는 '자녀(姿女)' 혹은 '유녀(遊女)' 등 매춘 여성들의 장부를 가지고 있었는데, 12세기 초에 300여 명의 기녀들이 경시서에 파악되어 있었다고 한다. 이들 중에는 관청이 운영하는 술집에 소속된 경우도 있었겠지만, 개인이 운영하는 고급 술집에서 일하던 기녀들도 포함되었을 것으로 생각된다.

고려시대에는 송나라와 그 이후의 원나라, 아라비아 등 외국 상인들이 자주 개경의 시전 거리를 드나들었으며 아예 개경에 눌러사는 자들도 있었다. 11세기 무렵의 일이지만, 중국 남부 지방 출신의 상인들이 장삿배를 타고 왔다가 개경에 눌러앉은 자들이 수백 명에 이르렀다는 기록이 있다. 그 뒤에도 14세기의 원나라 간섭기에는 외국 상인들이 개경에 더욱 많이 거주하거나 드나들었다. 그 때문에 이들을 상대로 하는 유흥업도 성행했을 법하다. 그러한 모습은 시골서 막 올라온 서생 이곡(李穀)의 눈에 비친 풍경에서 잘 알 수 있다. 이곡이 길을 헤매다 골목길로 잘못 들어섰는데, 그곳이 '여자 시장'이었다. 매음을 가르치는 자가 아무런 부끄럼 없이 몸 파는 여성의 미모 정도에 따라 값을 흥정하는 것을 보고 깜짝 놀랐다는 것을 보면, 대규모의 전문적인 유흥업소가 개경의 골목길 어디엔가 있었다는 것을 알 수 있다.

또 이웃 기생집이 불타는 광경을 보다가 시 두 구절을 지은 이규보의 마음은 우리의 웃음을 자아낸다.

> 하늘에 닿은 불꽃 놀처럼 붉어
> 연기 속에 미인(美人) 곡소리 가늘게 들리누나.
> 무정한 화재 왜 그리도 심했느뇨.
> 화장대(花粧臺)며 무관(舞館)이 모두 타 버렸네.
> ―〈이웃 기생집에 불이 나다〉

> 불이 기생집을 다 태워도
> 어찌하여 꺼 줄 사람 없었나.
> 내 만일 젊은 시절이라면
> 머리 타는 것도 겁내지 않았으리.
> ―〈또 희롱하여 짓다〉

오늘날 기생집은 사라졌다고는 하지만, 유흥을 즐기는 사람들은 "한잔 더!"를 외치며, 단란주점이나 강남의 유명한 술집에 출입하며 호탕하게 놀기를 좋아한다. 그들은 김유신(金庾信)이 그랬던 것처럼 어머니를 눈물짓게 하고 아내를 밤새우게 한다. 청루(靑樓)에 묵다가 "기생집에 10년 동안 묵고 나니, 황혼 길에 백마가 또 그곳으로 가네."라고 했던 시의 영원한 가르침을 저버리는가 하면, 말[馬]을 베어 죽이는 죄까지 짓게 되니, 어찌 슬프지 않은가!

술에는 사연도 많고

환희를 즐기고, 시름을 잊기 위해서도 술은 필요했지만, 신명을 받들고, 빈객을 대접하고, 병든 늙은이에게 약으로 쓰이기도 했다. 실제로 술이 사용되는 예는 매우 다양하였다. 왕실과 관료들, 그리고 민간인까지 개인간의 친분을 돈독히 하기 위해, 부모형제의 잔치를 위해, 또 노동의 고통을 반감시키기 위해 사용하기도 했다.

술은 예부터 긍정적으로 보는 사람은 '백 가지 약의 으뜸'이라 하는 반면, 부정적으로 보는 사람은

청자상감국화문주병(국립중앙박물관 소장)
13세기에 제작된 높이 34.6센티미터의 술병으로 다음과 같은 시가 적혀 있다. "어느 곳인들 술 잊기 어렵구나/청문에 이별도 많네/옷깃을 여미며 눈물을 닦고/말을 재촉하며 피리 소리 듣는다/구름 자욱하고 나무 많은 파릉 언덕/인간세사의 장락이라네/이때 술 한잔 없다면/떠나고 머무는 심정을 무엇으로 달랠꼬."

청자상감모란절지문잔(국립중앙박물관 소장)
14세기 작품으로 이중 원 안에 모란을 상감하고 그 사이에 노·령·화·배(陶·令·花·盃)의 명문을 흑상감하였다.

'광약(狂藥)'이라 하였다. 어떤 사람에게는 약주가 되고 위로주가 되기도 하지만, 오히려 술 때문에 몸을 해치고 가산을 탕진하는 사람도 있고, 주색에 빠져 나라를 망치는 위정자도 있기 때문이다.

고려시대 가전체(假傳體) 소설인 〈국순전(麴醇傳)〉과 〈국선생전(麴先生傳)〉은 이러한 술을 모델로 삼은 것이다. 〈국순전〉은 무인 정권 때 현실에 대한 불만과 포부를 토로하며 지내다가 결국 뜻을 이루지 못하고 일찍 죽은 임춘(林椿)이 지은 것이다. 〈국선생전〉은 한 세대 정도 차이가 나는 이규보(李奎報)가 지은 것으로, 그는 만년에 시·거문고와 술을 좋아하여 삼혹호(三惑好) 선생이라고 불린 주성(酒聖)이었다.

〈국순전〉과 〈국선생전〉은 형식상 인간과 술의 관계를 통해서 임금과 신하의 관계를 조명해 보고자 한 점에서 비슷한 체제를 갖고 있으나 약간의 차이를 보인다. 〈국순전〉은 인간이 술을 좋아하게 된 것과 때로는 술 때문에 타락하고 망신하는 형편을 풍자한 것으로, 당시의 국정의 문란과 병폐, 특히 관료들의 발호와 타락상을 증언하고 고발하려는 의도로 보인다. 그러나 〈국선생전〉은 신하는 군왕을 도와 나라를 다스리는 이상을 바르게 실현해야 한다는 점을 강조하고 있다. 신하가 총애를 받게 되면 자칫 방자하여 신하의 도리를 잃게 되고, 국가나 민생에 해를 끼치는 존재로 전락하기 쉽다. 그리하여 마침내는 자신의 몰락까지 자초하는 경우가 허다하므로, 신하는 신하의 도리를 굳게 지켜야 하고 때를 보아 물러날 줄도 알아야 한다는 것이다.

비슷한 시기에 비슷한 작품을 남기면서도 서로 상반된 삶을 살아간 임춘과 이규보의 행태는 지금도 우리에게 시사하는 바가 크다. 당시 지식인들은 무인 정권의 소용돌이 속에서 사느냐 죽느냐, 농민의 힘겨운 외침을 외면할 것인가 하는 갈등을 겪었을 것이다. 임춘이나 이규보 역시 생활고와 엘리트 의식에 사로잡혀 무인 정권에 순순히 젖어들었다. 〈국순전〉과 〈국선생전〉은 자신들의 그러한 처지를 반영한 작품이다. 따라서 그 주인공은 바로 현실에 순응한 임춘과 이규보 자신이었고, 현실에 순응한 삶은 단술과 쓰디쓴 술, 텁텁한 술 그 자체였다.

옥 술잔에 연달아 신선의 술을 따르고,
경옥 비녀에 이슬 머금은 봄꽃을 가득 꽂았구나.
풍악의 한 단락이 끝났는데도 박판(拍板) 여전히 치고,
춤이 끝나도 석류 빛 치마 다시 돌도록 하네.
― 〈네 차례의 문생(門生) 급제자들에게 증정하다〉

화려한 연회의 한 장면이다. 옥잔에 맛있는 술을 따라 마시고, 박자에 맞추어 곱게 단장한 기녀들이 풍악을 울리며 춤을 추고 있다. 이 연회는 이규보가 71세되던 해인 1238년(고종 25) 5월 11일에 열렸다. 네 차례에 걸쳐 급제한 이규보의 문생들이 그가 벼슬에서 물러나 한가로이 지내는 것을 위로해 준 것이다. 이날의 연회 장면은 좌주문생연에 참여한 이들이 문생들과 창수한 시를 통해 확인할 수 있다.

술을 어떤 방식으로 마셨는지 확인하는 작업은 당시의 상황을 생생하게

재현할 수 있는 관건이다. 당나라에서는 술자리가 열리면 반드시 주령을 통해 즐겼다. 그 유행은 신라로 이어졌는데 경주 안압지에서 출토된 14면체 목제주사위는 당나라의 주령 문화가 신라 상층사회에 수용되었던 증거이다. 고려에서도 술자리가 열리면 주령(酒令)이 행해졌으며 그것을 통해 취흥을 돋우었음을 짐작할 수 있다. 여러 가지 좌주문생연에서 행해진 놀이 방식이 바로 기생을 중심으로 한 주령이었다. 주령은 술을 마시는 차례나 벌주가 부여되는 규칙 등을 통칭한다. 참여자들의 흥을 돋우고 서로의 능력을 과시하는 수단으로 사용되었다. 주령의 종류는 크게 유희령(遊戱令)·승부령(勝負令)·문자령(文字令)의 세 가지로 나뉜다. 유희령은 머리를 쓸 필요가 없는 간단한 놀이로 벌주 마실 사람을 결정하는데 투호(投壺)나 육박(六博)·골패(骨牌)·주사위·산가지 등이 해당된다. 승부령은 각종 기예로 승패를 결정하는 것이다. 문자령은 글자놀이를 통해 기지와 재능을 겨루는데 학식이 있는 문인들이 즐겨 사용했다.

〈한림별곡(翰林別曲)〉에 따르면, 우선 시(詩)·부(賦)·사육문(四六文)·대책(對策) 등 각종 문체에 뛰어난 선배들의 이름을 외우는 주령을 통해 문생 사이의 위계를 확인시켰다. 이는 조정에서 소용되는 다양한 실무에 뛰어난 적임자를 자신의 선배 중에서 설정하고, 그의 문체(文體)를 배우고자 하는 후배들의 전범이 되었을 것이다.

또한 4서3경과 같은 경전과 여러 서적 등을 이용한 문자령을 통해 신입 문생들의 실력을 검증했으며, 글씨를 써서 누가 나은지 품평하고 음악을 듣거나 직접 연주하면서 서로의 감식안을 겨루기도 했을 것이다. 취기가 더 오르면 어떤 술이 입에 맞는지 어떤 기생이 더 예쁜지와 같은 음담패설로

주령놀이를 진행하였을 것이다. 이와 같은 술자리의 왁자지껄한 분위기여야 그야말로 "밤 되어 돌아갈 즈음에 광기가 발동하였다[入夜將歸發我狂]"고 할 수 있을 듯하다.

술에 얽힌 일화 가운데 주목되는 것으로, 과거 합격자 출신의 관원을 우대하며 결속을 다지는 문주회(文酒會)가 있었다.

> 옛 풍습에 문주회가 있으면 삼관(三館)의 관원들이 큰 술잔을 잡고 술을 가득히 따르며 선생을 부른다. 고관으로부터 아래로 낮은 관직에 이르기까지 모두 그렇게 했다. 그 모임에 참여한 자는 비록 달관 귀인이라 할지라도, 홍지(紅紙·紅牌) 위에 이름을 올리지 못했으면, 선생이라 부르지 않고 대인이라 불렀다. 이 풍습은 고려에서 비롯한 것이다. (《필원잡기》권2)

이것을 보면 고려시대에도 지금의 회식과 같은 절차가 있었던 것으로 보인다. 과거에 합격하지 못한 사람이 참여하면 선생이라 부르지 않고 대인이라 불러 구별하였다. 또한 충렬왕 때는 '구직주(求職酒)'가 등장하기도 하였다. 청렴하기로 소문난 이행검(李行儉)이 고밀(高密)의 임명장에 서명하지 않았는데, 술 잘 빚기로 소문난 고밀의 처가 매번 술로 아첨하여 벼슬을 얻었다는 것이다.

고려 사람들이 술을 어떻게 마셨을까? 송나라 사신 서긍은 그의 견문록인 《고려도경》에서 "고려인들은 술을 좋아하되 좋은 술은 얻기가 어렵고, 서민들이 마시는 것은 맛도 싱겁고 빛깔도 탁한데도 아무렇지도 않다는 듯이 맛있게 마신다."라고 하였다. 또 "안주로는 말린 고기와 해산물을 섞어서 내오지만 풍성하지 않고, 술을 마실 때 잔 돌리는 절도가 없으며 많이 내오는 것을 힘쓸 뿐이다."라고 하였다. 그러나 이것은 중국 사람인 서긍의 눈으로 고려의 음주 습관을 표현한 것일 따름이다.

술을 구입하는 행위에 대해서는 많은 사례가 확인된다. 그만큼 술을 거래하는 일이 빈번하였음을 뜻한다. 이규보는 자기 집에서 담근 술을 마셨지만 술이 떨어지면 구입해 마셨다고 하였다. 또 아이를 시켜 이웃집에서 술을 사 오도록 한 일도 있었다. 이인로도 이웃 담 너머로 술 한 병을 사다 놓는다고 하였고, 이제현은 돈 있으면 술을 사 마셔서 불편한 속을 씻겠다고 희망하였다. 문인들은 손님이 오면 이웃집이나, 저가거리에서 술을 사다가 접대하곤 하였다.

이와 반대로 가난하고 돈이 없어 술을 사지 못하는 예도 보인다. 그 때문에 귀한 물건을 저당잡히는 일도 매우 흔하였다. 이규보나 이색, 이숭인, 권근 등은 술을 구입할 때 저당잡혔던 물건은 다양하였다. 그들은 남루한 옷, 적삼과 담비가죽 갖옷[貂裘]을 저당잡히고 술을 구입하였다. 심지어 고려 말 문인인 배중부(裵中孚)는 조복(朝服)을 잡히고, 김극기(金克己)는 책을 저당잡히고 술을 사 마셨다.

술을 구입할 때는 대체로 화폐나 곡식·베를 사용해 값을 치렀겠지만, 그것이 여의치 않을 경우 값나가는 물품을 저당잡히는 일이 많았던 것이다. 갑자기 귀한 이가 찾아오면 이러한 일은 불가피하였을 것이다.

권세가나 지체 높은 관리가 마셨을 그런 술과는 달리 서민들과 밭에 거름 주는 일꾼들은 잠시 쉬어 가며 아무런 부담없이 옹기종기 모여 앉아 쉽게 빚을 수 있는 막걸리를 마셨을 것이다. 계(契)와 결사(結社)의 모임인 향도(香徒)

들도 남녀노소가 차례대로 모여 앉아 술을 마시며 결속을 다진 일도 있다. 그 힘든 생활속에서도 잠깐의 여유를 가지고 마셨던 이 술은 분명 새로운 세계로의 동경과 함께 삶의 질을 재생산하는 활력소가 되었음직하다. 술은 바로 이들에게 가장 필요한 것이었으며, 여기에 술의 참모습이 담겨져 있다.

어느 분석에 따르면, 역사의 흐름을 직·간접적으로 변화시킨 쿠데타의 음모와 그 주위에는 항상 술이 따라다녔다고 한다. 반대파의 요주의 인물을 꼬

18세기 주막 풍경. 김홍도, 〈주막〉, 《풍속화첩》(18세기 후반, 종이에 담채, 국립중앙박물관 소장)
짚으로 엮은 지붕 아래 주모와 그의 아들, 초립을 쓴 남자가 땅바닥에 자신의 봇짐(등짐)을 깔고 앉아 그릇을 기울여 남은 국물을 숟가락으로 떠먹으려 하고 있고, 그 옆에는 이미 식사를 마친 남자가 담배를 입에 물고 밥값을 내리는지 돈주머니를 뒤적이고 있다.

드기거나 고립시키기 위하여 주지육림의 질펀한 향락을 베풀기도 하였다. 고려시대에 국한하여 보더라도 일대사건인 무인 정변의 연원이 술 때문이라고 말하는 이도 있을 정도다. 의종의 향락, 정중부의 수염을 태운 김돈중의 취기, 무인의 피비린내 나는 쿠데타, 그리고 최후 승리자의 축배를 위하여 술은 분명 필요하였을 것이다.

조선 초의 유자(儒者)들은 고려 말의 음주가 매우 문란하였음을 고려 멸망의 한 원인으로까지 지적하였다. 신라가 포석정에서 패배한 것, 백제가 낙

화암에서 멸망한 것 모두 술 때문이라고 하였으며, 나아가 고려도 그러하였다고 주장하였다. 극단적인 표현이지만, 조선 세종 때 유의손(柳義孫)이란 사람은 고려 말에 '상하가 서로 본받아 술에 빠져 결국 멸망[上下相師 沈湎自恣]에 이르렀다는 지적도 있다. 고려 말 음주가 과도해서 사치한 술자리가 베풀어졌으며, 상하 분별이 없어지고 예법이 허물어졌다고 비판한 것이다.

그러나 술은 권력을 휘두르는 집권층과 사치를 일삼는 귀족층만의 전유물은 아니었다. 오히려 술은 피치 못할 사정으로 이별의 아픔을 겪어야 하는 연인들과 생활고에 지칠 대로 지친 일반민의 위안이자 벗이었다.

홍영의 _ 국민대 교수

고려시대 사람들도 고기를 먹었을까

윤성재

밥, 쌀이 기본

가끔 "고려시대 사람들은 뭘 먹었나요?"라는 질문을 받는다. 대답은 항상 비슷하다.

"지금 우리 먹는 거랑 똑같아요. 밥이랑 반찬이죠. 국이랑."

그리고 다급하게 덧붙인다. "아, 감자랑 고구마랑, 고추는 빼구요."

그럼 어이없이 쳐다본다. 그 다음에 또 덧붙인다 "아, 양파, 양배추, 토마토도 빼구요."

다들 아는 것처럼 감자와 고구마, 고추는 조선 후기에 일본이나 중국을 거쳐 들어온 작물이다. 양파와 양배추는 서양을 통해 들어와 양(洋)이라는 글자가 앞에 따라온다. 토마토는 남만시(南蠻柿)라고 하는데, 남만에서 들어온 감[시(柿)]이라는 뜻으로 조선 후기에 남쪽에서 들어온 작물이었다. 고추도 처음 들어왔을 때는 남만초(南蠻草)라고 불렀다.

이 정도 되면 뭐가 똑같은가 하겠지만, 고려시대 사람들도 쌀밥에 생선국에 고기반찬, 나물과 김치, 젓갈로 밥상을 차린 것은 비슷했다. 다만 구체적

고려 철제 솥(국립중앙박물관 소장)
고려시대에 사용한 철로 만든 솥이다. 낟알을 익혀 밥을 짓거나 국을 끓이는 데 사용했을 것이다.

토제 시루(국립중앙박물관 소장)
고려시대에 사용한 흙으로 만든 시루이다. 시루에서 낟알을 쪄 밥을 짓는 방식이 솥을 이용한 것보다 더 오래되었다.

인 음식 이름이나 조리법 등은 알려진 것이 아주 부족하다는 것을 미리 밝혀 둔다.

고려시대 사람도 밥을 먹었다. 밥은 곡식의 낟알을 물에 익힌 것인데, 시루에 얹어 찌거나 솥에 물을 넣고 끓이는 방식으로 익혔다. 밥은 곡물을 가장 단순하게 가공하여 먹을 수 있는 형태이다. 밀로 빵을 만드는 것은 단단한 밀 껍질을 벗기고(탈각), 가루로 만들어(제분), 반죽해서(성형) 구워 내는 과정(조리)이 필요하다. 그런데 밥은 간단하게 낟알 껍질을 벗기고(탈각) 물로 익히면(조리) 되는 방식이어서 간편하다.

밥을 짓는 곡식을 대표하는 것은 쌀이다. 물론 지역이나 신분, 계절에 따라 차이는 있지만 쌀로 만든 밥을 기본으로 여겼다. 생각하기에 옛날 사람들은 가난하게 살았으니까 날마다 잡곡으로 만든 밥을 먹거나, 얼마 안 되는 낟알에 나물이나 잔뜩 섞어 먹으면서 배고프게 살았다고 생각하기 쉽다.

그렇지만 고려시대에도 밥을 짓는 기본 곡식은 쌀이었다. 전근대의 굶주림은 절대적인 식량 부족이라기보다는 안정적이지 못한 공급과 비축, 고르지 못한 분배 문제 때문에 발생하였다. 흉년이 들면 농민들에게 쌀밥을 금지시키기도 한 이유는 흉년이 들지 않을 때는 일반 농민도 쌀밥을 먹었다는 뜻이기도 하다.

다만 누구나, 항상, 쌀밥을 먹을 수 있던 것은 아니었다. 가을 추수 직후 정도는 쌀이 많이 들어간 밥을 먹다가, 쌀은 떨어지고 보리가 익기 전이라면 산이나 들에서 캐는 나물로 배를 채워 보릿고개를 간신히 넘기고, 초여름이 되면 수확한 보리로 밥을 지어 먹다가 다시 가을이 되면 쌀을 많이 먹을 수 있는 그런 식이었다. 9세기 말 효녀 지은(知恩)은 부잣집의 종이 되면서 쌀[米]을 얻어 눈 먼 어머니에게 쌀밥[香秔]을 대접했다. 전에는 잡곡과 같은 거친 음식을 먹었는데 돈이 생기자마자 쌀밥을 먹었다는 것은 그 바탕이 비록 효라고 해도 밥은 그래도 쌀로 지어야 한다는 생각이 있었기 때문일 것이다.

고려시대의 쌀은 "낟알의 크기도 크고 맛이 달아" 밥을 지어 먹으면 맛이 아주 좋았다. 고려 충렬왕 때 문신인 추적(秋適)이라는 인물은 먹는 것을 좋아한 사람이었는데, 손님을 대접할 때는 "돈을 많이 쓰는 호화로운 요리보다 푹 익힌 쌀밥에 생선 토막으로 국이나 끓이면 충분하다."라고 하였다. 그의 입장에서 쌀밥에 생선국은 날마다 먹는 평범한 음식이었던 것이다.

그래서 햅쌀은 그 자체로 선물로 사용되기도 했다. 염흥방(廉興邦, ?~1388)은 어느 가을날에 옻칠한 둥근 상자에 은은한 향기를 풍기는 쌀을 가득 담고 흰 모시로 포장해서 친구에게 보냈다. 친구는 선물을 받고 둘이서 붉은

게를 쟁반 가득 담아 놓고 먹었던 어느 날을 추억하며 시를 지었다. 이색(李穡, 1328~1396)이 지은 〈염동정(廉東亭)이 햅쌀을 보내 준 데 대하여 사례하다〉라는 작품이다.

쌀로 밥을 짓기 어려운 시기에는 조(粟, 메조, 차조)를 먹거나 보리나 피를 먹었다. 고려 후기 이규보(李奎報, 1168~1241)의 기록을 보면 부유했던 시절에는 시루에 쪄 낸 쌀밥을 먹었고, 가난했을 때에는 조밥을 먹었고, 그도 없으면 굶었다. 고려시대 사람들은 이규보처럼 쌀이 없으면 조를 먹는 일이 일상이었을 것이다. 이곡(李穀, 1298~1351)도 사람이 먹고 입는 데 꼭 필요한 것으로 "조·쌀·생선·고기, 그리고 삼베·목화실·명주실·솜"을 꼽았다. 먹는 데 항상 필요한 것이 조와 쌀이라는 점은 이 두 곡물이 당시의 일상식이기 때문일 것이다. 쌀을 구하기 어려운 북쪽 지방이거나 쌀을 먹을 형편이 되지 않는 가난한 백성은 조를 주식으로 삼았던 것 같다.

그보다 더 어려운 입장에서는 다른 곡식을 먹었다. 고려 말 이달충(李達衷, 1309~1384)은 산속 초가집에서 불우하게 살며 쌀 한 톨 섞지 못하고 보리와 피를 반반씩 섞어 밥을 지어 먹었는데, 그때 같이 먹은 반찬은 소금에 절인 여뀌잎이었다. 가난한 사람에게는 보리나 피나, 여뀌도 고마운 음식이었다. 피는 지금은 잡초라고 여겨지지만 고려시대에는 보존성이 좋아 10년 이상 저장할 수 있기에 흉년에 대비하여 비축하는 곡식이었다. 이달충은 낟알이 모자라면 여러 가지 채소를 섞거나 물을 더 붓고 죽으로 끓여 양을 늘리는 방법도 사용하였다.

이런 방법은 승려들도 종종 사용했는데, 원감국사(圓鑑國師) 충지(沖止, 1226~1293)도 부처님에게 공양 올릴 것이 없을 때에는 묽은 죽을 올리기도 했고, 가을이 되어도 수확할 것이 없을 때는 밥에 나물을 섞어 먹기도 하였다.

그래도 역시 쌀밥이 최고였고, 따끈한 쌀밥에 향기로운 술 한 잔이면 세상 부러울 것이 없는 고려시대 사람들이었다.

고려시대 사람들도 고기를 먹었을까? 당연하지!

고려시대 사람들도 고기를 먹었다. 아주 당연해 보이는 이야기를 새삼스레 꺼내는 것은 고려가 '불교 국가'였기에 고기를 먹지 않았다고 오해하는 일이 왕왕 있기 때문이다. 그러나 앞에서 이야기한 것처럼 고려시대 사람들이 먹는 것도 현재 우리가 먹는 것과 크게 다르지 않았고, 당시 사람들도 당연히 고기를 아주 좋아했다. 비록 신분과 경제적 형편에 따라 넉넉하게 먹지 못했지만, 먹지 않은 것은 아니었다.

고려시대가 사회적으로 불교적 분위기가 팽배했던 것은 사실이지만, 종교적 신앙심과 음식 문화의 관계는 다른 문제였다. 정식으로 출가한 승려는 계율에 따라 술이나 고기, 오신채(五辛菜)를 먹지 않았다. 오신채는 성질이 맵고 향이 강한 다섯 가지 채소, 즉 마늘·파·부추·달래·흥거(양파와 비슷한 백합과의 뿌리채소)를 말한다. 그런데 승려가 아닌 신자나 일반인에게는 그런 제한을 두지 않았다. 때로는 독실한 신자들이 자발적으로 고기나 술을 먹지 않고 오신채를 멀리하기도 했지만 그 수는 극히 적었다. 황려군부인(黃驪郡夫人) 김씨(金氏, 1063~1130) 묘지명에는 "평생토록 불교를 마음으로 섬겨서 술과 감주를 마시지 않았고 냄새나는 채소와 고기를 먹지 않았다."라고 했

김정지의 딸이자 왕자지의 부인인
황려군부인 김씨 묘지명(1130, 국립
중앙박물관 소장)

는데 이는 아주 특별한 경우였다.

오히려 "가볍고 따뜻한 것은 몸에 편리하고, 기름지고 달콤한 것은 입에 적합하며, 여유 있기를 원하고 결핍되는 것을 싫어하는 것은 모든 사람이 똑같은데, 어찌 유독 고려만이 다르겠는가."라고 한 것처럼 고려시대 사람들도 굳이 고기를 거부하지는 않았던 것이다. 그러기에 이자겸(李資謙, ?~1126)도 "고기 수만 근을 뇌물로 받아 썩어 넘칠 정도"가 되었던 것이다.

그래서 고려시대에도 오늘날처럼 소고기, 돼지고기, 닭고기 등을 먹었고, 개인적 기호나 상황에 따라 개고기나 오리고기, 양고기 등을 먹기도 했다. 하지만 이때만 해도 가축은 고기를 얻기 위해 기르지 않고 농사를 짓는 데 도움을 받거나, 특정한 제사에 제물로 바칠 목적으로 기르거나, 달걀(알)을 얻기 위해 길렀기 때문에 기호에 맞게 고기를 골라 먹기는 쉽지 않았을 것이다. 특히 소는 농우(農牛)로 이용했기에 "밭을 갈아 곡식을 생산하고 물건을 날라 주는 고마운 짐승"으로 여겨 잡아먹는 것을 좋아하지 않았다. 국가에서도 고기를 위해서라면 "아무 쓸모없는" 닭이나 돼지의 사육을 권장할 정도였다. 이규보를 보면 전투에 나가 적을 물리쳤을 때 부하들이 소를 잡고 술을 대접하여 축하해 주었는데 정말로 기뻐하면서 그 감상을 시로 남길 정도였다. 이색도 어려운 시절 친구가 보내 준 선물 중에서 "얻기 어려운 살진 소고기"를 특별히 언급하며 감사를 표하기도 했다. 돼지는 소보다는 자주 먹었다. 고려시대에는 마을에서 산신이나 성황신에게 바치는 제물로 돼지를 많이 썼는데, 제사가 끝난 뒤에는 그걸 잡아 마을 사람들이 나눠 먹는 경우가 자주 있었기 때문이었다. 제사에 돼지를 쓰는 것은 고구려 때부터 이어 온 전통인데, 고려 후기 시문에는 제사에 쓰는 돼지 이야기가 간혹 등장한다. 하지만 좀 더 많이 먹은 고기는 개고기였다. 농우로 써야 하는 소나 계속 알을 낳아 주는 닭은 쉽게 죽이지 못했으나 새끼도 많이 낳고 성장도 빠르며 키우기도 쉬운 개는 고기 공급에 안성맞춤이었다. 이규보가 개를 때려죽이는 모습을 보고 앞으로는 개고기를 먹지 않을 것이라고 하거나, 무신집권기 김문비(金文庇)라는 인물이 "개를 불로 구운 후 쪼갠 대나무로 털을 긁어 내고 먹었다."는 기록으로 당시 상황을 짐작할 수 있다. 최근 수중발굴로 확인된 마도 3호선에서 발견된 목간에는 우삼번 별초(右三番別抄)에 개고기포를 보냈다는 기록

이규보의 슬견설(한국고전번역원 소장)
고려 후기 이규보가 지은 글이다. '이[虱]'와 개[犬]에 대한 이야기'로 '어떤 손'이 '나'에게 "어떤 불량한 자가 큰 몽둥이로 개를 때려죽이는 것을 보았다."로 시작한다.

고려시대 사람들도 고기를 먹었을까 187

도 있어 개고기를 구워 먹기도 했지만 포로 만들어 먹는 등 다양한 방식으로 먹은 것을 알 수 있다. 마도 3호선은 1265~1268년 사이에 전라남도 여수현과 주변에서 거둔 화물을 싣고 가던 중 난파된 고려시대 선박이며, 여기서 출토된 목간은 여러 화물에 달려 있던 꼬리표이다. 이 꼬리표에는 보내는 화물의 종류와 수량, 보내는 사람, 받는 사람 등을 기록하였다.

그런데 고기는 집에서 가축을 길러 잡아먹기보다는 꿩이나 토끼 같은 야생 동물을 사냥해서 먹는 일이 더 많았을 것이다. 직접적인 사냥 기록은 적지만, 노루나 사슴, 꿩을 사냥하여 고기를 먹은 기록은 소고기나 돼지고기를 먹은 것보다 더 자주, 더 많이 등장한다.

이런 고기는 오래 보존하기 위해 말려서 육포의 형태로 만들거나, 신선한 상태 그대로 구이나 국으로 조리해서 먹었다. 조리법이 다양하지는 않았고 가장 간단한 것은 구이였다. 충숙왕 때 인물인 마계량(馬季良)은 소의 내장을 구워 즐겨 먹었고 이색은 꿩고기를 구워 술안주로 먹었다고 한다. 가장 많이 이용된 방식은 육포를 그대로 반찬으로 이용한 것이었다. 노년의 이색은 동생이나 친구가 보내 준 육포를 다시 삶아 부드럽게 해서 먹었는데, 이가 좋지 않았던 이색이 그렇게 적극적으로 고기를 먹은 것은 역시 고려시대에도 고기는 없어서 못 먹을 수는 있지만 일부러 안 먹은 것은 아니라는 사실을 다시 일깨워 준다.

즐겨 먹은 수산물, 생선과 조개와 미역까지

고려시대에는 바다에서 나는 것뿐 아니라 민물에서 나는 수많은 수산물을 먹을거리로 이용했다. 1123년(인종 1) 고려를 방문한 송나라 사신 서긍(徐兢)도 "고려는 다양한 수산물이 좋고", "조개는 잡아도 잡아도 없어지지 않는다."고 했다. 이색도 고려에서는 신분이나 나이를 따지지 않고 마른 생선을 먹는다고 하며 고려시대 다양한 수산물을 먹었던 사실을 알 수 있다. 이것은 목축을 하지 않는 농업사회에서 생선이 동물성 단백질을 공급하는 주된 식품이기에 나타나는 공통된 현상이기도 하다.

바다 생선으로는 청어나 연어, 조기[石首魚], 농어 같은 것을 먹었고, 민물 생선으로는 잉어나 미꾸라지, 붕어, 은어 따위를 먹었는데 자료로 많이 나타나지는 않는다. 살펴보면 청어는 좀 흔한 생선이고 연어는 고위 관리가 먹는 비싼 생선인 것으로 보인다. 생선 말고 고려시대 사람들이 많이 먹은 해산물은 조개와 게, 새우와 미역이나 다시마 같은 해조류였다.

조개 중에서도 특히 많이 먹은 것은 전복이나 홍합이었다. 전복은 신라시대부터 많이 먹었는데, 서긍도 고려 사람이 많이 먹는 조개 중 가장 먼저 꼽을 정도였다. 이색이나 한수(韓脩, 1333~1384)는 동해안에서 잡은 전복을 보양식으로 먹었다. 자기가 먹기도 하고, 어머니를 봉양하는 데 사용하기는 했지만 어느 쪽이라도 "늙어 쇠한 창자를 보양해 주는" 음식으로 여긴 것은 마찬가지였다. 그러한 사실은 전복의 유통과 저장과도 상관이 있다. 원래 수산물은 저장, 운송이 어려워 전근대사회에서 먹는 것이 쉽지 않았다. 그런데 전복은 약간의 수분만 있다면 오랫동안 살아 있을 수 있으며, 두툼한 전복살은 손질하여 건조시켜 오래 보관할 수 있었다. 그래서 전복은 따로 손질하지 않은 생복[生鮑], 전복살만을 떼어 내 말린 건복[乾鰒], 전복살만 쪄서 말린 찐복[熟鰒], 젓갈로 만든 전복 젓갈[鮑醢] 등으로 손질해서 먹었다.

전복 젓갈을 기록한 목간(태안 마도3-107 목간, 국립해양문화재연구소 소장)
1260년대 무렵 시랑 벼슬을 하는 신윤화(辛允和) 댁에 전복 젓갈[生鮑醢] 한 항아리를 보냈다는 글귀가 적힌 목간. 목간에 '생포해(生鮑醢)'라는 글자가 희미하게 보인다.

홍합도 전복과 비슷하였다.

마도 3호선 목간을 확인해 보면 어떤 집으로는 전복[生鮑] 네 항아리를 보냈고, 1260년 장군을 지낸 신윤화(辛允和)의 집으로 전복 젓갈[生鮑醢] 한 항아리를 보낸 꼬리표가 남아 있다. 전복 외에 홍합도 말리거나 젓갈로 만들어 먹었는데, 별초군(別抄軍)과 유천우(兪千遇, 1209~1276)에게는 각각 말린 홍합[乾蜯] 한 섬을, 사심(事審) 김준(金俊, ?~1268) 댁에는 홍합 젓갈[蜯醢] 다섯 항아리를 보낸 것으로 나온다. 거리가 아주 먼 장소에서 각종 수산물을 가공해서 운반해 먹었던 것이다.

다시마[昆布]와 미역[藿], 김은 고려시대에도 즐겨 먹었다. 특히 다시마와 미역은 국거리로 사용하였다. 고구려부터 신라를 거쳐 고려시대까지 많이 먹었다고 알려졌고, 의학서인 《본초도경(本草圖經)》에 고려산 다시마로 국 끓이는 법까지 소개될 정도였다. 이색은 미역을 두고 "동해의 특이한 나물로, 두어 자 남짓 되는 길이에, 색은 검은데 국을 끓이면 먹을 만하다."고 평가했다. 그러면서 친구가 보내 준 김은 밥을 싸 먹으면 향기가 좋다고 좋아했는데, 우리가 지금 먹는 것과 크게 다르지 않았을 것이다. 역시 고려시대나 지금 현재나 음식 재료도 비슷하고 먹는 방법도 비슷하다.

텃밭에서 길러 먹은 채소

밭에서 기르는 채소나 산이나 들에서 캐는 나물은 예나 지금이나 우리 음식에서 가장 많은 부분을 차지한다. 종류도 많고 쉽게 얻을 수 있어 대수롭지 않게 생각하기 십상이지만 사실은 식생활에서는 큰 비중을 차지한다. 흉년으로 먹을 것이 모자란다는 뜻의 기근(饑饉)이라는 단어가 "곡식이 여물지 않아서 굶주리는 것을 기(饑), 채소가 여물지 않아 굶주리는 것을 근(饉)"이라는 뜻이라는 것을 생각해 본다면 채소도 곡식과 같이 없어서는 안 되는 존재인 것이다. 나물은 빼고 채소만 보더라도 종류도 다양하고 먹는 방식도 다양하다. 고려시대 많이 먹은 채소는 오이, 가지, 무, 파 같은 종류였다. 현재 우리나라에서 가장 많이 먹는 채소가 배추, 무, 고추, 마늘, 양파인데, 고려시대에는 고추와 양파가 재배되기 전이라는 것을 생각해 보면 크게 달라지지 않은 것을 알 수 있다.

이규보는 〈가포육영(家圃六詠)〉이라는 시에서 텃밭(가포)에서 길러 먹은 여섯 가지의 채소를 읊었다. 시에 등장하는 채소는 오이, 가지, 무, 파, 아욱, 박이다. 이규보보다 약간 뒷시기의 인물인 원천석(元天錫, 1330~?)과 이숭인(李崇仁, 1347~1392)도 텃밭에 채소를 길렀는데, 여기서도 오이와 가지가 빠지지 않았다. 이런 채소는 대개 일년생 채소로, 쉽게 길러 잎이나 열매를 계속해서 따 먹어 추워지기 전까지 부식으로 사용하기 위한 것이었다. 그래서 여름에는 가지나 오이, 아욱과 같은 채소를 심어 먹고, 날이 추워지기 전에 무를 심어 겨울에 대비한 것이다. 이런 텃밭 재배는 부식으로 주식을 보충할 수 있었기에 부식 공급을 안정적으로 유지할 수도 있고, 남는 것은 판매할 수도 있기에 거의 모든 집에서 이루어진 경제 활동이었을 것이다.

이규보가 텃밭에서 키운 오이는 '과[瓜, 외]'라고 하는데 오이 종류를 모두 포함한다. 지금 많이 먹는 길쭉한 초록 오이[황과(黃瓜)], 노란 빛깔의 참외

전 신사임당 초충도 중 가지(국립중앙박물관 소장)
사임당(師任堂) 신씨(申氏, 1504~1551)가 그린 초충도 가운데 가지를 그린 그림이다. 그림 속 가지는 흰색과 보라색의 두 가지 종류인데 지금의 것보다는 좀 더 둥글고 짧은 모양이다.

[진과(眞瓜)]나 붉은 속살의 수박[서과(西瓜)], 일본식 장아찌를 담그는 울외, 서양식 참외인 멜론은 분류상 모두 박목 박과에 속한다. 기록을 찾아보면 참외나 오이는 고려 초부터 키워 먹었고, 수박은 1270년경 홍다구(洪茶丘)가 원으로부터 들여온 것으로 알려져 있다. 같은 박목에 속하는 것으로 박[호(瓠)]이 있다. 박혁거세(朴赫居世)의 이름에도 등장하는 박은 신라시대부터 먹은 것인데 속을 긁어 삶아서 나물로 먹고 껍질은 바짝 말려 바가지로 썼다. 지금 우리가 먹는 초록색 호박은 조선 후기 청나라[호(胡)]에서 들어온 박이라서 '호(胡)'박이라고 한다. 이규보나 원천석과 달리 이색은 텃밭을 가꾸지 않았는데, "작은 건 술잔만 하고 큰 것은 궤짝만 한데 가난해서 텃밭을 가꾸지 못해 박을 먹지 못한다."고 슬퍼하기도 하였다.

이규보의 텃밭 채소에서 대표적인 것은 무였다. 무는 여름에도 먹을 수 있었지만 단단한 뿌리 부분은 겨울을 나기 위한 식량으로 저장하기도 좋았다. 무청도 생으로 먹기도 했지만 말려서 시래기로 만들어 두면 겨우내 먹을 수 있었기에 버릴 부분이 하나도 없이 쓰임이 많은 채소였다. 백문보(白文寶, 1303~1374)는 무의 뿌리 부분은 맛이 담백하여 먹을 만하다고 했는데,

이규보는 무를 절여서 먹었다.

절임은 두 가지 종류가 있다. 장에 절이는 것[득장(得醬)]과 소금에 절이는 것[지염(漬鹽)]이다. 소금에 절이는 것은 겨울에 하는 것이며, 장에 절이는 것은 겨울 이외의 계절에 하는 것이다. 이규보는 무를 장 속에 묻어 여름 내내 먹었고, 소금에 절여 겨울 90일 동안에 먹었다. 이렇게 소금에 절이는 방식[지(漬)]을 김치의 원형인 저(菹)로 보기도 한다. 고려시대의 배추는 지금처럼 속이 꽉 찬 것이 아니었기에 소금을 뿌려 저장하기에는 무가 더 나았고, 배추를 절이는 것보다 소금도 훨씬 적게 들었다.

채소는 무뿐 아니라 오이나 여뀌, 순무, 산갓 등도 절여서 먹었다. 오이를 소금에 절인 것은 침과(沈瓜), 장에 절인 것은 장과(醬瓜)라고 했는데 원천석이 친구에게 선물로 받은 침과는 달고 신맛이 돌아 좋아했고, 벼슬에서 멀

김장을 하기 위해 배추와 무를 씻고 있는 여인들의 모습(흑백 사진엽서, 국립민속박물관 소장)

어진 이색이 아플 때 받은 장과는 사람의 인심을 확인시켜 주는 고마운 선물이기도 했다. 앞에서 이충달이 보리와 피를 섞어 지은 밥에 먹은 반찬도 소금에 절인 여뀌잎이었다.

파는 불가에서 먹지 않는 오신채 중 하나였지만 텃밭에서 키워 먹을 정도로 일반 백성에게는 친숙한 채소였다. 파의 흰 줄기 부분을 이용해서 술안주로도 쓰기도 했으나, 이규보나 이색은 파를 냄새나는 국이나 비린 생선회에 곁들여 맛이 더 좋게 하거나, 두부국에 넣어 향기를 즐기기도 했다. 어떤 음식에 사용했더라도 자극적 향기로 음식의 맛을 도왔다는 점에서 일종의 향신료로 쓰였음을 알 수 있다.

이런 텃밭 채소 이외에 미나리, 순무, 우엉, 토란, 생강도 재배해서 먹은 채소로 각종 기록에 보이지만 들이나 산에서 채취해 먹는 나물도 다양하였다. 고사리나 냉이는 흔했고, 산에서 캐 온 죽순이나 더덕[沙蔘]도 먹었다. 더덕은 송나라 사신 서긍이 "매일 먹은 채소로 크기가 크고 부드럽다."라고 한 것으로 보아 사신의 상에 올라갈 정도로 고급으로 여긴 것 같다. 송이(松栮)나 석이(石耳) 버섯도 산에서 따서 먹었는데 불에 구워 먹거나 데쳐 먹는 것을 별미로 여겼다.

그래서, 뭘 먹었다고?

위에 본 여러 가지 음식 재료로 고려시대 사람들은 어떤 '음식'을 만들어 먹었을까 하는 질문에 이르면 대답하기는 어렵다. 밥에 국에 김치, 젓갈 정도는 알 수 있다. 음식 재료로 각종 고기나 생선, 조개, 채소를 쓴 것도 알 수 있다. 그러나 그것으로 어떤 음식을 만들어 먹었는지는 알기 어렵다.

    쌀로는 밥이나 떡, 국수를 해 먹고 콩으로는 두부를 만들고 장을 담았다. 생선으로는 국을 끓이고 각종 조개로는 젓갈을 담았다. 무 같은 채소는 소금이나 장에 절여 반찬으로 하거나 토란으로 국을 끓이고 우엉을 쪄 먹기도 했다. 그렇지만 조리법이 적힌 기록이 따로 남은 것도 아니고 요리책이 남아 있는 것도 아니라는 점에서 정작 고려시대 밥상에는 어떤 양념을 사용해서 어떤 맛이 나는 음식이 올라갔다고 말하기는 어렵다. 다만 지금과 다르지 않게 끓이고 굽고 찌고 삶는 조리법을 사용하거나 때로는 날것인 상태로 양념을 무치고 뿌리고 발라 먹었을 것이라는 짐작을 할 뿐이다.

    그래서 짧은 기록과 상상을 통해 "기름이 자르르 흐르는 난질난질한 흰쌀밥"에 "두부를 구워 잘게 썰고, 파를 넣어 향과 맛을 더한 두부국"이나 "하얀 만두피를 씌워 둥글게 빚었고, 고기로 소를 넣어 기름진 속이 촉촉한 만두"를 먹어 가면서 열심히 배를 채운 고려시대 사람의 음식을 살짝 엿볼 수 있는 것에 불과하다.

윤성재 _광운대 강사

고려시대 사람들의 장례 모습

박진훈

인간에게 가장 중요하면서도 두려운 것

태어나서 삶을 영위하며, 살아가는 도중에 병을 얻어 때로는 아프기도 하고, 시간이 지나면 자연스럽게 늙어 가고, 그러다가 결국 자연으로 돌아가는 것은 피할 수 없는 인간의 숙명이다. 이 중 죽음은 인간의 삶에 종지부를 찍고 더 이상 삶이 지속될 수 없게 된다는 점에서, 가족이나 친구와 같은 사랑하는 사람들과 영원히 헤어져 만날 수 없다는 점에서, 그리고 죽은 후의 세계는 인간이 모르는 미지의 경험이란 점에서 인간에게 가장 중요하면서도 두려운 것이다. 특히 현재보다 평균 수명이 짧아 죽음이 훨씬 가까웠던 고려시대 사람들에게 죽음의 의미는 더욱 각별했을 것이다.

죽음이 가지는 의미가 큰 만큼 죽은 자를 보내는 의식은 일찍부터 발달하였다. 고려시대에도 죽음과 관련된 의식들은 중요한 사회적 제도, 즉 예(禮)로써 규칙화되었는데, 죽음과 관련된 의식들은 당연히 고려시대 사람들의 삶을 지배했던 정치·사상·종교 등 여러 사회문화적 조건들의 영향을 받아 형성되었다.

죽음과 관련된 의식 중 가장 중요한 것은 죽은 자의 시신을 최종적으로 안치하는 장례 의식이다. 고려시대 사람들에게 가장 큰 영향을 끼친 종교는 불교였으므로 고려시대에는 불교식 화장(火葬)이 가장 일반적으로 행해졌다. 화장은 고려 사람들이 가장 선호하던 장례 방식이었지만, 화장 이외에도 시신을 땅에 묻는 매장, 시신을 풀이나 짚으로 덮어 두었다가 살이 모두 썩어 없어진 다음 뼈를 수습하여 장례 지내는 초분(草墳) 등 다양한 방식의 장례가 있었다. 그러므로 화장만으로 고려 사람들의 장례를 모두 설명할 수는 없다. 하지만 화장이 가장 선호되고, 가장 일반적이었으며, 고려 문화를 가장 잘 반영한 장례 의식이라고 할 수 있다. 따라서 화장을 중심으로 고려시대 사람들의 장례에 대해 설명하겠다.

죽음 맞이

고려시대 묘지명에는 죽음을 맞이한 고려 사람들의 모습이 진솔하게 그려져 있다. 묘지명을 남긴 사람들은 주로 관료 그리고 그들의 가족이므로, 고려 지배층의 모습만을 보여 준다는 한계가 있다. 하지만 그럼에도 묘지명은 고려 사람들이 어떻게 죽음을 대하고 맞이했는지에 대한 여러 사실적인 정보들을 우리에게 주고 있다.

고려 사람들이 죽음을 맞이한 장소는 대부분 자신의 집이나 사찰이었다. 물론 근무하던 관청에서 순직하거나, 여행 도중에 사망하거나, 친족의 집에서 죽음을 맞이하거나 하는 등 다양한 곳에서 죽음이 발생했지만, 거의 대부분의 사람들은 자신의 집이나 사찰에서 죽음을 맞이하였다.

아프거나 늙은 몸을 이끌고 사찰로 거처를 옮겨 죽음을 맞이한 이유는 고려 사람들이 불교 신자였기 때문이다. 또한 사찰은 세속의 집보다 한적하거나 고요하며 잡된 것들과 떨어져 있는 장소이므로 아픈 사람이 휴식을 취하거나 죽음을 맞이하기에 더 좋은 장소였다. 더불어 사찰에는 의술을 할 줄 아는 승려들이 있어 질병에 대한 치료나 구호를 받을 수도 있었다. 이러한 점들이 사찰에 가서 죽음을 맞이한 이유였다. 하지만 고려 전기에도 임종 장소로서 사찰을 선택한 사람은 네다섯 명 중에 한 명밖에 되지 않는다. 20~25퍼센트 남짓 되는 사람을 제외한 절대 다수는 집에서 죽음을 맞이하였다. 아마도 늙고 병든 몸으로 사찰에 가는 것이 힘들었거나 또는 집이 가장 편안한 장소였기에, 가족들이 간호하기 가장 편한 장소였기에 죽음을 맞이하는 장소로 집을 선택한 것이 아닌가 한다. 이처럼 지배층에 속한 사람들조차 사찰에서 죽음을 맞이하는 것보다 집에서 죽음을 맞이하는 경우가 훨씬 많았으므로, 사찰과 특별한 연고를 가지기 힘든 일반민들은 대부분 집에서 죽음을 맞이하였을 것으로 생각된다.

죽음을 맞이한 사람들은 대부분 평시처럼 편안한 삶을 누리려고 노력하였다. 물론 질병의 고통에 힘들어 하다 죽음을 맞이한 사람들도 있었다.

돌아가시는 날의 저녁에는 신음하는 소리도 없었으며, 손과 발을 씻고 의관을 단정하게 하고, 앉아서 아미타불의 명호를 읊었다. 또한 보살의 8계를 받았으며, 그것이 끝나자 베개에 누워서 돌아가셨다.

위의 기록은 이정(李頲)의 묘지명에 나오는 내용이다. 이정은 고려 전기의 인물로 1077년(문종 31) 개경 안의 불은사(佛恩寺)에서 죽었다. 돌아가시는 날 신음 소리도 없었다는 것으로 보아, 이정은 죽음을 맞이하기 전에 질병의 고통으로 힘들어 했음을 알 수 있다. 하지만 그는 죽는 날 저녁에는 몸을 깨끗이 씻고, 의관을 단정하게 하고 불교에 귀의한 후 죽음을 맞이하였다. 김유신(金有臣)의 아내 이씨도 목욕을 한 후 옷을 갈아입고 아미타불을 외우며 세상을 떠났으며, 김중문(金仲文)도 목욕한 후 불교의 계를 받고 임종하였다. 죽은 후 자신의 단정치 못한 모습을 보이기 싫어서였을까? 아니면 단정한 모습으로 사후의 세계를 맞이하기 위해서였을까? 어떠한 이유에서건 많은 고려인들이 몸과 의복을 깨끗이 한 후 죽음을 맞이하기 위해 노력하였다. 또한 모든 고려인들이 불교에 귀의한 것은 아니었지만, 많은 고려인들이 죽음을 앞두고 불교에 귀의함으로써 죽음의 공포를 이겨내고 극락왕생을 위해 노력했다.

　죽음에 임해서 가족들을 불러 유언을 남기기도 하였다. 지금도 마찬가지이지만 당시에도 부모의 사후 재산 상속 문제로 형제들 사이에 다툼이 발생하는 일이 빈번하였다. 고려 후기에 윤선좌(尹宣佐)는 자신이 병에 걸리자 자녀들을 모두 불러 말하기를 "지금 형제들이 서로 화목하지 못한 것은 재물을 두고 다투기 때문이다."라고 하고, 재산을 고르게 분배하여 상속 문서를 작성하게 하였다. 그리고 형제들이 서로 화목하게 지낼 것을 당부한 다음 임종하였다. 윤선좌의 경우처럼 재산의 상속 문제나 자녀들이 앞으로 살아가면서 지켜야 할 지침에 대한 당부, 앞일에 대한 부탁 등을 유언하는 것이 일반적이었다. 또 자신의 장례식을 어떻게 치를지에 대해 부탁하는 일도 많았다.

빈소의 설치와 조문

가족의 죽음을 맞이한 유족들은 빈소를 마련하여 시신을 안치하고 장례 절차를 진행하였다. 여행 도중에 죽었다든지 하는 특별한 경우를 제외하면 빈소는 사망 당일 설치하는 것이 원칙이었다.

빈소는 자신의 집이나 사찰에 마련하였다. 외지에서 사망하면 운구 문제로 인해 사망 장소 부근에 빈소를 마련하기도 하였다. 하지만 압록강 근처에서 김승용(金承用)이 사망하자, 그의 시신을 수레에 싣고 개성의 집까지 운구하여 집에 빈소를 마련하였다. 친족의 집에서 요양했던 김훤(金咺)도 죽은 뒤에 그의 시신을 자신의 집으로 옮겨 빈소를 마련하였다. 이로 보아 외지에서 사망하면 빈소는 자신의 집이나 집 근처 사찰에 마련하는 것이 일반적이었다고 할 수 있다. 아마도 장례 절차를 진행하는데 이렇게 하면 더 편리하였기 때문일 것이다.

사찰에서 임종하면 사찰에 빈소를 마련하였다. 보통 죽음을 맞이한 사찰에 빈소를 마련하였다. 하지만 자운사(慈雲寺) 선적원(積善院)에서 사망하였지만 불은사(佛恩寺)에 빈소를 마련한 최사추(崔思諏)처럼 다른 사찰로 시신을 운구하여 빈소를 마련한 경우도 있었다. 휴양을 위해 한적한 사찰에서 지내다가 임종하자, 가족들이 지인들의 문상이 보다 용이한 사찰에 빈소를 마련한 것으로 보인다.

자신의 집에서 돌아가시면 그대로 집에 빈소를 마련하기도 했고 사찰에 빈소를 마련하기도 하였다. 특히 고려 전기에는 사망 장소나 사망 당시의 연령, 성별 등을 막론하고 지배층의 빈소는 모두 사찰에 마련되었다. 따라서 당연히 그들의 장례 절차도 빈소가 마련된 사원에서 불교식 상장례에 따라 거행되었다.

　빈소가 설치되는 것과 함께 망자 또는 망자 가족의 친족이나 지인들에게 망자의 죽음을 알렸다. 관료 출신 사람이나 그의 부인이 사망하면 조정에 알렸으며, 부모가 돌아가신 관료도 자신의 소속 기관에 부모의 부고를 하였다. 이러한 점은 어떤 사람이 사망하면 본인이 전에 근무했던 직장에 부고를 알리며, 부모가 돌아가시면 장례를 치르는 자녀들이 자신의 직장이나 소속된 곳에 부고하는 요즘의 풍습과 비슷하다고 해야 할 것이다.

　부고를 전해 들은 지인이나 친족들은 먼 거리를 마다 않고 가서 조문하였다. 첨의중찬 벼슬까지 역임하였던 고려 후기의 관료 설공검(薛公儉)은 6품 이상의 관리가 부모상을 당하면 비록 평소에 알지 못하는 사람이라고 하더라도 직접 가서 문상을 하였다. 이로 보아 직접 알지 못하는 사람이라고 하더라도 자신과 같은 일을 하거나 같은 직장에 근무하는 동료의 상사(喪事)에는 직접 찾아 가서 문상하는 일이 많았음을 알 수 있다.

　직접 알지 못하는 사람이라고 하더라도 돌아가신 분이 평소 존경하는 사람이라면 문상하였다. 충렬왕 때 조인규(趙仁規)가 사망하였을 때 선비들만이 아니라 백성들까지 찾아와서 조문하며 슬퍼하였다고 한다. 오늘날 사회적으로 명망 있는 사람이 돌아가셨을 때 일반 국민이 빈소에 직접 가서 분향하는 것과 마찬가지라고 하겠다. 조문을 하러 갈 때는 당연히 의관을 갖추어 입고 갔는데, 검은 갓과 흰 옷 또는 흰 갓과 흰 옷을 입고 가는 것이 예의였다.

　국가에 공로가 있는 사람이나 고위 관료의 상에는, 국왕이 관리를 보내 조문하고 시호를 내렸으며, 벼슬을 올려 주고, 조정에서 행하던 조회를 정지하여 애도를 표하기도 하였다. 또한 장례를 돕기 위해 부의를 내렸다. 일반인이 국역을 지다가 사망한 때에도 국가에서 부의를 내리기도 하였다. 부의는 주로 돈이나 곡식 또는 포목으로 지급하였다. 관직의 등급이나 공로의 많고 적음에 따라 부의하는 액수는 법으로 정해져 있었다. 고위 관료라면 그 액수는 막대하였는데, 시무 28조를 올린 것으로 유명한 최승로(崔承老)가 사망하자 성종은 베(布) 1,000필을 비롯해서 면(麵) 300석, 경미(硬米) 500석, 유향(乳香) 100냥, 뇌원다(腦原茶) 200각(角), 대다(大茶) 10근 등을 하사하였다. 또한 관료의 소속 기관에서는 장례에 필요한 여러 가지 물품을 지급하여 장례를 도왔다.

첫 번째 장례, 화장(火葬)

빈소에 모셔 둔 망자의 시신은 좋은 날을 점쳐 화장하였다. 사망한 사람의 신체를 불로 태워 장례 지낸다는 의미의 화장은 같은 뜻의 소장(燒葬)으로도 불렸으며, 시신이 안치된 관을 태운다는 의미로 분관(焚棺)이라고도 불렸다. 하지만 화장은 불교식 장례법이었으므로 대체로 다비(茶毗)라고 불렸다.

화장 날짜는 사람마다 모두 달랐다. 묘지명에 따르면 5일 만에 화장한 사람도 있는 반면 29일이 지난 뒤에 화장한 경우도 있었다. 대체로 좋은 날을 택해 한 달 안에 화장한 것으로 보인다. 화장하는 장소도 점을 쳐 정했는데, 보통 화재의 위험성이 적고 전망이 좋은 산등성이나 언덕 위에서 화장이 이루어졌다.

화장은 승려의 주재하에 일정한 의식에 따라 이루어졌다. 아마도 승려들이 불경을 암송하고 제사 등을 행하였을 것으로 보이지만, 정확한 내용은 알 수 없다. 화장에 쓰이는 나무를 향목(香木)이라고 한 것으로 보아, 화장에 이용한 나무도 아무 나무나 사용한 것이 아니라 특별한 의식에 따라 준비된 나무였던 것으로 보인다.

화장은 비용이 많이 들고 힘든 장례식이었다. 따라서 경제적으로 형편이 어려운 사람은 쉽게 할 수 있는 장례가 아니었다.

송(宋)나라 소흥(紹興) 7년(인종 15년) 정사년 3월에 ○을 얻어 서울로 돌아왔다. 이 해 8월 29일 ○ 집에서 돌아가시니 대덕산(大德山)에 장사 지냈다.

화장(국립민속박물관 소장)
조선 후기에 그려진 것으로 보이는 화장을 묘사한 그림이다. 고려시대에는 이 그림처럼 화장이 크게 유행하였다.

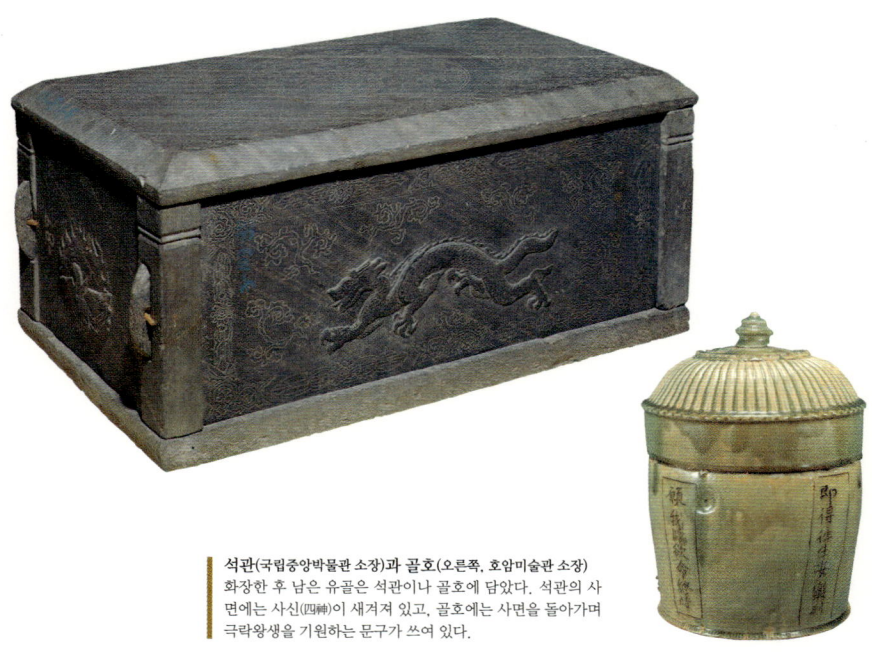

석관(국립중앙박물관 소장)**과 골호**(오른쪽, 호암미술관 소장)
화장한 후 남은 유골은 석관이나 골호에 담았다. 석관의 사면에는 사신(四神)이 새겨져 있고, 골호에는 사면을 돌아가며 극락왕생을 기원하는 문구가 쓰여 있다.

향년 60세이다. 이때 아들 건숙(蹇叔)이 아직 어려서 능히 장례 도구를 제대로 준비하기 어려웠는데, ○ 송나라 소흥 20년 경오년 ○월 27일에 대궐 동쪽 임강현 생천사(生天寺) 북쪽 산기슭에 화장하니 예(禮)에 따른 것이다.

위의 기록은 진중명(秦仲明)의 묘지명에 나오는 내용이다. 진준명이 사망하자 아들 진건숙은 일단 아버지를 대덕산에 장사 지냈다. 그런데 그의 아들은 13년이 지난 뒤 생천사 북쪽 기슭에서 아버지 시신을 화장하였다.

진중명이 사망하였을 때 진중명의 아들 건숙은 아직 어린 나이로 장례 도구를 제대로 준비하기 어려웠다고 기록되어 있다. 그런데 사망 당시 진중명은 60세였다. 따라서 진건숙의 정확한 나이는 알 수 없지만 15세 정도는 되지 않았을까 생각된다. 이 정도 나이의 진건숙이 아버지의 장례 도구를 준비하는 것이 과연 힘들었을까? 혹 진건숙이 훨씬 어린 나이였다고 하더라도 친인척의 도움을 받으면 충분히 아버지의 장례를 치를 수 있었을 것이다.

그렇다고 한다면, 건숙이 아버지 장례를 화장으로 하지 못한 이유는 다른 데서 찾아야 한다. 화장은 비용이 많이 드는 장례였다. 화장목을 준비하고, 화장을 주관하는 스님들에게 공양을 바치고 절에 시주하거나 조문객들을 접대하는 데 드는 비용 등이 상당하였을 것이다. 그런데 자기 집안의 격에 맞게 일정한 수준의 장례를 지내지 못하면 효도를 다하지 못하였다고 사회적 비판의 대상이 되었고, 이는 자신의 집안을 욕 먹이는 행위였다. 따라서 일정한 수준 이상으로 격식을 갖추어 화장을 하지 못할 바에야 장례를 미루는 선택을 하기도 하였는데, 진중명이 바로 그러했다. 진중명의 아들이 아버지의 화장을 할 수 있을 때까지는 13년이란 세월이 필요하였다. 따라서 경제력이 떨어지는 일반민들이 화장으로 가족의 장례를 지내기는 여러모로 힘들었을 것이다.

두 번째 장례, 안장(安葬)

화장은 사람의 시신을 태우는 것이므로 상당한 시간이 걸렸다. 최소한 하루 이상 걸렸다. 하지만 불이 시신을 모두 태울 수 있는 것은 아니었다. 망자의 유골 중 일부분은 타지 않고 남았다. 따라서 불에 달구어진 **뼈**가 식을 때까지 기다린 후, 다시 좋은 날을 점쳐서 타고 남은 망자의 유골을 수습하였다. 화장한 지 3일 만에 유골을 수습하기도 했고, 9일 만에 수습한 경우도 있었다. 점을 쳐 수습하였으므로 수습하는 기간이 차이 나는 것으로 보이는데, 대체로 화장을 한 지 10일 안에는 수습한 것으로 보인다.

수습된 유골은 함에 담아 다시 사찰에 안치하였다. 일반적으로 자신의 빈소가 마련되었던 사찰에 안치하였다. 하지만 순천원(順天院)에 빈소가 마련되었던 염경애(廉瓊愛)는 그의 시신을 화장한 뒤 청량사(淸凉寺)에 유골을 봉안하였다. 이로 보아 반드시 빈소가 있었던 사찰에 유골을 봉안한 것은 아니었다. 객지에서 사망하면 죽은 곳에서 화장을 한 후 유골을 거두어 와서 거주지 근처의 사찰에 안치하기도 하였다.

사찰에 화장한 유골을 안치하면 망자를 위한 제사를 거행하였다.

> 불법(佛法)에 따라 서기(西畿)의 산기슭에서 다비를 행하였다. 자식들은 곡을 하면서 유해를 받들어 사찰에 임시로 안치하고 아침저녁으로 제사를 받들었는데, 살아 계실 때처럼 하였다.

앞에서 살펴본 이정의 묘지명에 나오는 내용이다. 자식들은 아버지 이정을 화장한 후 곡을 하면서 유해를 수습하고, 이를 사찰에 안치하였다. 그리고 아침저녁으로 살아 계실 때처럼 정성을 다해 제사를 받들었다.

망자의 유골이 사찰에 안치되어 있는 동안, 가족들은 유해를 매장할 준비를 하였다. 우선 망자가 영원히 지낼 곳이므로 좋은 땅을 골라야만 하였다. 풍수를 잘 아는 술사들에게 부탁해 망자가 지내기 편안하고 좋은 명당 자리를 고르려고 노력하였다. 따라서 고려 전기에는 가족묘나 문중묘가 발달하지 않았다.

　이어서 망자의 유골을 모실 관을 제작하고 관을 안치할 분묘를 조성하였다. 지배층이나 경제적 여유가 있는 사람들은 돌을 다듬어 석관을 제작하기도 하였다. 석관에는 청룡, 백호 등의 사신이나 12지신 등을 조각하기도 하고, 망자의 이름이나 망자의 생애를 정리한 묘지명을 새겨 넣기도 하였다. 반면 일반민들은 나무로 된 관을 사용하였을 것으로 보이며, 형편이 어려운 사람들은 관 없이 시신만을 매장하는 경우도 있었을 것이다.

　매장할 때 같이 묻는 장신구, 무기, 토기나 자기, 동전, 거울 등의 부장품도 준비하였다. 또한 죽은 사람의 행적을 정리한 묘지명도 준비하였다. 묘지명은 망자의 성명과 본관, 가계, 출생일과 사망일, 가족관계, 역임한 관직, 후세에 전할 만한 행적, 장례에 관한 일이나 추모의 말 등으로 구성되었다. 보통 가족 중 돌아가신 분이 생기면, 가족 구성원들이 먼저 망자의 행적을 정리하고, 학문이 뛰어난 사람에게 정리된 행적을 가지고 가 묘지명 작성을 부탁하였다. 또한 글씨를 잘 쓰는 사람에게 묘지명 쓰는 것을 부탁하고, 묘지명에 필요한 석재를 구해 돌에 새기는 일을 주관할 사람을 선정하였으며, 장인에게 부탁해 돌에 새기도록 하였다. 따라서 묘지명 작성에도 상당한 시간과 비용이 필요하였다. 그러므로 간략하게 성명과 나이만을 적어 묘지명을 작성하기도 하였다. 아마 일반민들 대부분은 이름 석자만 나무에 적은 묘지명을 사용하였을 것으로 보인다.

　매장을 위한 모든 준비가 끝나면 유골을 모신 관을 장지로 운구하였다. 장지에서 다시 일정한 예식을 거행한 후 관을 최종 안장하였다. 안장이 끝난 후 무덤에는 봉분을 만들었는데, 무덤을 크게 만드는 것을 선호하였다.

봉분은 말갈기처럼 생긴 형태로 조성하였으며, 봉분 주위에는 소나무와 가래나무를 심어 비바람이 가려지도록 하였다.

사망에서부터 최종 안장까지의 기간은 사람마다 천차만별이었다. 이 모든 과정을 1개월 이내에 끝내기도 했지만 2년 이상 걸린 경우도 많았다.

변화하는 고려의 장례 문화

고려시대 사람들도 최선을 다해 가족의 장례를 치렀다는 점은 현재 우리 모습과 다를 바 없다. 빈소를 마련하고 부고를 전하며 문상을 하는 모습은 여러모로 현재의 장례 풍습과 유사한 점이 있다. 장례가 가족의 문제로만 국한되지 않고 어떤 면에서는 그 집안의 사회적 위신을 표현하고 확인하는 의미를 지녔다는 점도 현재 우리의 장례가 가지는 사회적 의미와 일맥상통한다. 죽음을 맞이하며 형제의 화목을 당부하는 부모의 마음은 예나 지금이나 마찬가지라고 할 수 있다.

하지만 고려시대의 대표적인 장례 방식인 화장의 구체적인 절차와 모습은 현재는 말할 것도 없고 조선의 장례 모습과도 상당히 다르다. 고려시대의 장례는 고려시대 사람들의 정신과 마음을 사로잡았던 불교의 영향을 크게 받았으며, 고려시대의 독특한 사회적 요소와 문화의 영향을 받아 만들어진 것임을 이해해야 한다.

불교의 영향을 받은 화장은 고려 사람들이 가장 선호하는 장례법이었다. 하지만 모든 사람이 화장으로 장례를 치른 것은 아니었다. 경제적 이유 등 타의로 화장을 하지 못한 사람도 많았고, 자신이 믿는 유교적 가치관 때문에 화장을 거부한 사람도 있었다.

  5백 년이라는 긴 고려 역사 동안 고려 사람들의 삶이 똑같을 수는 없었다. 그들의 삶의 모습은 시간의 흐름에 따라 변화를 겪었으며, 그들이 선호하던 장례 방식도 일정한 변화를 겪었다. 고려 후기로 갈수록 유교의 사회적 영향력이 확대되었고, 그에 따라 사찰보다는 집에서 죽음을 맞이하는 사람이나 사찰보다는 집에 빈소를 마련하는 일이 늘었다. 불교식 화장을 하지 않고 시신을 온전한 형태로 매장하는 사람도 꾸준히 늘어났다. 이에 따라 화장이 성행할 때보다 장례 기간도 짧아졌다. 유교적인 효의 가치관이 강화되면서, 고려 후기에는 가족묘나 문중묘가 나타나는 변화상도 보인다. 결국 성리학 사상으로 무장한 신진사대부들이 조선왕조를 건국하면서 화장은 지배적인 장례 방식으로서의 위치를 잃게 되었다. 그러므로 오랜 고려 역사의 장례를 하나의 형식만으로 이해해서는 안 되며, 고려의 장례 문화가 꾸준히 변화하고 있었음을 이해할 필요성이 있다.

박진훈 _명지대 교수

고려시대 사람들은 어떻게 살았을까 1

3부 사회 생활의 테두리

원님이 없어도 고을은 돌아간다
호적은 어떻게 만들었나
지역과 계층의 불평등 구조를 무너뜨린 부곡인
군대 가는 사람 따로 있었다
공경장상의 씨가 따로 있다더냐
궁궐 기왓장에 서린 백성의 한숨
남성 부럽지 않은 고려 여성

원님이 없어도 고을은 돌아간다

윤경진

고려의 지방행정 단위

현재 우리나라 지방행정은 기초 자치단체인 군(또는 시·구)을 기본단위로 삼고 있으며, 주민이 선출한 군수(또는 시장·구청장)가 책임을 맡고 있다. 군의 행정 기구는 군청(또는 시청·구청)으로, 군수 지휘 아래 공무원들이 각종 업무를 보고 있다. 군 위에는 광역 자치단체인 도(또는 특별시·광역시)가 있으며, 역시 주민이 선출한 도지사(또는 특별시장·광역시장)가 책임자이다. 도는 중앙정부와 기초 자치단체를 연결하는 중간 행정단위인 셈이다.

이러한 구성은 사실 옛날과 별로 다를 바가 없다. 단지 명칭만 다소 다를 뿐인데, 고려시대의 기초 행정단위는 주·부·군·현 등 여러 가지 명칭이 있었다. 이들을 통틀어 보통 '군현(郡縣: 고을)'이라고 불렀다. 그리고 각 고을에는 그 등급에 맞추어 여러 종류의 지방관이 파견되었는데, 이들을 통틀어 '수령'이라고 하였다. 우리에게는 흔히 원님이나 사또라는 이름으로 더 익숙한데, 이는 주로 조선시대에 부르던 명칭이었다.

군현 위에는 광역 행정단위인 도(道)가 있었는데, 조선에는 여덟 개의 도가 있었다. '조선 팔도'라는 말을 흔히 들어 보았을 것이다. 고려에는 다섯 개의 도가 있었고, 변방에는 도 대신 국방 기능을 강화한 양계가 있었다. 그래서 흔히 '5도 양계'라고 부르는데, 실상 5도는 고려 중기 이후에 지방관들을 감찰하기 위한 구역으로서 행정 기능은 미약하였다.

이처럼 고려의 지방행정은 형태면에서 조선시대나 현재와 크게 다르지는 않다. 그런데 운영의 측면에서 보면 아주 다른, 그리고 선뜻 이해하기 어려운 특징이 있다. 그것은 일부 고을에만 수령을 파견했을 뿐, 대다수 고을에는 수령이 없었다는 사실이다.

지방행정이 제대로 이루어지려면 고을마다 수령이 파견되어야 한다는 것은 상식에 속할 것이다. 그래야 행정 운영에 대한 책임 소재가 분명해지기 때문이다. 지금 모든 군에 군수가 있듯이 조선시대의 모든 고을에 수령이 있었고 그것은 신라도 다르지 않았다. 그런데 유독 고려에서만 수령이 파견된 고을보다 파견되지 않은 고을이 몇 배나 많았다. 양계를 제외하고 보면, 수령이 파견된 고을이 46개, 그렇지 않은 고을이 361개이다(1018년 기준).

그렇다면 고려는 어떻게 지방행정을 처리했을까?

원님이 없는 고을, 향리가 이끌어 간다

수령이 파견되지 않은 고을은 통상 '속현(屬縣)'이라고 부른다. 속현은 수령이 있는 고을을 통해 정령을 전달받았는데, 이때 수령이 파견된 고을을 연구자들은 '주현(主縣)'이라 불러 구별하고 있다. 수령이 없기는 하지만 속현도 주현과 다름없이 독자적인 행정단위였다. 세금을 거두거나 노역을 동

고려의 5도 양계

원할 때에도 속현은 별개의 단위가 되었다.

당연히 이런 업무를 담당하는 사람들이 있었을 것인데, 그들이 바로 '향리(鄕吏)'이다. 향리란 지방에서 각종 행정 업무를 처리하는 실무자들을 가리킨다. 현지 출신을 임용한다는 점에서 중앙정부가 파견한 수령과 구분된다.

향리라고 하면 대개 춘향전에서 사또(수령) 변학도의 명령을 받으며 비위를 맞추는 이방 같은 아전을 떠올릴 것이다. 하지만 이것은 중인 신분이었던 조선 후기의 향리를 소설적으로 표현한 것일 따름이며, 고려의 향리와는 거리가 멀다. 결론부터 말하자면, 고려의 향리는 지방행정의 책임자이자 지방 사회의 지배 세력이었다.

고려의 각 고을에는 수령이 파견된 것과 상관없이 향리 조직이 마련되어 있었다. 이 조직을 읍사(邑司)라고 하는데, 고을 명칭에 따라 주사·군사·현사 등으로 불렀다. 읍사에는 운영 경비를 위한 재원으로서 공해전이 지급되었다. 이것은 정부가 읍사를 행정관청으로 인정하고 있었다는 뜻이다. 지금의 군청에 해당할 텐데, 실제로 하는 일도 군청과 별 다를 것이 없었다.

모든 행정관청은 공문서를 통해 업무를 수행하는데, 여기에는 그 공적 효력을 나타내기 위해 관인을 찍는다. 따라서 관청에는 필수적으로 책임자 명의로 된 도장이 있다. 읍사는 정부로부터 이 도장을 받아 각종 문서에 사용하였다. 주민의 신청에 따라 호적의 등본을 발급하기도 하고, 노비를 비롯한 각종 재산의 증명서를 떼 주기도 하였다. 상급 관청에 보내는 보고서에도 이 도장이 찍혔다. 지금과 다름없는 행정관청의 모습인 것이다.

읍사의 최고직은 호장(戶長)이었다. 호장 아래에는 보좌역인 부호장을 비롯하여 문서 행정을 담당하는 호정(戶正), 군사 업무를 담당하는 병정(兵正), 재정 업무를 담당하는 창정(倉正)을 비롯한 여러 향리직이 편성되어 있었다.

직책별 향리의 정원은 고을의 규모에 따라 정해져 있었다. 경주처럼 아주 큰 고을은 호장 여덟 명을 포함하여 향리의 총원이 84명에 달하였다. 규모가 작은 고을도 최소 네 명의 호장이 책정되어 있었다. 이들은 중앙의 관리들처럼 공복(公服: 관원들이 입는 옷)도 등급에 따라 규정되었고, 승진 순서까지 규정되는 등 잘 짜인 체제를 보이고 있었다.

고려 향리들의 공식 명칭은 장리(長吏)였는데, 이것은 본래 행정관청의 장을 가리키는 말이다. 고려의 향리를 장리라고 부른 것은 그들이 행정 책임자였기 때문이다.

그런데 향리 중에서도 호장은 다른 부류들과 뚜렷하게 구분되었다. 읍사의 도장을 관리하며 문서를 발급하는 것은 바로 호장의 몫이었다. 호장과 부호장 이하는 공복의 색도 달랐다. 또한 호장이 되기 위해서는 가문 배경과 향리로서 복무한 성적 등이 좋아야 했다. 중앙의 상서성(尙書省)에서 이런 조건들을 심사하여 사령장에 해당하는 직첩(職牒)을 발급하였다. 때로는 뇌물을 써서 직첩을 부정으로 발급받는 사례가 있을 정도로 호장이 되기란 여간 까다로운 일이 아니었다.

호장에게는 복무 대가로 직전(職田)을 지급하였다. 중앙의 관리들은 70세가 되면 관직을 그만두었는데, 이들에게는 예우 차원에서 기존에 받던 녹봉의 반을 주었다. 그런데 호장 역시 70세가 되면 자리에서 물러나면서 직전의 반을 받았다.

향리의 승진은 출신 가문을 중시하였으므로 호장 가문 출신은 승진에서

〈정도사오층석탑조성형지기〉 부분(국립대구박물관 소장)
1031년(현종 22)에 경산부(지금의 경북 성주군)의 속현인 약목군(지금의 경북 칠곡군 약목면)의 주민들이 석탑을 건립하는 과정을 기록한 문서. 읍사에서 탑을 세울 부지를 허가하는 문서를 발급한 사실이 나와 있다.

도 특혜를 받았다. 남들보다 한두 단계 먼저 시작하기에 빠르게 고위직에 오를 수 있었다. 결과적으로 호장은 몇몇 가문이 독점하는 경향이 있었다.

  호장 가문은 격이 비슷한 가문끼리 통혼하면서 그 지위를 다졌다. 이들은 본래 고려 초 지방 사회를 지배하던 세력의 후예였다. 호장이 한 사람이 아니라 4~8명으로 구성된 데는 유력 가문들 사이에 협의를 거쳐 지방 사회를 운영한다는 의미가 있었다.

  고려의 향리들은 과거를 통해 중앙으로 진출하는 데에도 아무런 제약이 없었다. 오히려 과거를 통해 중앙의 관리들을 공급하는 역할을 하고 있었다. 그중에는 중앙의 문벌 가문으로 자리 잡는 경우도 있었는데, 선조가 경주의 호장이었던 김부식 가문은 그 대표적인 예이다.

원님은 무엇을 했나

고을의 운영을 향리들이 담당하고 있었다면, 수령은 어떤 기능을 수행했을까? 수령은 특정 고을에 파견되는 형식을 띠고 있었지만, 기능은 해당 고을에 국한되지 않았다. 수령이 설치된 주현에는 많게는 20개가 넘는 속현이 배속되어 있었다. 수령은 자신이 파견된 고을은 물론 그곳에 속한 속현들까지 함께 다스리는 존재였다. 그런데 주현·속현을 막론하고 각 고을에는 모두 읍사가 있어 행정을 담당했으므로 수령은 그들을 관리·감독하는 위치에 있었다.

수령은 관할 속현들을 둘러보거나 문서 수발을 통해 지방 사회의 정세를 파악하고 주요 업무를 처리하였다. 아울러 향리들이 주기적으로 수령을 찾아와 업무를 보고하고 명령을 받기도 하였다. 이것은 5일에 한 번, 한 달에 여섯 차례 열린다 하여 '육아일(六衙日)'이라고 했는데, 중앙 기관들이 주기적으로 모여 회의하는 것과 같은 원리였다.

수령이 수행한 주된 업무는 권농과 세금 징수, 감창(監倉: 재정 감독), 재판 등이었다. 매년 봄이 되면 '행춘(行春)'이라 하여 수령이 관할 속현을 둘러보면서 권농 활동을 폈다. 권농은 농업 생산을 장려하는 것인 동시에 지방 사회의 동향을 파악하는 것으로서 지방행정에서 가장 중요한 업무였다.

세금은 각 고을을 단위로 액수가 정해져 있었고, 그 액수를 채우고 운반하여 납부하는 일차적인 책임은 향리에게 있었다. 하지만 수령 역시 관할 속현의 세금 납부에 대해 연대책임을 졌으며, 액수를 채우지 못하면 파면되기도 하였다. 이 때문에 수령이 나서서 기금을 만들고 대출해 주는 경우도 있었다. 고려 후기에 남원의 수령으로 부임했던 이보림이라는 인물은 '제용재(濟用財)'라는 기금을 마련하고 그 이자로 속현에 빌려주어 세금을 채우도록 한 일도 있었다.

조선시대에는 대개 고을마다 한 사람의 수령을 파견하였다. 변방의 요충지나 규모가 커서 업무가 많은 경우에만 판관(判官)을 추가로 보낼 따름이었다. 그런데 고려시대에는 수령이 책임져야 할 범위와 업무가 너무 많아 한 사람이 모두 감당할 수는 없었다. 이 때문에 여러 명의 관원이 함께 파견되어 업무를 분담하였다.

큰 고을에는 장관인 사(使) 외에 판관이나 사록(司錄), 법조(法曹) 같은 관원이 있었다. 판관은 장관과 업무를 분담하고 장관이 없을 때에는 그 업무를 대행하였다. 사록은 주로 문서와 기록을 담당했고, 법조는 사법에 관한 실무를 보았다.

〈동명왕편〉으로 유명한 이규보는 전주의 사록으로 재직할 때 많은 시를 지었다. 이 중에는 수령이 수행해야 하는 업무가 잘 표현된 것들도 있는데, 하나를 인용해 보자.

    고을살이 즐겁다 마오
    고을살이 도리어 걱정뿐일세

관아의 뜰은 시끄럽기가 시장 같고
송사 문서는 산더미처럼 쌓여 있네
가난한 마을에도 세금을 부과하고
감옥에 가득한 죄수들이 안타깝네
입가에는 웃음 띨 날 없는데
어떻게 태평하게 놀러 다닐까
고을살이 즐겁다 마오
고을살이 걱정만 점차 새로워
성낸 얼굴로 향리를 꾸중하고
무릎 꿇고 왕의 사신에게 인사 드리네
속군(屬郡)을 봄마다 순찰하고
신령한 사당에 기우제도 자주 지냈네
잠시도 한가할 때 없으니
어떻게 몸 빼낼 생각하리오.(〈고을살이 즐겁다 마오〉,《동국이상국집》권 9)

이규보의 시를 살펴보면, 수령이 향리들을 감독하고, 소송을 처리하고, 세금을 부과하고, 죄수들을 관리하고, 속현을 순찰하고, 사신을 맞이하는 등의 업무를 보고 있었음을 알 수 있다. 이 업무는 전주 외에 관할 속현들까지 대상으로 하는 것이었다.

행정 업무를 원활하게 수행하기 위해 수령과 읍사 사이에는 문서를 통한 명령과 보고의 체계가 마련되어 있었다. 흥미로운 것은 그 관계가 수령이 파견된 고을에서도 동일하게 성립한다는 것이다.

실상 수령은 읍사와 구분되는 별도의 관청을 가지고 있었다. 이것을 '외관청', 또는 '공아(公衙)'라고 하였다. 여기에는 수령의 업무를 보조하는 실무진이 배속되어 있었는데, 이들을 '아전(衙前)'이라고 하였다. 장부 기록과 문서 작성 등을 담당하는 기관(記官)이 대표적인 아전이다.

문서를 통한 수령과 향리의 명령과 보고 체계는 바로 외관청과 읍사 사이에서 이루어지는 것이어서 같은 고을 안에서도 성립할 수 있었다. 지금으로 치자면 군청과 군청 소재지의 면사무소 사이의 관계와 같다고 보면 된다. 수령이 관할하는 범위를 가리켜 '임내(任內)'라고 하였다. 보통 관할 속현을 가리키는 말로 쓰지만 엄밀히 여기에는 수령이 파견된 고을도 포함되어 있었다.

결국 고려의 지방행정은 읍사, 곧 향리들이 기초 단위의 행정을 담당하고 수령이 관리·감독하는 이원적인 체계였던 것이다. 이것이 조선으로 넘어가면서 수령이 향리들을 직접 지휘하며 고을 운영을 전담하는 방식으로 바뀌게 된다. 이번에는 그 변화의 과정을 살펴보자.

늘어나는 원님, 약해지는 향리

지방행정이 향리들의 주도 아래 자율적으로 이루어짐으로써 고려 정부는 큰 부담 없이 지방 사회를 지배·운영할 수 있었다. 하지만 이것은 지방에서 발생하는 사회문제를 고을 스스로 수습할 수 있다는 전제 아래 가능한 것이었다. 문제가 그 수준을 넘어서면 걷잡을 수 없이 흔들리는 위험성도 있었다. 12세기 들어 유민이 크게 증가하고, 무신 집권 후 전국적으로 농민반란이 발생한 일도 이러한 여건에서 비롯된 것이었다.

　기존의 방식으로 사회문제를 수습할 수 없다고 생각한 정부는 속현에 새로 '감무(監務)'라는 수령을 파견하기 시작하였다. 처음에는 시험적으로 실시한 것이었으나 효과를 거두자 정식 제도로 자리 잡았다. 유민 문제를 수습하기 위해 12세기 초반 처음 도입된 감무는 무신 집권 초기에 더욱 확대되었다. 조선 초기 이름이 현감으로 바뀔 때까지 200개 가까운 고을에 감무가 파견되었으니 기존 속현의 절반을 넘은 셈이다. 그만큼 기존 수령이 관할해야 하는 속현의 수는 줄어들었다.

　한편 고려 후기에는 고을의 격을 특례로 올려 주는 경우가 많았다. 외적의 침입을 격퇴한 고을이나 공신(功臣)이나 왕비를 배출한 고을, 국왕의 태(胎)를 묻은 고을의 격을 올려 주었다. 예전부터 수령이 있던 곳은 아직 속현이 여러 개였지만, 새로 올려 준 고을 중에는 속현이 하나도 없는 경우도 허다했다. 격에 걸맞은 규모를 가지지 못한 것이니 이를 마련하기 위한 분쟁

〈장성감무관첩〉
장성군의 감무가 장성군 읍사의 호장에게 보낸 문서로 같은 고을 안에서 수령과 읍사 사이에 문서가 오간 것을 보여 주는 자료이다. 1911년 간행된 《조선사찰사료》에 수록되어 전한다.

이 발생하지 않을 수 없었다.

　1376년(우왕 2) 안동의 속현이던 예안현은 권세가에게 뇌물을 주고 우왕의 태를 묻었고, 그 덕에 군으로 승격하면서 수령이 파견되었다. 그에 걸맞은 영역을 확보하기 위해 안동과 땅을 다투게 되었다. 이에 맞서 안동은 예안현이 태를 묻기에 적합하지 않다고 조정에 보고하는 바람에 문제가 중앙 정계로 비화되기도 하였다.

　속현은 점차 행정단위라는 의미는 약화되고 주현의 영역을 구성하는 일부라는 인식이 자리를 잡아 갔다. 주현과 속현의 관계는 군신 관계나 부자 관계에 비유되기도 하였다.

　속현이 주현에 예속된 위치에 놓이자 주현은 세금 부담을 속현에 전가하기도 하였다. 그럴수록 속현은 새로 수령을 설치하여 이 부담에서 벗어나려는 노력을 기울였다. 문제가 커지자 정부는 아예 모든 고을에 수령을 두고 일률적으로 다스리는 방식으로 바꾸어 나갔다. 이 작업은 공양왕 대에 시작되어 조선 세종 대까지 이어졌다. 일부 남은 속현은 아예 폐지되어 직할 촌락으로 바뀌었고, 16세기에 이르면 거의 사라지게 되었다.

　한편 수령 한 사람이 한 고을을 다스리는 경우가 늘어나자 정부도 더 이상 전과 같은 방식으로 운영할 필요가 없어졌다. 수령과 향리가 다스리는 대상이 똑같으므로 굳이 둘로 나누어 두지 않아도 되었던 것이다. 이에 읍사를 외관청으로 흡수·통합시키면서 수령을 중심으로 한 행정 체계를 수립하였다.

　향리 조직에서 예전과 같은 직책들은 대부분 사라졌고, 향리들은 수령 밑에서 실무를 보던 기관에 충당되었다. 조선시대에 들어오면 기관의 기능이

객사문(강원도 강릉시 소재)
강릉 관아의 객사 입구에 있던 문으로 국보로 지정되어 있다. 객사는 관아를 방문하는 손님이 머무는 곳으로, 수령이 정사를 보는 동헌과 함께 관아의 중심 건물이었다.

'육방(六房)'으로 분화되었다. 육방은 향리의 직책을 이·호·예·병·형·공(吏戶禮兵刑工) 등 여섯 개로 나눈 것으로서 중앙 관서인 육조(六曹)를 모방한 것이다. 수령의 관부는 중앙정부의 축소판이었고, 수령은 국왕의 대행자였다.

향리들의 사회적 지위도 점차 낮아졌다. 조선 정부는 수령을 통한 지방 지배를 뒷받침하기 위해 향리들이 수령을 고소하지 못하도록 법제화하는 등 수령의 지위와 권한을 대폭 강화하였다. 장리라는 이름은 향리를 떠나 수령에게 돌아갔고, 향리에게는 아전이라는 이름이 돌아왔다.

한편 향리가 복무하는 대가로 받았던 것들은 모두 폐지되었다. 호장이 받던 직전이 사라진 것은 물론 생활 보조용 토지들도 없어졌다. 과거를 통해 중앙 관리가 될 수 있는 길조차 막혀 버렸다. 이제 향리는 세습적으로 대가 없이 일해야 하는 처지가 된 것이다. 이것이 신분으로 굳어지면서 향리는 의관·역관과 함께 중인 신분이 되었다.

사회적으로도 사족(士族)의 위세에 점차 밀리게 되었다. 사족은 고려 말부터 중앙에서 관직을 지내다가 지방으로 내려와 정착한 부류를 말한다. 관직 경력을 토대로 위세를 누린다는 점에서 토착성에 기반을 둔 향리들과 차이가 있었다. 사족과 향리 사이에는 점차 양반과 중인이라는 신분의 벽이 놓이게 되었다.

이제 향리는 수령의 권위에 기생하면서 행정 실무를 이용하여 위세를 누리는 형편이 되었다. 고전소설이나 텔레비전 사극 등을 통해 익숙해진 향리의 모습은 바로 여기서 비롯된 것이다.

윤경진 _경상국립대 교수

호적은 어떻게 만들었나

채웅석

호적, 국가 지배의 기본 자료

 오늘날 대한민국 국민이라면 누구나 가족관계등록부와 주민등록부에 등록되어 권리를 행사하고 의무를 진다. 2008년 1월 1일자로 호적법이 폐지되면서 종전의 호적이 가족관계등록부로 대체되었다. 호적 제도는 호주를 기준으로 가족 단위로 편제하여 가족 구성원, 혼인, 입양 등의 인적 사항이 모두 드러남으로써 개인정보가 불필요하게 노출될 뿐 아니라 개인의 존엄과 양성 평등의 헌법이념에 어긋난다는 위헌 판결을 받았다. 그에 따라 새로운 신분등록제도로서 가족관계등록제도를 시행하고, 국민의 신분 관계를 개인별로 가족관계등록부라는 공적 장부에 등록하게 되었다. 그리고 1962년에 제정된 주민등록법은 현실의 거주 관계를 파악하고 행정사무를 적정하게 처리할 수 있도록 모든 국민이 주소지의 시·군 또는 구에 등록하게 한 제도이다. 그 법에 따라 주민등록표를 개인별, 세대별로 작성·비치하고 있다.

 이처럼 가족관계등록부(구 호적)와 주민등록부에 등록함으로써, 국적 변동 또는 형벌 등의 제한 사유가 없는 한 교육·선거 등의 권리를 누리고 납세·병역 등의 의무를 지게 된다. 이렇듯 그 등록부들은 국민의 일원이라는 것을 확인하는 법적 수단인 동시에 국가가 국민을 파악하여 지배하는 수단으로 이용되고 있다. 사회가 발달하면서 국민을 등록하고 파악하는 수단도 정교해지는 경향이 있다. 신분증의 경우 조선시대의 호패를 이어 도민증·주민등록증 등의 형태로 변화하였으며, 곧 운전면허증·은행 카드 등과 겸할 수 있는 모바일 신분증도 나타날 모양이다.

전근대사회에서 왕조 권력의 지배력 수준을 보여 주는 척도가 호구(戶口)의 등록이다. 고려시대에도 건국 직후부터 호구를 조사하고 등록하여 지배하려 하였다. 당시에는 오늘날처럼 가족관계등록부(구 호적)과 주민등록부 제도가 따로 있지 않고 호적 한 가지만 있었다.

호적을 작성한 목적은, 첫째로 호구를 파악하여 담세원을 확보하는 것이다. 호적에 오른 사람들 가운데 16~59세 사이의 양인을 정(丁)이라 하여 국역을 부담하도록 하였다. 조선 초기에 정도전은 《조선경국전》에서 호적 제도와 국역 부과 사이의 관계에 대하여 다음과 같이 설명하였다.

> "나라가 부강하냐 빈약하냐의 여부는 민이 많고 적은 데 달려 있고, 부역을 고르게 하려면 민의 숫자를 세밀하게 파악해야 한다. 그러므로 민을 다스리는 직책을 맡은 사람이 민을 길러서 번성하게 하고 편안하게 살 수 있도록 하면 민이 많아지게 된다. 그리고 호와 인구를 등록하여 그 증감을 살피면 민의 숫자를 잘 파악할 수 있고, 인구를 조사하고 장정을 계산하여 부세를 매기면 부역이 고르게 된다. 이렇게 하면 위로는 일이 잘 풀리고 아

래로는 소요가 일어나지 않으며, 나라는 부유해지고 민은 편안하게 될 것이다."

그는 호구가 국가재정의 원천이 되기 때문에 정확하게 등록하여 파악해야만 국가의 토대를 충실하게 할 수 있으며, 동시에 민에게 부역을 공평하게 부과할 수 있다고 보았다. 이러한 생각은 이미 고려시대에도 그대로 적용되고 있었다.

둘째, 호적은 개개인의 신분 사항을 기재하여 신분을 확인하고 유지하는 수단이었다. 양인과 천인을 구별하고, 양인에게는 관직과 역에 관련된 사항을 밝혀 기록하였다. 호적은 국역 부과 대상자를 파악하는 수단이었을 뿐 아니라 신분제도를 꾸려 나가는 기초 자료이기도 하였던 것이다.

셋째, 호적은 국가가 기층 사회를 조직하고 편제하는 근거가 되었다. 고려 초기에 호적에 등록한 곳을 본관으로 부여하고 관의 허락 없이 마음대로 이주하는 것을 금지하였다. 그리고 국가의 행정력이 쉽게 침투할 수 있도록 지역 공동체를 고려하면서 촌락

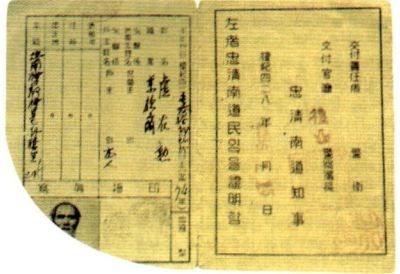

개인별 신분증의 변천 사례(호패, 도민증, 주민등록증)
호적, 주민등록부 등에 근거하여 개인별로 신분증을 발급하였다. 신분증에는 기본적으로 성명·연령·주소 등을 기록하였다. 그러나 중세에는 신분·직역을, 현대에는 주민등록번호를 기록하는 등 시대상을 반영하고 있다.

지배 조직을 편성하였다.

　이처럼 호적은 국가 지배의 기본 자료가 되었다. 그런데 당시 호적에 등록되지 않고 자유로이 옮겨 다니면서 국가의 부역을 부담하지 않았던 부류도 있었다. 사냥·도살업을 하거나 버들고리를 팔아 생활하였던 양수척(楊水尺)·화척(禾尺)이 바로 그들이었다. 그들에 대해서는, 태조 왕건이 후백제를 공략할 때 제압하기 어려웠던 자들의 후예라거나 우리와는 다른 북방 민족 계통으로 여기고 고려의 공민으로 보지 않았다. 이렇듯 호적에 등록되지 않은 사람은 국역 부담에서 빠질 수 있었지만, 그 대신 국가가 보장하는 법적 권리를 누릴 수 없었다.

호구 조사와 호적 작성

　고려 건국 초기에는 전국적으로 호적을 완비하는 일이 쉽지 않았다. 신라 말기부터 각 지방에서 할거하였던 지방 세력들을 단시일 내에 통합하고 집권력을 갖추기는 어려운 상태였기에, 중앙정부의 의지대로 일시에 호구를 재조사하여 등록시키기는 쉽지 않았다. 한동안 지방 세력들이 자기 지역을 자율적으로 지배하도록 맡기고 중앙정부는 간접적으로 지배할 수밖에 없었다.

　936년(태조 19) 후삼국을 통일하고 나서도 한참이 지난 광종 때에 어느 지역에 "읍(邑)을 설치하였다."라는 기록이 보인다. 그 기록은 당시 처음으로 그 지역을 독립된 행정구역으로 삼았다는 것이 아니라, 국가가 호구와 토지를 파악하고 등록을 마치게 되어 직접적으로 지배하게 되었다는 뜻이었다.

물론 이전 왕조나 지방 세력들이 쓰던 호적과 토지대장[量案]이 있었지만, 그동안 사회 변화를 거치면서 현실과 차이가 많이 났으며, 그간의 변화를 담을 수 있는 새로운 형식의 등록부가 필요하였다. 그렇기에 호적과 토지대장을 국가권력을 세우는 기초로 여기고 점차적으로 지방별로 공을 들여 작성해 나갔다. 대개 성종 대 구렵에는 전국적으로 파악을 완결하였을 것이다.

호적을 한 번 작성한 다음에는 당나라의 제도를 본받아 3년마다 다시 조사하여 고쳤다. 이것을 식년성적(式年成籍)이라 하였다. 그 밖에 부역의 징발과 관련하여 호구 사항을 집계한 계장(計帳)이라는 문서를 매년 작성하였던 것으로 보인다. 그리고 호적을 보완하여 신분 계층별 등록부를 따로 작성하기도 하였다. 예를 들면 종실을 대상으로 한 종적(宗籍), 군반씨족(軍班氏族)을 대상을 한 군적(軍籍), 수공업자를 등록한 백공안독(百工案牘), 노비를 등록한 천적(賤籍) 등이 있었다. 호적을 비롯하여 이런 여러 가지 등록부를 이용하여, 고려 왕조는 인민을 정교하게 파악하고 지배할 수 있었다.

호적을 작성하는 절차는 다음과 같았다. 먼저 각 호에서 가장이 가구 내역을 밝힌 신고서 두 부를 작성하여 올리면, 군현에서 확인한 다음 한 부는 관에 보관하여 호적을 고치는 자료로 삼고 한 부는 돌려주었다. 이것을 호구단자(戶口單子)라고 부른다. 단자를 수합하고 확인하는 과정에서 그 마을의 이정(里正) 또는 촌장이 간여하여 정확한지 살폈다. 만약 가장이 가족을 누락시키거나 나이를 속였으면 고의든 부주의 때문이든 처벌하였다. 역을 피하기 위하여 고의로 그랬을 경우에는 한 명을 속였으면 도형 1년, 두 명은 1년 반이라는 무거운 형벌을 내렸다. 정확하게 확인하지 못한 이정에 대해서도, 한 명이 문제되면 태형 40대, 일곱 명이면 장형 60대 하는 식으로 처벌하였다. 이렇게 만든 호적대장은 각 군현에 보관하고 부본을 중앙의 호부(戶部)에 바쳤다.

한편 호적에 등록된 사항을 관으로부터 증명받을 필요가 있을 때에는 준호구(准戶口)라는 문서를 발급받았다. 준호구는 과거 시험에 응시하거나 소송을 할 때 증빙 서류로 사용하였으며, 자기 소유의 노비를 확인하거나, 신분이나 출신 가문의 내력을 증명할 필요가 있을 때에도 사용하였다.

호적의 내용과 특징

호적에 기록하는 사항은 시대마다 약간씩 차이가 있다. 예를 들면 가족이나 친족 제도가 변함에 따라 기록하는 내용이 달라진다. 그 시대의 사회상을 반영하는 것이다. 현재 국보로 지정되어 있는 고려 말기의 호적을 통하여 당시 호적의 기록 내용을 어느 정도 살펴볼 수 있다. 이것은 1390년(공양왕 2) 이성계에게 하사했던 노비 20구에 대한 호적과 그 이듬해 화령부(현재의 함경남도 금야군)에 거주하던 30여 가구의 호적으로 되어 있다. 그 호적에 등록된 한 사례를 살펴보면 다음과 같다.

호(戶): 군기시승의 벼슬을 지낸 김영록(金英祿), 나이 46, 본관 금주(金州)
부: 검교 중낭장의 벼슬을 지낸 익려(益侶), 사망
조: 검교 호군의 벼슬을 지낸 김보(金甫)
증조: 사후에 좌우위 중낭장의 벼슬에 추봉된 군식(君式)

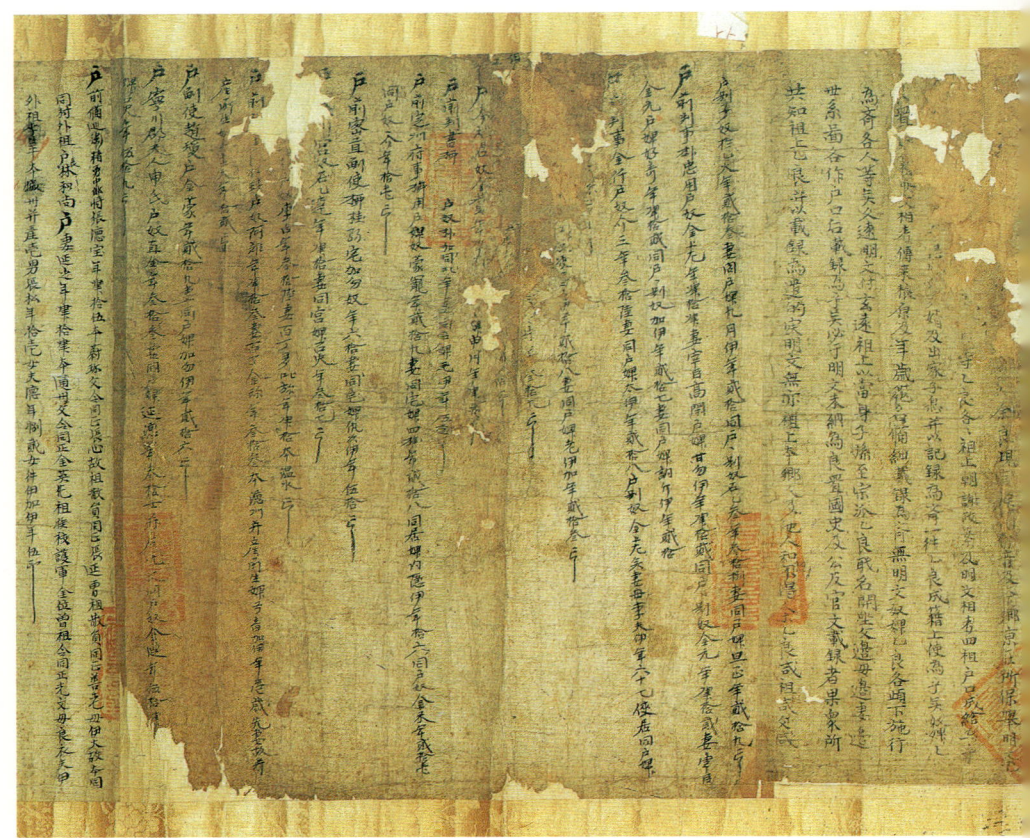

고려 말 화령부 호적 부분(국립중앙박물관 소장)
1391~1392년(공양왕 3~4)에 작성된 것으로 추정되는 지정 국보 호적이다. 세로 56센티미터, 가로 50센티미터 내외의 여덟 장 문서로 되어 있다. 호적 작성의 경위와 작성 지침, 공신 이성계에게 하사한 노비 20구의 호적, 화령부[현재의 함경남도 금야군(영흥군)]로 추측되는 지역의 호적 일부분이 실려 있다.

모: 조이(召史), 본관 황간현(黃間縣)

외조: 학생(學生)인 이인(李仁)

호의 처: 울근이(亐斤伊), 나이 41, 본관 울진(蔚珍)

부: 검교 중낭장인 임천년(林千年), 나이 67

조: 산원 동정의 벼슬을 한 임고(林固), 사망

증조: 대상(大相)의 향직에 있던 임종(林宗), 사망

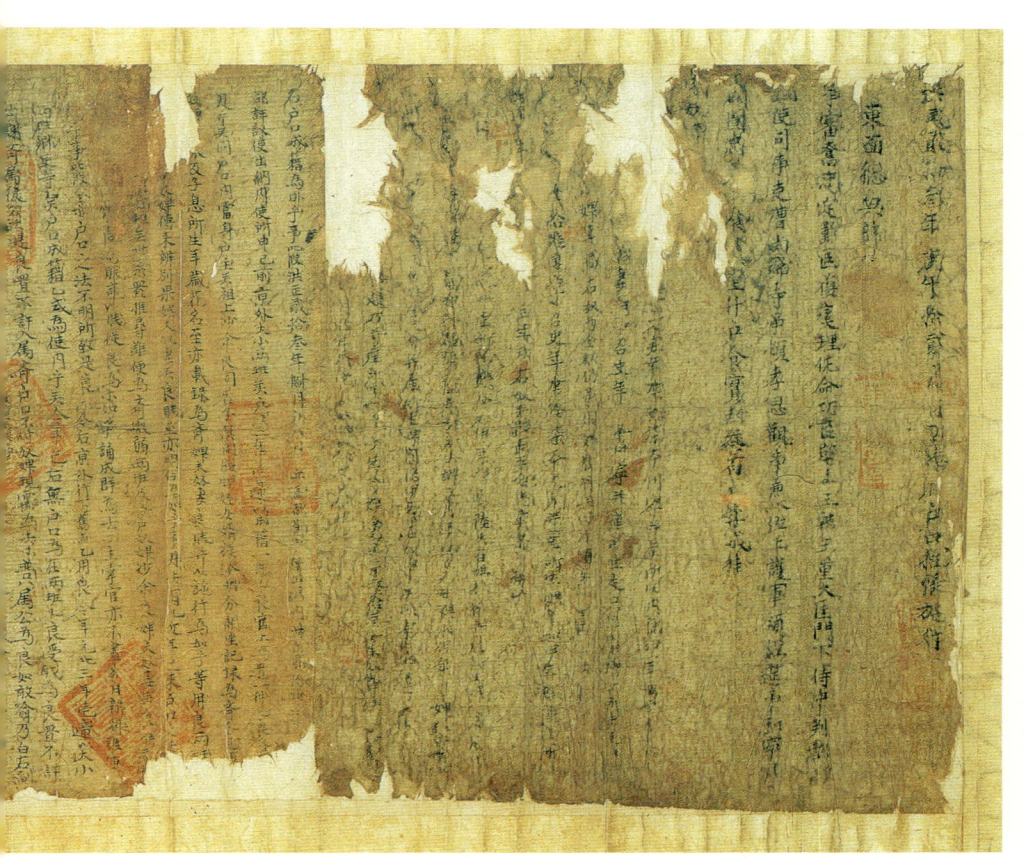

모: 조이(召史), 사망, 앞의 본관과 같음

외조: 호장(戶長)인 금음이(今音伊)

자식: 1남 난우(蘭祐), 나이 15

호처의 어머니 쪽에서 전래(傳來)한 비(婢) 기지(已知)가 낳은 비 갓가[加叱加]의 딸인 비 사계(四桂), 나이 4

위와 같이 당시의 호적에는 호주와 처, 자녀, 동거인 또는 소유 노비와 같은 호구의 구성, 각자의 성명과 연령, 신분과 직역, 본관을 기록하였다. 그리고 호주와 처의 부모, 조, 증조, 외조에 대하여 성명과 신분, 직역을 밝혔다. 연령 기록에서는 생년월일을 기록하는 현재의 방식과 달리 나이로 표시하였다.

이러한 호적 기재 방식의 특징으로서 첫째, 조상을 많이 기록해 둔 점을 들 수 있다. 이렇게 조상들을 추적하여 밝힌 이유는 혈통과 신분을 확인하기 위해서였다. 만약 혈통과 신분에 하자가 있으면 과거 응시, 관직 임용이나 승진 등을 제한하였다. 심지어 8세(世)의 호적에 노비 등 천류의 혈통이 들어 있으면 관직 진출을 금지하였다.

그런데 조상을 기록하더라도 당나라의 호적이 직역을 가진 자에 한하여 부, 조, 증조의 이름만을 기록한 것과는 달리, 고려에서는 모와 외조를 더하여 이른바 4조호구식(四祖戶口式)을 만들어 관인층은 물론 일반 양인층의 호적에도 적용하였다. 관인층의 일부는 더 확대하여 조부모, 증조부모, 외조부모, 처부모의 4조까지 밝히는 8조호구식을 사용하기도 하였다. 이렇게 조상을 추적하는 범위가 넓어진 까닭은 고려의 친족 체계가, 부계 중심의 중국과는 달리, 부측과 모측에 거의 비슷한 비중을 두는 친족 체계였기 때문이다. 고려시대에 중국의 여러 제도들을 받아들이면서도 고려 사회의 실정에 맞게 변경하여 사용하였는데, 호적 제도도 그러했던 것이다.

기재 내용 가운데 두 번째로 주목할 것은 본관을 기록한 점이다. 요즈음에도 호적에 본관을 기록하게 되어 있다. 오늘날 본관은 부계 중심의 사회 질서를 유지하는 수단이 되고 있으며, 본관으로 문벌을 표시하는 관행도 남아 있다. 그렇지만 본관과 거주지는 아무 관련이 없으며 본관 지역에 대하여 아무런 연고 의식도 갖지 않는다. 흔한 오해 가운데 하나는 고려시대에는 문벌들만이 본관을 가졌을 것으로 보는 것이다. 과연 그랬을까? 우리 역사에서 본관 제도가 처음 나타난 것은 고려 초기였다. 당시 호적을 붙여 등록한 지역이 본관이 되었기에, 오늘날 우리가 사용하는 본관과 고려시대의 본관은 의미가 달랐다. 그렇다고 해서 요즈음의 본적지나 주민등록 주소지 정도의 의미만 있던 것은 아니었다. 고려 국가는 본관 제도를 향촌과 인민에 대한 지배 방식으로 이용하였다. 예를 들면 본관별로 차별이 있었다. 일반 군현을 본관으로 하는 사람과 향·소·부곡·진·역 등을 본관으로 하는 사람을 구별하였다. 후자를 잡척(雜尺)이라고 부르고, 국역 부담이나 신분상 차별 대우를 하였다. 그리고 이러한 제도를 유지하기 위하여 주민의 거주지 이동을 통제하였다. 본관을 기준으로 호구를 파악하여 관의 허가를 받지 않는 한 거주지를 옮기지 못하게 하고, 허가 받지 않고 이주하면 유망으로 간주하여 본관으로 송환하였다.

세 번째로 호적 기재에 나타나는 여성의 지위를 주목해 볼 필요가 있다. 부계 친족 제도가 발달하였던 조선 후기와는 달리, 고려시대에는 여성도 호주가 될 수 있었으며 자녀를 기록할 때에는 남녀 간에 차별을 두지 않고 연령순으로 기재하였다. 위 사례에서 여성의 이름을 기록하는 난에 '조이(召史)'라고 쓴 것이 보이는데, 조이는 평민 이상의 여성을 이름 대신 표시할 때 사용한 이두였다. 평민층은 대개 이름을 직접 기록하였으며, 지배층은 이름 대신 조이라고 쓰거나 봉작명(封爵名)을 기록하였다.

네 번째로 주목할 부분은 노비에 대한 기록이다. 노비는 호적에서 이름

앞에 '노' 또는 '비'라고 신분을 분명하게 표시하였다. 주인집과는 별도로 호를 구성하는 외거노비라 하더라도 반드시 주인을 밝혔다. 노비는 호적에 오르지만 양인과는 달리 사조와 본관을 기록하지 않았다. 그리고 위에 제시한 호적 사례에서 볼 수 있듯이 상속 받은 곳을 아버지 측, 어머니 측, 처 측 등으로 구별하여 밝혔다. 이것은 노비 상속을 둘러싼 문제가 발생했을 때 처리하기 쉽도록 하기 위해서였다. 노비에게 남편과 부인이 있으면 그들이 양인인가 천인인가를 분명하게 기록하였다. 만약 호적에 등록되지 않은 노비가 발각되면 공노비로 만들었다.

호적 제도 운영의 한계와 변화

고려시대에 전국적으로 호적에 올라 파악된 인구는 얼마였을까? 자료의 부족으로 정확한 수는 알 수 없지만, 고려 중기에 인구가 210만 명 정도였다는 기록이 있다. 그렇지만 이는 공식적으로 알려진 수이고 실제 인구는 대략 250만 명 이상 또는 300만 명 내외였을 것으로 보인다. 호적상 파악되는 인구와 실제 인구는 차이가 있었으며, 이러한 차이는 호적 제도 운영의 한계에서 비롯한 것이다.

일반민의 입장에서 보면, 호적에 등록되면 국가에 역을 부담하게 된다. 그렇기에 만약 역이 과중하다고 여겨지면 이를 피하기 위하여 호적에서 빠지려고 하는 경우가 있었다. 상대적으로 역 부담이 가벼운 지역에 있는 친척의 호적에 위장하여 올리기도 하고, 다른 지역으로 도망하여 역을 피하기도 하였다. 이는 범법 행위임에 틀림없지만 국가권력이 수탈을 일삼을 때

자위 수단을 갖지 못한 민에게는 소극적인 저항으로서의 의미도 갖는 행위였다.

역에서 빠지거나 부담을 덜기 위하여 호적에 기록된 내용을 변조·위조하기도 하였다. 신분 상승을 노려 평민이 양반으로, 천인이 양인으로 호적을 위조하였다. 반대로 양인 농민이 국가의 가혹한 수탈을 피하여 권세가의 농장에 예속민으로 몸을 맡기기도 하였다. 권세가들이 농장을 확대하면서 예속 노동력을 확보하기 위하여 양인을 억압하여 천인으로 만드는 사례도 많았다. 신분 질서는 호적 제도의 문란과 함께 흔들렸다.

이상과 같은 호적 제도를 둘러싸고 벌어진 다양한 위법·저항 행위들은 국가의 지배력을 약화시켰다. 특히 12세기 이후 정치가 파행적으로 이루어지고 사회 모순이 심화되면서 이러한 현상들이 크게 늘어났다. 호적 제도가 제대로 운영되지 못하여 지방관들이 관내의 호구를 제대로 파악하지 못하고, 역을 징발할 때에는 뇌물을 받고 협잡을 벌여서 세력이 있거나 부유한 자들은 면하고 빈약한 사람들만 당하였다. 그렇게 되면 부담을 떠넘겨 받은 사람들이 견디다 못해 도피할 수밖에 없는 구조적인 문제를 안고 있었다.

정부에서는 폐단을 바로잡기 위하여 호구를 다시 조사하여 호적을 정리하고, 위조를 막기 위하여 법령을 선포했다. 양·천 사이에 신분이 위조된 것을 적발하여 본래대로 돌리기 위하여 노비변정사업(奴婢辨整事業)을 여러 차례 시도하기도 하였다. 한편으로는 조세 부담층을 확보하기 위하여 양수척도 한곳에 정착시키고 호적에 올려 양인화하려고 하였다. 민의 유망을 막기 위하여 우왕 때에는 요충지에 방책을 세우기까지 하였다. 그렇지만 고려 사회의 모순은 이미 한계에 도달하고 있었기에, 이러한 시도들이 실효를 거두기는 어려웠다.

 또한 호적 제도를 본관 중심으로 운영하던 정책도 한계에 부닥쳤다. 많은 유망민이 지속적으로 발생하고 있을 때 그들 전부를 본관으로 강제로 돌려보내는 것은 현실적으로 어려웠기 때문이다. 향리와 같이 특수한 직역을 부담하는 계층은 여전히 본관을 중심으로 통제하였지만, 일반민의 경우는 현재 거주하고 있는 지역에 그대로 등록시켜 지배하려고 하였다. 본관별로 차별하던 정책도 물론 더 이상 유지하기 어려웠다.

채웅석 _ 가톨릭대 교수

지역과 계층의 불평등 구조를 무너뜨린 부곡인

박종기

　향·소·부곡이라는 단어는 한국사를 배운 사람들에게 익숙한 역사용어의 하나이다. 그곳에 사는 사람의 신분이 천인이냐 양인이냐 하는 논쟁적인 얘기도 또한 많이 들었을 것이다. 부곡인은 천인인 노비와 달리 성씨를 갖고 독자 가계를 꾸려 생산활동에 참여해 국가에 세금을 내는 공민(公民), 즉 양인이다. 그렇지만 일반 양인보다 특정의 역을 더 부담했다. 왕조 정부는 부곡인의 역을 확보하기 위해 거주지를 함부로 벗어날 수 없게 했다. 관료가 되더라도 5품 이상 승진할 수도 없었다. 과중한 역 부담 때문에 부곡인은 사회경제적으로 열악한 처지였으며, 사회적으로 천시를 받았다. 그 때문에 부곡인은 양인으로서의 정체성도 부족했다.

　부곡인은 양인과 천인의 두 경계를 넘나들면서 때로는 경계선 위에서 방황하는 불안정한 삶을 이어 간 존재였다. 어느 쪽에서도 자기 정체성을 갖지 못한 사람을 '경계인'이라 한다. 부곡인은 양인과 천인의 두 경계 사이를 넘나들면서 어느 쪽에서도 뚜렷한 정체성을 갖지 못한 '경계인' 속성을 지녔다. 이 글은 부곡인을 '경계인'으로 존재하게 한 고려 사회의 특성과 주변부

《고려사》 권 78 식화1 〈공해전시조〉

에만 머물지 않고 경계를 뛰어넘어 새로운 변화의 주역이 된 '경계인' 부곡인을 통해 고려 사회의 변동을 살펴볼 것이다.

차별적인 사회제도

고려시기 주·부·군·현 등 군현에 거주하는 사람을 군현인이라 하듯이 향(鄕)·부곡(部曲)·소(所)·장(莊)·처(處) 등 특수 행정구역에 사는 사람을 부곡인으로 불렀다. 어느 곳에 거주하든 거주지 본관의 이름을 붙여 개경 사람, 처인부곡 사람 등으로 불렀다. 오늘날과 별로 다를 바가 없는 듯이 보인다. 그러나 그 사람의 본관이 군현과 부곡지역의 어느 곳에 소속되었는가를 따져 세금 부과와 관리 진출에 차별을 두었다. 즉, 고려시대 사람들은 어느 지역에 사는가에 따라 지위에 차이가 있었던 것이다. 요즈음 사회 통념으로 어느 지역 출신인가에 따라 일정한 편견을 갖는 것과는 차원이 다르다. 거주지(본관)에 따라 부담하는 세금과 역의 내용은 물론 사람의 지위조차 달랐다. 지역과 계층을 차별적으로 편제한 고려 특유의 사회조직의 하나가 바로 부곡제도이다. 고려 초기 시행된 이 제도는 오늘날의 잣대로 보면 매우 생소하고 불합리한 제도이지만, 이 속에 고려 사회의 특징은 물론 고려인의 또 다른 모습이 녹아들어 있다.

《신증동국여지승람》(권7 여주목, 1530년 편찬)에 따르면, 향과 부곡은 신라 때부터 존재했다. 신라 때 토지와 인구의 규모가 적어 현이 될 수 없는 지역을 향과 부곡으로 편제해 군현에 소속시켰다. 소와 장·처는 고려 때 처음 조직되었다. 소는 금·은·동·철 등의 광산물, 먹·자기·칼·종이 등의 수공업 제품, 모시·생강·소금·숯·생선 등 농수산물을 전문적으로 생산하는 곳이다. 장과 처는 사원과 왕실 등에 소속되어 해당 기관의 토지를 경작해 조세를 바친 곳이라 기록되어 있다. 따라서 향과 부곡과 함께 소·장·처 등이 특수행정구역으로 조직되어 나름의 역할과 기능을 수행한 시기는 고려 때였다.

고려시기 향·부곡·소·장·처 등 특수행정구역에 거주한 부곡인은 군현에 거주하는 일반 양인 농민과 같이 국가에 조·용·의 삼세(三稅)를 부담하면서 다음의 역을 추가로 부담했다. 향·부곡에 사는 사람들은 관청에 지급된 토지인 공해전이나 군량미 충당을 위한 둔전(屯田), 교육기관에 필요한 경비를 제공할 학전(學田)을 경작하는 역을 부담했다. 장·처에 거주하는 사람들은 국가나 왕실, 사원의 토지를 추가로 경작하는 역을 부담하였다. 소의 주민들은 앞에서 언급한 농수산물, 광산물 및 각종 수공업 제품을 생산하는 역을 부담했다. 부곡지역에서 생산된 물품이나 조세는 국가와 왕실 운영에 매우 중요한 재원이 되어, 고려 정부는 이 지역을 특수 행정구역인 부곡제(部曲制)로 묶어 관리했다. 경·목·도호부·진·군·현과 같은 지방 행정조직을 묶어 '군현제(郡縣制)'라 부르는 것과 같은 이치이다.

부곡인의 신분

고려 정부는 부곡지역의 역을 확보하기 위해 부곡인이 승려가 되는 것을 금지했고, 혼인도 되도록이면 부곡인끼리만 하게 했다. 또 다른 지역으로 이동하거나 다른 직업을 선택하는 것을 제한했다. 때로는 특정의 토지를 경작하기 위해 집단적으로 징발해 이동시키기도 하였다. 부곡인은 이같이 여러 면에서 차별을 받았다. 이 때문에 과거에 부곡인의 신분이 천민이라고 했으나 이는 잘못된 근거에서 나온 주장이다.

1930년대 일부 연구자들이 유물사관으로 한국사를 체계화하면서 한국 고대 노예제 사회의 구체적인 증거로 부곡인을 들었다. 부곡이라는 용어는 중국 역사에도 나타나는데, 중국의 부곡은 한나라 이후 남북조 때까지 세력가의 예속민으로 존재하다가 당나라 때 사천민(私賤民)으로 제도화되었다. 이를 근거로 고려의 부곡인도 천민으로 규정했다. 그러나 중국의 부곡은 개인에게 예속된 사천민을 뜻하지만, 고려에서 '부곡'이라는 단어는 특수 촌락, 특정의 역을 부담하는 행정구역이라는 뜻이다. 중국과는 달랐다.

고려는 법적으로 양인과 천인 두 신분만 인정한 양천(良賤) 신분제를 운영했다. 양인과 천인을 구분하는 기준은 국가에 대한 권리와 의무이다. 양인은 국가에 대해 조세 납부의 의무를 지는 대신, 국가로부터 토지를 받거나 관리가 될 수 있는 권리를 부여받았다. 반면에 소유주가 국가인 공노비나 개인인 사노비 등 천인은 주인을 위해 농사를 짓거나 가사의 잡역을 담당하는 등 신역(身役)만 제공했을 뿐 국가에 대한 조세 납부 의무와 관리가 되는 권리도 없었다. 그들은 인격의 주체가 아니라 국가나 개인의 재산에 지나지 않았다. 부곡인은 군현 지역의 양인 농민들처럼 토지를 경작해 조세를 부담하면서 추가로 관청 왕실 사원의 토지를 경작하거나 수공업 제품 등을 생산하는 특수한 역을 부담했다. 부곡인은 이같이 국가에 대한 의무와 권리를 함께 행사하는 공민(公民)인 양인이었다. 다만 특정의 역을 추가로 부담하여 양인 농민에 비해 사회·경제적으로 열악한 처지의 최하층 양인 신분이었다. 고려왕조는 왜 특정 지역과 인간에 대해 이같이 차별적인 제도를 운영했을까.

부곡의 기원과 전개

다산 정약용(丁若鏞, 1762~1836)은 우리나라 군현 가운데 한 군현의 촌락이 인근 군현의 경계를 넘어가 있거나 인근 군현 내부에 다른 군현 소속 촌락이 들어 있는 등 군현의 경계가 반듯하지 못한 곳이 많다고 했다. 마치 개 어금니가 서로 맞물려 있는 모습과 같이 군현을 반듯하게 분할한 흔적을 찾을 수 없는 곳이 많다고 했다. 그 이유는 처음부터 국가가 군현의 경계를 반듯하게 구획한 것이 아니라 까마귀나 짐승이 모이듯이[烏合獸聚] 사람이 하나 둘 모여들어 자연스레 촌락을 이룬[自成村落] 때문이라고 했다. 그는 이러한 자성촌락을 '부곡(部曲)'이라고 했다(《경세유표(經世遺表)》 권8, 정전의10 참고). 다산의 지적에 따른다면, 부곡지역은 집단적·조직적 형태의 집촌(集村)이 아니라 여러 지역에 흩어져 있는 산촌(散村)의 형태로서 언제부터인가 자연적으로 발생했음을 알려 준다.

그렇다면 향과 부곡이 군현의 일부로서 제도화한 것은 언제일까? 앞서 제시한 《신증동국여지승람》에서 신라가 주와 군을 설치할 때 토지와 인구가 현이 될 수 없는 소규모 촌락(거주지)을 향과 부곡으로 편제했다고 한다. 향과 부곡이 군현제도의 일부로 편제된 것은 9주가 설치된 신문왕 때(681~692)나 경덕왕(742~765) 무렵이다. 물론 향과 부곡이 이때 처음 발생하지 않았다. 향과 부곡 혹은 그 선행 형태는 이미 삼국시대부터 나타나고 있다. 우리 역사에서 향과 부곡은 두 가지 경로를 통해 발생했다.

먼저, 신라의 경우 부곡 집단은 대외진출 과정에서 발생했다. 520~560년 무렵 제작된 목간에서 '노인(奴人)'과 '노인촌[奴村]'이란 기록이 나타난다. 신라는 본격적으로 대외진출에 나서 확보한 영토를 편입하는 과정에서 영세 촌락이나 저항이 심한 촌락과 주민을 각각 '노인촌'과 '노인'으로 편제했다. 노인과 노인촌은 부곡의 시원적(始原旳) 혹은 선행적 형태가 된다. 현재 신라의 기록에서만 노인과 노인촌의 존재를 확인할 수 있는데, 삼국이 본격적인 정복 전쟁을 시작하는 5세기 후반 이후에는 고구려와 백제도 확보한 영토를 편제하는 과정에서 노인과 노인촌 형태의 주민과 촌락이 발생했을 것으로 판단된다.

다음으로 향과 부곡은 농업생산력의 발전 과정에서도 발생했다. 신라에서는 철기문화가 수용되면서 철제 농기구와 우경(牛耕)의 보급, 관개시설의 축조 및 정비로 경작지가 확장되고 농업생산량이 증대되었다. 이에 따라 열악한 경제력 때문에 토지 소유에서 배제된 영세한 농민들은 벽지로 이주해 땅을 개간하고 그곳에 신촌(新村)을 형성해 정착했다. 신라 정부는 6세기 이후 대량으로 증가한 신촌을 군현제의 일부로 편제하면서 규모가 작은 영세한 촌락은 향과 부곡으로 편성했다. 고려 초기에도 전란을 수습하는 과정에서 농경지 확대를 위해 개간을 정책적으로 장려했다. 개간 과정에서 형성된 촌락 역시 향과 부곡으로 파악되었다. 또한 후삼국 전쟁에서 고려에 항명한 반왕조적인 세력과 그들의 근거지를 부곡지역으로 묶어, 그 주민에게 국가 왕실 사원의 토지를 경작하게 하거나, 각종 수공업 제품을 생산하게 했다.

그러나 고려 초기 부곡지역을 편제한 근본 원인은 농업기술이 매년 농사를 짓는 상경(常耕)농법 단계로 이행하지 못해 나타난 지역간 발전 격차 때문이다. 고려 정부는 개발이 더딘 영세한 지역과 국가에 필요한 물품이 생산되는 지역을 부곡지역으로 묶어 개발을 통해 얻은 조세와 물품으로 국가나 왕실의 재원으로 삼았다. 고려왕조 성립기 부곡지역은 이처럼 지역간 발전격차를 메꾸어 나간, 일종의 사회적 분업체제로 기능한 긍정적인 측면이 있었다. 그럼에도 부곡지역은 군이나 현이 되지 못한 소규모의 행정단위라는 인식에다 특정의 역을 추가로 부담하면서 일반 군현에 비해 차별을 받고 천시받는 지역으로 관념화 되었던 것이다.

부곡 집단의 존재와 분포

《고려사》 지리지의 군현 체계인 5도 양계(兩界)를 기준으로 부곡 집단의 존재와 분포를 정리한 것이 다음의 〈표 1〉이다.

〈표 1〉에 따르면 고려시기 부곡 집단은 모두 918개이다(소속 불명인 3곳 제외). 《고려사》 지리지에 기록된 고려시대 전체 군현 수 약 520개보다 많다. 부곡, 향, 소, 장, 처의 다섯 개 집단 가운데 부곡이 전체의 47퍼센트로 가장 많다. 다음으로 소(31%), 향(17%), 처(3%), 장(2%)의 순이다. 향, 부곡, 소의 3개 집단이 전체의 95퍼센트를 점하고 있어, 3개 집단이 부곡 집단을 대표하고 있다.

부곡 집단은 생산 기능과 역할에 따라 향과 부곡, 소, 장과 처의 3개 집단으로 분류할 수 있다. 이 가운데 향과 부곡이 전체의 64퍼센트로 가장 많다.

〈표 1〉 부곡 집단의 분포 상황

	부곡	향	소	처	장	합계
개성부	0	1	1	1	0	3
양광도	93	34	78	21	12	238
경상도	240	43	58	1	2	344
전라도	85	56	116	2	0	259
교주도	1	2	16	3	1	23
서해도	0	7	9	3	3	22
동계	5	1	6	0	0	12
북계	7	9	1	0	0	17
합계	431	153	285	31	18	918

* 소속 불명의 군악향(軍岳鄕), 은파장(銀波莊), 금미장(今彌莊) 3곳은 제외

소(31%)는 그 절반에 미치지 못한다. 반면에 처와 장은 5퍼센트에 지나지 않아 부곡 집단에서 차지하는 비중이 매우 낮다. 지역별 분포 상황을 살펴보면, 향과 부곡은 전체 수의 94퍼센트가 경상도 양광도(지금의 충청도와 경기도 일부) 전라도의 3개 도에 집중되어 있다. 삼국시기 이래 이들 지역

명문이 있는 청자 기와(전북 고창 선운사 동불암 출토, 국립전주박물관 소장)
'△利(?)所'에서 생산되었음을 알려 주는 명문이 선명하다.

이 상대적으로 개발이 활발하게 이루어졌고, 비옥한 지역으로 물산이 상대적으로 풍부한 곳이었기 때문이다.

한편 소는 전라도에 116개(전체의 약 41%)와 양광도 78개(약 27%)가 존재한다. 즉, 소는 전체의 약 70퍼센트가 이 두 지역에 집중되어 있다. 소는 금, 은, 동, 철 등 광산물, 소금, 미역, 포 등 농수산물과 도자기, 종이, 차, 먹, 칼 등 수공업 제품을 전문적으로 생산하는 곳이다. 따라서 해당 물품의 원재료가 풍부하게 생산되는 곳이어야 소가 설치될 수 있다. 또한 소에서 생산되는 제품은 국가 유지에 필요한 제품이거나 왕실과 문벌귀족 등 상류층이 소비하는 제품이다. 따라서 해로나 수로를 통해 수도 개경에 손쉽게 공급할 수 있는 운반과 수송의 편의성이 소를 설치하는 또 다른 요건이다. 전라도와 양광도의 두 지역에 소가 집중적으로 분포된 것은 소 생산에 적합한 물품이 많이 생산되고 서해안에 인접해 해로나 수로를 통해 수도 개경과 쉽게 연결되는 교통로상의 이점 때문이다.

부곡 집단의 변동과 계층 분화

부곡인은 부곡지역의 주민이라는 이유로 고려시기 내내 특정의 역을 세습적으로 부담한 불평등한 존재였다. 고려에서 조선으로 이행하면서 부곡지역이 사라지고 천인을 제외한 모든 사람이 법적 이념적으로 평등한 대우를 받게 된다. 즉, 조선시기에는 출신지나 거주지로 인해 법적으로 차별을 받지 않았다. 그러나 단순한 왕조의 교체로 인해 이러한 변화가 이루어지지 않았다. 고려 중기 이후 부곡인들은 자신들에게 가해진 굴레를 벗어나려는 피나는 노력과 용기 있는 행동으로 그러한 불평등한 구조를 무너뜨릴 수 있었다.

부곡지역은 국가가 필요로 하는 특정의 물품을 생산, 조달하거나 특정의 역을 부담하는 지역이기에 중앙의 관청이나 권세가, 수령이나 향리 등에게 수탈을 많이 당했다. 12세기 초 부곡인은 여진 정벌, 이자겸과 묘청의 난과 무신정변 등으로 고려 사회가 크게 동요한 틈을 타서 거주지를 이탈해 도망하거나 수탈에 저항하기 시작했다.

1108년(예종 3) 경기 지역의 동소, 철소, 자기소, 먹소 등 소 지역에 지나치게 많은 공물을 부과하자 고통을 이기지 못한 소의 장인들이 대거 유망하는 현상이 발생했는데, 여진 정벌에 따른 과중한 역 부과가 소 지역에 집중되었기 때문이다. 12세기 후반 무신정권 권력자들이 과도하게 조세와 공물을 수탈하면서, 그에 저항하는 하층민의 봉기가 전국에 걸쳐 일어났다. 부곡지역은 당시 하층민 봉기의 중심지 역할을 했다. 1176년(명종 6) 1월 공주 명학소(鳴鶴所, 대전시 탄방동 일대) 주민 망이와 망소이 형제는 소에 대한 과중한 수탈에 저항해 봉기를 일으켰다. 이들은 무리를 모아 산행병마사라 자

칭하고 공주를 공격해 함락했으며, 1177년 6월 진압될 때까지 세력을 확장해 지금의 충청도 일대를 장악하고 개경을 공격하려 했을 정도로 대규모 봉기를 일으켰다. 1200년(신종 3) 4월 합주(지금의 경남 합천)의 노올(奴兀)부곡인 광명과 계발의 봉기는 진주에까지 영향력을 미칠 정도로 규모가 컸다. 1204년(신종 7) 동경(경주)에서 일어난 신라부흥운동이 진압되자, 무신 권력자 최충헌은 경주 소속의 주, 부, 군현과 향, 부곡을 떼어 내어 각각 상주와 안동에 속하게 했다. 소속이 옮겨진 지역에 향과 부곡이 포함되어 있는데, 이 조치는 신라부흥운동에 가담한 군현과 부곡 집단을 응징하기 위한 것이다. 향과 부곡의 주민이 신라부흥운동에 가담한 증거이다.

최충헌이 집권한 1197년(명종 27) 이규보는 영산(靈山)부곡(경북 상주 소재)을 방문한 시를 남겼는데, 당시 영산부곡은 흉년으로 세금을 내지 못해 도망한 호가 많았을 정도로 궁핍한 벽촌의 모습으로 묘사되었다. 13세기 초반 부곡지역의 토지가 권세가들에게 탈점되기도 했다. 〈송광사문서〉(1221~24년 무렵 작성)에 따르면 승평군(전남 승주)의 가음(加音)·진례(進禮)·적량(赤良)부곡과 장흥부의 불음(拂音)부곡의 토지가 무신 권력자 최이와 송서의 사유지가 되어 송광사에 시납되었다. 이들은 뇌물이나 고리대, 권력을 이용해 부곡지역의 토지를 탈점, 소유한 것으로 여겨진다. 부곡지역은 1296년(충렬왕 22) 5월 향과 부곡에 거주하는 향리가 1호도 없을 정도로 피폐화되었다고 할 정도로 원의 고려 지배 이후 부곡집단은 그 기능을 거의 상실하였다. 이에 따라 부곡인의 이탈과 계층분화도 촉진되었다.

재상이 된 부곡인 박구와 유청신

13세기 후반 원나라의 고려 지배가 강화되면서 하층민의 봉기와 저항은 거의 소멸되었다. 대신 고려와 원나라 사이에 교류가 활발하게 이루어져 많은 변화가 나타난다. 특히 양인과 천인의 어느 쪽에서도 정체성을 갖지 못한 채 주변부를 맴돌던 '경계인' 부곡인은 이러한 변화가 그들을 얽매었던 경계를 무너뜨리고 군인 역관 환관으로 진출하는 등 계층 분화와 신분 상승의 기회가 되었다. 부곡인 가운데 무관 역관(譯官) 환관 등으로 진출하는 경우가 많이 나타난다.

울주에 소속된 부곡인 박구(朴球, ?~1289)는 군인으로 공을 세워 원종 때 상장군이 되었다. 그 이전에 그의 집안은 상업으로 부를 축적해 부상(富商)으로 발돋움했다. 그는 1274년(충렬왕 즉위) 원나라 출신 공주가 고려에 올

부곡인의 관직 진출 기록(유청신(왼쪽)과 정문)
부곡인은 국가에 공을 세워도 5품을 넘는 관직에 등용될 수 없었으나 관리가 되는 데는 아무런 문제가 없었다. 당시에는 '8세의 호적(조부모, 증조부모, 외조부모, 처부모)에 천류가 없어야 관직을 얻을 수 있다'는 법이 있었다. 그런데 정문은 외조가 부곡 출신이지만 과거에 급제하여 관직에 진출했다. 즉 부곡인은 천민이 아니었던 것이다.

때 공주를 호위한 충렬왕의 측근이었다. 1279년(충렬왕 5) 12월 그는 재상이 되었다. 1281년(충렬왕 7) 5월 그는 고려군의 부사령관으로 제2차 일본 정벌에 참여했다. 박구는 부곡인으로 재상이 된 첫 인물이었다.

같은 무렵 부곡인 유청신(柳淸臣, ?~1329)은 역관으로서 고려와 원나라 사이의 현안 문제를 잘 해결해 충렬왕의 신임을 받았다. 원래 부곡인은 큰 공을 세워도 5품 이상의 관직에 오를 수 없었다. 그러나 그는 1287년(충렬왕 13) 원나라 황족 나얀(乃顔)의 반란 때 통역 업무를 잘 처리한 공으로 3품인 대장군으로 승진했다. 그의 출신지 고이(高伊)부곡은 고흥현으로 승격되었다. 1297년(충렬왕 23) 그는 재상이 되었다. 그는 세자 시절의 충선왕을 보필하며 세자와 함께 원나라 황제 쿠빌라이를 알현해 정치 현안을 논의할 정도로 황제의 총애도 받았다. 충선왕이 즉위한 후에는 왕을 대신해 국내 정치를 전담하기도 했다. 아들 유유기(柳攸基)와 손자 유탁(柳濯)까지 3대가 모두 재상 자리에 오를 정도로 그의 집안은 고려 말 신흥명문가가 되었다. 유탁의 아들 유습(柳濕)도 이성계에게 발탁되어 조선 건국 직후 상장군의 자리에 올랐다. 박구와 유청신이 재상의 반열에 오른 사실 외에도 재상은 아니지만 원나라에서 출세해 출신지 부곡을 군현으로 승격시키는 예도 많이 나타난다.

부곡 집단의 해체와 '경계인'의 존재 의의

원나라의 고려 지배 이후 변화된 정치와 사회 환경으로 부곡인에게 가해진 규제는 더 이상 작동될 수 없었으며, 고려 말 조선 초기의 군현 개편으로 부곡 집단이 해체되는 구조적인 변화가 일어났다. 약 920개의 부곡 집단 가운데 《세종실록지리지》(1454)가 편찬된 15세기 전반까지 유지된 곳은 약 100개 정도에 지나지 않아 전체 부곡 집단의 90퍼센트 정도가 해체되었다. 《신증동국여지승람》(1530)이 편찬된 16세기 전반에 이르면 남아 있는 부곡 집단은 13개에 불과해 완전히 해체 소멸되었다. 또한 고려시기 주현과 속현으로 구성된 약 520개의 군현도 속현이 대폭 줄어들어 약 330개로 축소되었다. 군현의 축소와 부곡의 해체는 단순한 지방 제도의 변화를 넘어 사회구조의 변동이자 한국사 전체의 흐름을 바꾸는 큰 변화였다.

부곡 집단과 구성원이 사회제도의 일부로 수용되어 일정한 역할을 할 수 있었던 고려 사회의 역사적 조건은 무엇일까? 다양한 문화와 계층을 포용하고 융합하는 고려 다원사회의 특성도 하나의 조건이 되었다. 또한 고려 초기 생산력 수준은 전체 민호를 균일하게 지배할 수 없을 정도로 지역과 계층 간 발전 격차가 있었다. 고려정부는 개발의 필요성과 가능성이 큰 영세한 지역과 국가 유지에 필요한 물품이 생산되는 지역을 부곡지역으로 묶어 개발과 생산을 촉진해 발전 격차를 줄여 나가려 했다. 부곡인과 부곡지역은 이같이 발전 격차를 해소해 사회통합을 이루려는 사회적 분업체제로서 기능과 역할을 수행했다. 부곡인과 부곡 집단이 존재한 사회경제적 조건이었다. 한편 '경계인' 부곡인은 무거운 조세와 역 부담에서 벗어나기 위해 항상 변화를 열망하는 존재였다. 무신정권, 대몽항쟁, 원의 고려 지배라는 급격한 정치·경제·사회의 변동은 부곡인 내부의 계층분화와 신분 상승을 부추겼으며, 궁극적으로 부곡 집단이 해체되는 계기가 되었다.

박종기 _국민대 교수

군대 가는 사람 따로 있었다

권영국

집 떠나와 열차타고 훈련소로 가는 날
부모님께 큰절하고 대문 밖을 나설 때
가슴 속에 무엇인가 아쉬움이 남지만
풀 한포기 친구 얼굴 모든 것이 새롭다
이제 다시 시작이다 젊은 날의 생이여

친구들아 군대 가면 편지 꼭 해다오
그대들과 즐거웠던 날들을 잊지 않게
열차시간 다가올 때 두 손잡던 뜨거움
기적소리 멀어지면 작아지는 모습들
이제 다시 시작이다 젊은 날의 꿈이여

짧게 잘린 내 머리가 처음에는 우습다가
거울 속에 비친 내 모습이 굳어진다 마음까지

뒷동산에 올라서면 우리 마을 보일런지
나팔소리 고요하게 밤하늘에 퍼지면
이등병에 편지 한 장 고이 접어 보내오
이제 다시 시작이다 젊은 날의 꿈이여

헤어짐의 아쉬움과 우정, 그리고 군복무의 비장한 각오가 표현된 '이등병의 편지'란 노랫말이다. 정들었던 사람들과 헤어져야 하는 안타까움, 힘든 훈련과 얼차려 등 말로만 듣던 군 생활에 대한 두려움 속에 입대를 앞둔 젊은이들은 이 노래를 합창하며 소주잔을 기울인다.

대부분의 젊은이들은 머리를 짧게 자르고 훈련소로 떠나면서 처음으로 자신이 살아왔던 세계와의 긴 이별을 경험하게 된다. 젊은이들은 군 입대를 반갑지 않은 인생의 장애물로 생각하는 경우가 많다. 물론 군 생활이 젊은 시절에 새로움을 경험하는 기회가 되기도 하지만, 2년이라는 기간이 짧은 청년기에서 너무나 길게 느껴지기 때문일 것이다.

지금으로부터 천여 년 전인 고려시대 군인들의 군 생활은 어떠하였을까? '어떤 사람들이 군대에 갔고, 복무 기간은 얼마 동안이었으며, 군량과 무기 등은 어떻게 마련하였을까?' 등의 여러 궁금증을 오늘날의 군복무와 비교하면서 살펴보기로 한다.

어떤 사람들이 군대에 갔을까

오늘날과 같은 의무병제에서도 권력 있고 돈 있는 사람들은 여러 편법을 동원해 군역의 의무를 회피하는 경우가 많다. 이러한 사실은 사회 권력층이나 부유층 자제들의 현역입영 비율이 일반인에 비해 현저히 낮다는 국정감사 자료 등을 통해서도 알 수 있다.

양반·귀족 신분과 평민·천민 신분을 엄격하게 구분했던 고려시대에는 군대에 가는 계층부터 오늘날과는 큰 차이가 있었다. 일단 법제상으로 양인 남자는 모두 군역의 의무를 지도록 규정되어 있었다. 그러나 특권 지배층은 여러 가지 방법을 동원하여 군복무를 하지 않았다. 이들 대부분은 과거나 음서를 통해 관리가 되어 군대에 가지 않았다. 설령 군인으로 동원되는 경우가 있다 하더라도 특별한 군사조직에 편입되거나 장교직으로 진출하여 일반인이 지는 힘든 군역은 면하는 것이 일반적이었다.

그러면 어떤 사람들이 군대에 갔을까? 즉 힘든 군역을 지는 군인은 어떤 신분이었나에 대해서 그 동안 연구자들 사이에 서로 다른 견해가 제시되고 있다. 하나는 2군6위(二軍六衛)의 중앙군은 군반씨족(軍班氏族)이라 불리는 특정한 계층이고 주현군(州縣軍)과 주진군(州鎭軍) 등 지방군은 농민층이라고 보는 견해이고, 다른 하나는 중앙군과 지방군 모두가 농민층이라고 보는 견해이다.

전자는 신라 말 후삼국의 혼란기에 중앙 귀족이나 지방 호족(豪族)들이 거느리고 있던 사병(私兵)이 오랜 전란 속에서 점차 전문적인 군인이 되고 아울러 신분도 향상되어 일종의 특수한 신분층을 이루게 되었다고 본다. 따라서 군인은 핵심적 지배세력인 귀족·양반층에 속하지는 못했지만 말단 지배층에 포함되는 중간계층이었다고 이해한다.

한편 후자는 의무적으로 군역을 지는 계층은 농민이며, 이들은 평상시에

고려시대 투구(위, 개성박물관 소장)와 정지 장군 갑옷 (광주시립민속박물관 소장)

는 고향에서 농사를 짓다가 자신의 차례가 되면 개경에 올라가 2군6위에 소속되어 도성(都城)을 지키거나 변경에 나아가 국경을 방수(防戍)하였다고 본다. 이처럼 지금까지 연구자들은 군인의 신분을 둘러싸고 군반씨족이라는 특수계층 또는 농민층으로 각기 달리 파악해 왔다.

최근에는 고려시대의 군인은 오늘날의 직업군인과 비슷한 성격의 전업군인(專業軍人)과 농민출신인 의무군인의 두 부류로 구성되었다고 보는 견해가 제시되어 많은 지지를 얻고 있다. 그러나 서로 다른 두 부류의 군인이 있었다고 하더라도 중앙군과 지방군의 절대 다수를 차지한 것은 농민 출신의 의무군인이었고, 이들이 당시 군사력의 중심을 이루었으므로 결국 고려시대의 군제는 군인과 농민이 일치하는 병농일치제(兵農一致制)로 볼 수 있다.

이처럼 병농일치적인 군제라고 해서 모든 농민이 다 군인이 된 것은 아니었다. 그 가운데서 군인이 될 수 있는 조건을 갖춘 일부 상층농민만이 군인이 되었다. 고려시대의 군인은 오늘날과 달리 군복무에 필요한 일체의 비용을 스스로 마련해야 했으므로 군역을 감당할 수 있는 경제력을 갖춘 부유한 농민들이 군인으로 징발되었는데 이들을 정호(丁戶)라고 하였다.

이에 반해 경제적으로 어려워 군역을 감당할 수 없는 농민은 직접 군에 나아가는 대신 조·용·조(租·庸·調)라 불리는 일반적인 국역(國役)의 의무를 졌는데 이들을 백정(白丁)이라 하였다. 그러나 백정 농민도 언제든지 군인이 될 수 있는 후보자로서 군인이 부족한 경우나 비상시에는 군인으로 동원되었는데, 이 경우에는 국가에서 토지를 지급하여 군복무에 필요한 비용을 조달할 수 있도록 하였다. 이처럼 고려시대에 군인이 된 기본 계층은 농민이었지만, 경우에 따라서는 6품 이하의 양반·향리·노비 등도 군인으로 동원되었다.

그러나 고려후기로 오면서 점차 모든 농민층이 군역의 징발대상이 되었다. 즉 농업 생산력의 발전으로 농민들의 생활이 전반적으로 안정되면서 그동안 농민층 내에 존재하던 정호와 백정의 구분이 없어지게 된 것이다. 또한 모든 국민이 군역을 부담해야 한다는 국민개병(國民皆兵)의 원칙이 점차 강화되면서 그동안 군역을 지지 않았던 양반층의 일부도 군인으로 징발되거나, 간접적인 형태로 군역을 지게 되었다. 뿐만 아니라 고려 말의 비상시에는 원칙적으로 국역의 의무에서 제외되는 노비의 일부도 군사조직 속에 편입되기도 하였다.

군복무 기간은 얼마였을까

오늘날 군인들의 복무기간은 육군이냐, 공군이냐, 해군이냐 또는 현역이냐 보충역이냐 등의 조건에 따라 차이가 있지만 대체로 1~3년 정도이며 점차 그 기간이 줄어드는 추세이다. 고려시대 군인의 복무기간은 원칙적으로 16세에서 59세까지로서, 인생의 거의 대부분이 복무기간인 셈이다. 물론 지금도 현역으로 군복무를 마친 후에는 예비군이 되어 1년에 며칠씩 군사훈련을 받아야 하고, 또 예비군으로서의 의무가 끝난 다음에는 민방위에 편성되어 40세에 이르기까지 1년에 몇 차례씩 소집에 응하여야 한다.

고려시대 군인들의 복무기간이 16세에서 59세까지라고 하여도 실제로 이 기간 내내 군복무를 계속 하였던 것은 아니다. 대체로 3년에 한 번씩 교대로 개경에 올라가 2군6위의 중앙군에 편성되어 도성을 지키거나 양계의 주진에 들어가 방수군으로서 국경을 방어하였다. 따라서 16세에서 59세에 이르기까지 3년을 단위로 1년에 몇 개월은 군복무를 하고 2년은 자신의 고향에서 생업에 종사하는 방식으로 군복무를 한 셈이다.

그러나 40여 년이 넘는 긴 기간 동안 이러한 형태의 군복무를 계속하지는 않았을 것이다. 아마도 20~30대의 젊고 건장한 시기에는 교대로 개경에 올라가 도성을 경비하거나 변경에 나아가 국경을 지키는 등 힘든 군복무를 했겠지만, 40~50대의 나이가 되면 비교적 복무가 쉬운 병종이나 예비군과 비슷한 주현의 1·2·3품군에 편입되어 지방의 치안을 담당하거나 노역에 동원되는 정도의 가벼운 군복무를 하였을 것으로 생각된다. 그렇다고 하여도 오늘날의 군복무 기간과 비교하면 엄청나게 긴 기간 동안 군복무를 하여야 했다.

군사 조직과 병력 규모는 어떠하였을까

군사 조직은 크게 중앙군과 지방군으로 나뉘어 있었다. 중앙군은 그 기능에 따라 국왕과 궁성을 호위하는 부대인 2군과 수도 개경을 경비하는 부대인 6위로 구성되었다. 2군6위의 전체 병력은 편제상으로 4만 5천명이었다. 그 가운데 3만 8천여 명은 지방에서 교대로 개경에 올라와 도성을 경비하는 농민 의무병이었으며, 나머지는 오늘날의 직업군과 비슷한 성격의 전업군인이었다.

지방군은 지역에 따라 남방 5도의 주·부·군·현에 배치된 주현군과 국경 지역인 양계의 주·진에 배치된 주진군으로 구분되었다. 주현군은 보승군·정용군·1품군 등 오늘날의 현역병과 같은 성격의 군인과 촌류(村留) 2·3품군으로 불리는 예비군적 성격의 군인으로 나뉘었다. 주진군은 동북면과 서

고려시대의 군사 조직

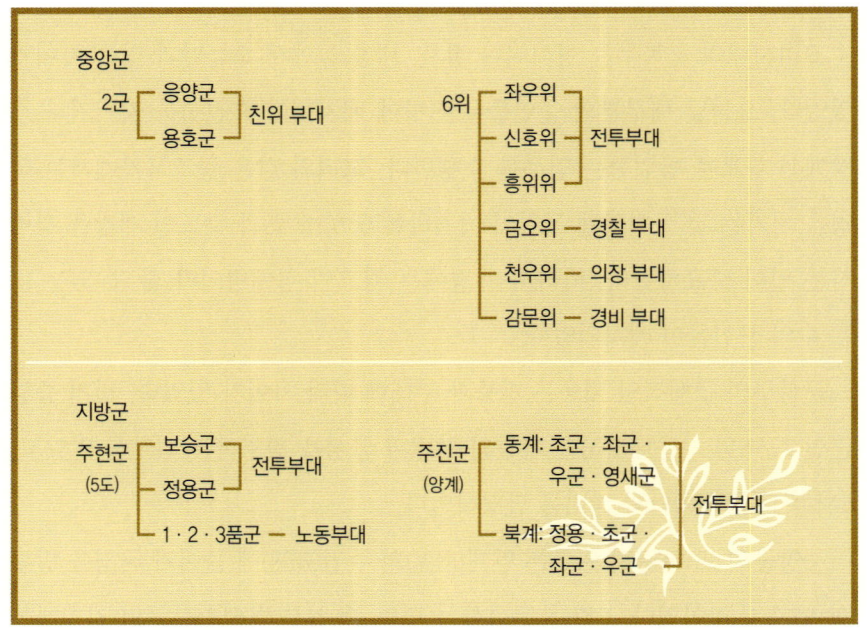

북면에 따라 약간의 차이가 있으나 초군(招軍)·좌군(左軍)·우군(右軍)·보창군(保昌軍)·영새군(寧塞軍) 등 기능에 따라 여러 부대로 조직되었다. 특히 국경 지역에는 토착 주민으로 조직된 주진군 이외에 남도 주현에서 교대로 주진에 들어가는 방수군(진수군)도 주둔하였다.

주현군의 수는 현역병이 약 5만여 명 정도였고 예비군 성격의 군인은 이보다 훨씬 많았을 것으로 추측되는데 이들은 모두 농민 의무병이었다. 한편 양계는 이민족과 접경한 지역이었기에 거의 모든 장정이 주진군에 편입되었고, 그 수는 약 14만여 명 정도였다.

군복무 중에 어떤 활동을 하였을까

고려시대의 군복무는 형식이나 절차, 내용 등에서 오늘날과 많은 차이가 있었다. 오늘날 대부분의 군인들은 전방에 배치되어 휴전선을 지키거나 후방에서 향토를 방위하는 임무를 수행한다. 고려와 같은 왕조국가에서는 국경을 지키는 것 못지않게 국왕이 거처하는 궁성(宮城)과 수도인 개경을 경비하는 일이 중요하였다. 따라서 개경에는 최고의 정예병이라 할 수 있는 많은 수의 군인들이 배치되었다.

군복무의 구체적인 내용은 병종과 부대에 따라 차이가 있었다. 먼저 중앙군인 2군6위 가운데 2군은 국왕의 신변과 궁성을 경호하는 임무를 맡았고, 6위는 도성의 치안과 경비를 담당하였다.

중앙군의 또 하나의 임무는 양계(兩界)의 주진(州鎭)에 들어가 국경을 방수(防戍)하는 것이었다. 6위를 구성하는 병력 중 일부가 6위 장군의 지휘하에

개성나성
개성 외곽에 겹으로 둘러쌓은 외성으로 둘레는 23킬로미터이며, 현종 대에 거란의 침입이 있은 뒤 강감찬의 건의에 따라 축조되었다.

교대로 파견되었는데, 1년을 단위로 교대하였고, 비상시에는 교대기간이 더 길어지기도 하였다. 국경의 방수는 군인의 복무 가운데 가장 고된 것이었고, 방수 기간 중이나 왕래하는 도중에 죽는 군인들도 많았다. 이런 경우에 국가에서는 이들의 시체를 수송해 주고 장례비용을 지급해 주는 등 군인 가족을 위해 최소한의 배려를 하였다.

  지방군 역시 병종에 따라 역할에 차이가 있었다. 남도의 주현군 가운데 보승군과 정용군은 교대로 개경에 올라와 6위의 보승군과 정용군에 소속되어 수도를 방어하거나 일부는 교대로 양계 주진에 들어가 국경을 방수하는 임무를 수행하였다. 그리고 주현군 중 일부는 교대로 지방관아 소재지에서 향토 방위와 치안을 담당하였고, 나머지는 자신의 거주지에서 생업에 종사하였다.

한편 주현에는 1품군(品軍)과 2·3품군이라는 노동부대가 따로 조직되어 성을 쌓거나 다리를 놓거나 궁궐을 짓거나 제방을 쌓는 등의 각종 노역에 동원되었다. 이들 부대는 전투부대인 보승군과 정용군에 편제될 수 없는 신체조건을 가진 자나 연로한 자들로 조직되었을 것이다. 그러나 대규모 병력이 필요한 비상시에는 이들도 모두 전투에 동원되었다. 품군 이외에 보승군과 정용군도 중앙이나 지방의 온갖 노역에 동원되었고, 이러한 노역 동원에 대한 군인들의 누적된 불만은 무신정변(武臣政變)을 일으키는 중요한 원인이 되기도 하였다.

양계지역에 배치된 주진군의 역할은 외적으로부터 국경을 방어하는 것이었다. 외적이 침입하면 이들은 성을 견고히 하여 굳게 지키다가 상대가 허점을 보일 때 성문을 열고 기습하여 보급로를 차단하는 이른바 견벽고수(堅壁固守) 전술을 주로 구사하였다. 고려가 거란·여진·몽골 등 북방민족의 침입을 받으면서 매번 이들을 물리칠 수 있었던 저력은 바로 이러한 전술을 바탕으로 한 주진군의 활약에서 나왔던 것이다.

한편 대규모 외적의 침입이 있을 때에는 이를 방어하기 위해 중앙군과 지방군을 막론하고 모든 군사력이 총동원되었는데, 이때에는 중군(中軍)·좌군(左軍)·우군(右軍)·전군(前軍)·후군(後軍)의 5군(軍)이나 중군·좌군(전군)·우군(후군)의 3군 등 대규모 출정군(出征軍)이 편성되어 파견되었다.

쇠뇌 화살(위, 유영기 소장)과 철 화살(고려대학교 박물관 소장)
쇠뇌 화살은 노(弩)라는 무기에 사용한 대형 화살이다. 철 화살에는 구멍이 있어 불이 붙는 물질을 끼워서 쏘았음을 알 수 있다.

군복무에 필요한 군수물자는 어떻게 조달하였을까

오늘날에는 군에 입대하면 복무에 필요한 군복·군량·무기 등 군수품 일체를 국가로부터 지급 받는다. 많지 않은 액수이지만 월급도 받는다. 그러나 고려시대에는 군복이나 군량은 물론 무기까지도 군인이 스스로 마련해야 하였다. 그러면 그들은 이러한 군수품들을 어떻게 마련하였을까?

《고려사》에서 "국가는 기름진 땅을 나누어 42도부(都府) 갑사(甲士) 10만여 인에게 녹(祿)으로 주었다. 그 때문에 그들의 옷과 양식과 무기가 모두 토지에서 나와 국가에서 따로 군사를 양성하는 비용이 없었다."라고 한 것처럼, 국가에서 군인에게 군량·의복·무기 등 군수품을 지급하는 대신 군인전(軍人田)이라는 명목의 토지를 지급하여 군복무에 필요한 모든 비용을 군인 스스로 조달할 수 있게 하였다.

군인전은 전업군인과 의무군인 모두에게 지급되었는데 양자 사이에는 많은 차이가 있었다. 먼저 전업군인에게 지급된 군인전은 관리(官吏)에게 지급되는 토지와 마찬가지로 전시과(田柴科) 규정에 따라 지급되었다. 이들의 군역은 문·무양반의 관직(官職)과 같이 직업적인 성격을 띤 것이므로, 이들에게 지급한 군인전은 관리에게 지급한 직전(職田)과 같은 것으로 이해할 수 있다. 이 군인전은 원칙적으로 군인 자신이 소유한 토지에 대해 국가가 수조권(收租權)을 지급하는 형태로 조세(租稅)를 면제(免租)해 주는 토지였다. 그러나 토지가 없거나 부족한 경우에는 타인의 토지에서 조세를 수취할 수 있는 수조권이 지급되었다.

다음 의무군인에게 지급된 군인전 역시 전업군인에게 지급된 군인전과 마찬가지로 군인 자신의 소유 토지에 대해 군인전이라는 명목을 붙여 조세를 면제해 주는 것이었다. 다만 양자의 차이는, 전업군인은 직업적 성격의 군인이므로 이들의 군인전은 복무 기간 내내 조세를 면제받았던 반면에, 의무군인의 군인전은 실제로 군복무를 하는 기간에 한해 조세를 면제받았던 것으로 생각된다.

요컨대 의무군인은 16세에서 59세까지의 전체 복무기간 가운데 번상입역(番上入役)한 기간, 즉 개경에 올라가 도성을 경비하거나 변경에 들어가 방수하는 등 실제로 군역에 동원된 기간에 한해서만 조세를 면제받았다. 그리고 복무 기간 동안의 군인전 경작과 군량 수송 등을 위해 군인을 도와주는 양호(養戶)가 지급되었다. 따라서 의무군인의 경우 16세에서 59세까지 군역을 지는 기간이라 하더라도 실질적으로 군복무를 하는 기간에 한해서만 군인전을 지급 받았고, 나머지 기간에는 일반 농민과 마찬가지로 자신의 토지를 경작하여 조·용·조의 3세를 비롯한 각종 국역을 부담하였던 것이다.

군인전의 지급 액수는 병종에 따라 차이를 보이는데 전업군인은 전시과에 규정된 액수인 20결(結)에서 25결 내외를 지급받았던 것으로 보인다. 전시과 규정과 별개로 공민왕 때에 '예전에 국가에서 토지 17결을 1족정(足丁)

으로 삼아 군인 1정에게 지급했다'는 기록이 있는데, 이는 전시과 규정에 나타나는 군인전과는 다른 계통의 군인전, 즉 의무군인에게 지급한 군인전에 관한 내용으로 생각된다. 요컨대 의무군인에게는 17결을 1족정으로 하는 군인전을 지급했던 것이 아닌가 한다.

그러나 족정을 소유한 농민만으로 규정된 군액을 채울 수 없었기에 족정의 반 정도 되는 규모인 반정(半丁)을 소유한 농민들도 군인으로 징발되었다. 이처럼 고려시대에는 스스로 군량이나 무기를 마련할 수 있을 정도의 경제력을 가진 비교적 부유한 상층농민만이 군인이 되었던 것이다.

권영국 _ 전 숭실대 교수

공경장상의 씨가 따로 있다더냐

신안식

1198년(신종 1) 정월 노비 만적은 미조이·연복·성복·소삼·효삼 등과 더불어 개경의 북산(北山)에서 땔나무를 하다가 노비들을 불러 모아 놓고 항쟁을 모의하였다.

국가에서 경인년(1170)과 계사년(1173) 이래로 높은 벼슬이 천한 노예에서 많이 나왔으니, 장수와 정승이 어찌 종자가 있으랴? 때가 오면 누구나 할 수 있는 것이다. 우리는 어찌 뼈 빠지게 일을 하면서도 채찍 밑에 고통만 당할 수 있겠는가?

그의 제의는 모두 그렇게 여길 만큼 설득력이 있었다. 무인 정변(1170, 의종 24년, 경인년)으로부터 이에 저항한 김보당의 거사(1173, 명종 3년, 계사년)를 진압할 때까지 정국을 주도한 자 중에 천한 노예 출신들이 많았다는 주장은 노비들도 신분 상승할 수 있다는 욕구를 자극하기에 충분하였다. 만적은 여기에 그치지 않았다. 힘을 모아 최고 집정자인 최충헌 등을 제거하고,

각기 그 주인을 죽인 다음 노비 문서를 불살라 버리면, 자신들이 공경장상 (公卿將相)을 할 수 있다는 것이다. 노비 신분에서 벗어나 양인이 되자는 소극적인 것이 아니라 공경장상이 될 수도 있다는 것이었다. 대대로 노비 신분을 벗어나지 못하던 이들에게는 꿈 같은 제안이었다. 그러나 불가능하다고 포기해 버리기에는 시대 여건이 너무나 유동적이었다.

노비 신분의 굴레

노비는 남자 노(奴)와 여자 비(婢)를 합하여 부른 말이며, 소속에 따라 개인 소유의 사노비와 국가 공공기관 소유의 공노비로 구별된다.

사노비에는 솔거노비와 외거노비가 있었다. 이들은 신분을 세습하거나, 양인이 가난하여 몸을 팔거나, 전쟁 포로, 그리고 권세가가 불법적으로 양인을 노비로 만드는 경우 등으로 구별할 수 있다. 솔거노비는 주인 호적에 올라가 있었고, 주인집에 살면서 나무하고 취사하는 등 집안의 잡역을 담당하였다. 외거노비는 그의 거주지에 별도의 호적이 있었고, 주인과 떨어져 살면서 주로 농사에 종사하면서 생활하다가 주인의 필요에 따라 일에 동원되기도 하였다.

이들은 가정을 꾸릴 수도 있었다. 그러나 솔거노비는 주인의 매매·증여·상속·탈취 등으로 인하여 가정을 이룰 기회가 그만큼 제한적이었다. 외거노비는 주인과 떨어져 살아 주인의 간섭에서 어느 정도 자유로울 수 있었기 때문에 솔거노비보다는 현실적으로 가정을 이룰 기회가 많았다.

일반적으로 노비는 노비끼리 혼인하였다. 양인과의 혼인은 원칙적으로는

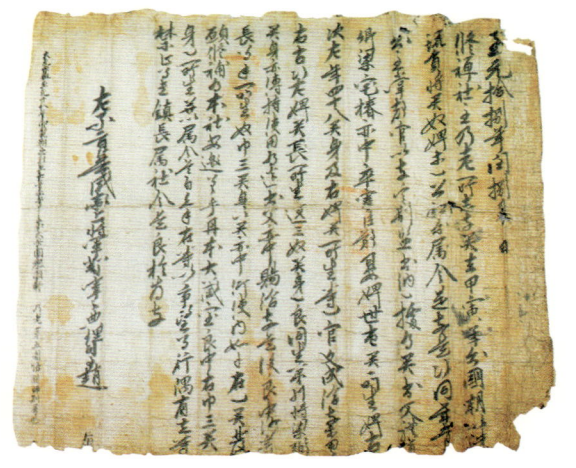

노비 문서(전남 순천시 송광사 소장)
1281년(충렬왕 7) 송광사 제5대 주지였던 원오국사
내노의 진정서를 바탕으로 관청에서 작성한 것으로
우리나라에서 가장 오래된 노비 문서이다.

금지되었지만, 꼭 그렇게 되지는 않았다. 따라서 그 자식은 '일천즉천(一賤 卽賤)'의 원칙에 따라 부모 가운데 한쪽이라도 노비이면 노비가 되었고, 그 소유권은 '천자수모법(賤者隨母法)'에 따라 어머니의 주인에게 또는 어머니가 양인일 때 아버지의 주인에게 귀속되었다. 동시에 이들은 주인의 사유재산으로서 재물과 같은 존재였으며, 죽임 이외에 주인의 횡포에 따른 어떤 법적인 보호도 받지 못하였다. 주인이 반역죄와 같은 중대한 범죄에 관련될 때 고발할 수 있는 것을 제외하고, 노비는 주인에게 절대복종해야 했다.

공노비는 궁궐과 관청 등 국가의 공공기관에 예속되었다. 전쟁 포로나 반역한 사람, 적에게 투항하거나 이적 행위를 한 사람들은 처형되거나 공노비가 되었다. 또한 이러한 사람들의 가족이나 사노비는 몰수되어 공노비가 되었다. 이들 중에는 해당 관청의 잡역을 담당하고 그 대가로 생활하는 공역노비가 있었고, 따로 농사를 지으면서 규정에 따라 공납을 부담하는 외거노비가 있었다. 이들은 혼인하고 가정을 꾸릴 수도 있었다. 외거노비가 재산을 소유하거나 혼인을 할 때는 공역 노비보다 유리하였다. 이들은 60세가 되면 역(役)에서 면제되었다.

고려시대의 노비들은 위와 같은 신분적인 규제뿐만 아니라 사회의 모든 혜택으로부터 철저하게 단절되어 있었다. 일찍이 태조 왕건은《훈요십조》에서 노비와 같은 천류들은 그 종자가 따로 있는 것이기에 절대 양인이 되지 못하게 하라고 하였다. 그래서 아무리 큰 공을 세우더라도 노비는 상금을 받는 것 외에는 관리가 될 수 없도록 제도로 만들었다. 이것이 고려 국가의 신분 정책의 하나였다. 물론 무인 정권과 원간섭기 등 사회 모순이 중첩된 시기에는 노비가 중책을 맡은 일도 있었지만 극히 예외적이었다. 그러나 신분 상승의 기회가 전혀 없었던 것은 아니었다.

신분 상승을 꿈꾸던 시대

어느 시대든지 사람들이 자신의 처지를 바꿀 수 있는 길은 있었다. 열심히 노력하여 권력과 부를 얻거나, 사회체제를 변혁하는 경우이다. 고려시대에도 이러한 사례들을 찾을 수 있다. 명종 때 노비 평량이라는 자가 출세한 것이 앞의 사례이고, 공주 명학소의 사람들과 다른 노비들의 항쟁이 뒤의 사례이다.

평량은 원래 평장사 김영관의 노비였는데, 견주(지금의 경기도 남양주)에 살면서 농사에 힘써 많은 재산을 모았다고 한다. 그는 당시 권세가들에게 뇌물을 주어 노비에서 벗어나 양인이 되고 산원동정이란 벼슬까지 얻게 되

무인 집권기 농민·천민의 항쟁 지도

었다. 그의 아내도 소감 왕원지의 노비였다. 무인정변 이후 문신 지배층들이 몰락하면서 왕원지의 집안도 가난해졌는데, 그는 가족을 이끌고 노비의 남편인 평량에게 의탁하러 왔다. 그러자 평량은 이들을 후하게 대접하고 개경으로 돌려보냈다. 그리고 바로 뒤이어 처남들을 보내 도중에서 죽여 버렸다. 아내의 주인이 없어지면 영원히 양인이 될 수 있다고 생각했기 때문이다. 그 뒤 그의 아들들은 벼슬을 얻고 관리의 딸에게 장가도 들었다. 그러나 뒤에 왕원지의 가족을 죽인 사실이 드러나, 평량은 귀양을 가게 되었고 그의 아들들도 관직에서 쫓겨났다.

공주 명학소의 사람들은 소(所) 지역에 대한 차별 대우 때문에 봉기하였다. 소에 사는 사람들은 국가가 필요로 하는 여러 물품을 전문적으로 생산해야 했기에 일반 군현의 주민들보다 역(役)이 무거웠다. 또한 탐욕을 부리던 관리들로부터도 많은 침탈을 받았다. 특히 무인집권기에는 더욱더 심하였다. 이들이 항쟁을 일으킨 때에는 평안도 지역에서 일어난 조위총의 봉기를 진압하기 위해 대규모로 관군을 동원해야 했는데, 중앙정부는 군사 동원에 필요한 물자를 마련하기 위해 개경 이남 지역을 가혹하게 수탈하였다. 명학소의 사람들이 지금의 충청도와 경기도 일대를 함락시키자, 중앙정부는 명학소를 충순현으로 올려 주어 불만을 누그러뜨리고자 하였다. 명학소 사람들은 이 조치를 받아들여 봉기를 중단하였지만, 정부의 조치는 곧 속임수로 판명되었다. 그러자 그들은 다시 봉기하여 왕경까지 점령하려 하였지만, 결국 실패하고 주모자인 망이·망소이 등은 처참한 최후를 맞이하였다.

고려시대 노비의 항쟁은 대략 열 건의 사례를 확인할 수 있다. 발생 시기는 주로 무인집권기 이후이고, 발생 지역은 전국적으로 분포하고 있었지만 그중 절반이 국도 개경에서 일어났다. 항쟁에 가담한 노비는 대부분 공역 노비와 솔거노비였다. 그것은 이들이 외거노비보다 주인이나 국가로부터 많은 수탈과 차별을 받았기 때문이다. 그래서 항쟁의 동기도 신분적 제약에서 벗어나려는 것이 대부분이었다. 그러나 항쟁의 결과는 대부분 실패하여 참살되거나 강물에 던져져 죽임을 당하였다.

이들의 저항은 무인 정변 이후 정치적 격변과 향촌 사회의 저항에 따른 사회적 혼란 및 대몽 전쟁기의 경제적 궁핍, 그리고 몽골과 강화한 뒤 외세의 간섭이라는 새로운 상황 등을 배경으로 하여 일어났다. 따라서 노비들은 자신들의 신분적인 차별을 극복하고 새로운 위기에서 벗어나기 위하여 항쟁하였으며, 때에 따라서는 기존 지배체제에 저항하려는 세력들과 연합하기도 하였다. 이런 점에서 노비의 항쟁이 국도 개경에서 빈번하게 발생한 것이 주목된다.

개경은 정치와 경제, 문화의 중심지였다. 그곳의 노비들은 다른 지방의 노비들보다 사회의식이 상대적으로 높았을 것이다. 그 점은 신분제 자체를 부정했던 1198년의 사노비 만적의 봉기에서 잘 나타난다. 그러한 사회의식은 항쟁이 실패해도 그 영향을 계속해서 남기고 있었다. 1232년(고종 19) 몽골 군대를 피해서 중앙정부가 국도를 강화도로 천도하자 어사대에 속한 노비 이통이 봉기한 경우, 그리고 1271년(원종 12) 굴욕적인 대몽 강화에 반발하여 삼별초의 항쟁에 동조하려 한 노비 숭겸과 공덕의 경우 등에서 그러한 영향을 발견할 수 있다.

노비 해방의 기치를 든 만적의 야망

노비 만적은 이러한 시대 흐름 속에서 항쟁을 도모하였다. 만적은 노비 신분에서 벗어나는 것만으로 만족하지 않았다. "공경장상의 씨가 따로 있는 것이 아니다. 기회가 오면 누구나 할 수 있다!" 양인이 되는 것이 목표가 아니라 권력을 잡겠다는 것이었다.

중세적 신분 질서 속에서 만적이 어떻게 감히 그런 생각을 할 수 있었을까? 그것은 아마도 무인 정변 이후 대대적인 문신 살육, 잦은 권력 쟁탈로 인한 집권 무인 세력의 빈번한 교체, 향촌 사회의 지속적인 저항 등 격변했던 사회적 상황에 따른 기존 권위의 상실에서 비롯되었다고 할 수 있다. 특히 최충헌의 정변과 그 이후 정변을 합리화하는 과정에서 더욱더 그러한 모순이 드러나게 되었다. 그중에서 집권 무인 세력 중의 한 사람이었던 이의민의 신분 문제가 관심을 끈다.

이의민은 무인정변 때 행동대원으로 활약하여 크게 출세했던 인물이다. 그 과정에서 견제를 받기도 하였지만, 그의 신분이 문제가 된 적은 없었다. 그런데 유독《고려사》열전에서는 그의 신분이 노비로 되어 있다. 그의 아버지 이선은 소금과 체를 파는 일을 생업으로 하였고, 어머니는 경북 영일에 있었던 옥령사의 노비였다는 것이다. 그렇다면 이의민은 어머니의 신분에 따라 천민이었다고 할 수 있다. 그가 천민이면서도 출세할 수 있었던 것은 키가 8척이고 완력이 남보다 특출하다는 것과 무술을 좋아했던 국왕 의종이 배려해서였기 때문이라고 한다. 실제 이의민의 신분이 노비였는지 아니면 최충헌이 꾸며 낸 사실이었는지는 확인할 수 없지만, 노비 신분으로 집권자가 되었다면 최충헌이 정변을 합리화하는 데 매우 유용하게 이용되었을 것이다.

그러나 만적의 구호에서도 보듯이 이의민의 출세는 이 시기의 노비들에게는 새로운 희망이었다. 노비의 아들이 권력의 최고 정점까지 올라갈 수 있었다는 사실은 노비들에게 큰 충격이 아닐 수 없었다. 채찍 밑에서 뼈가 으스러지도록 부림을 당하는 자신들의 처지를 다시 한번 생각하게 되었던 것이다.

최씨 정권은 60여 년 동안이나 유지되었지만, 최충헌 정권 초기는 아직 권력이 안정되지 못한 상태였다. 무인 정권 안에서도 권력 쟁탈은 계속되었고 다른 세력의 도전으로 인하여 언제 권력을 잃을지 알 수 없는 상황이었다. 권력 쟁탈의 성패는 집권자 한 명의 영욕에만 그치는 것은 아니었다. 자의든 타의든 그를 따랐던 많은 사람의 목숨을 좌우하는 것이었다. 그 와중에 권력자들의 노비들은 유사시에는 사병이 되기도 하였다. 명종 때 무인 정권에서 벌어졌던 여러 번의 정변에서는 국가 공병이 동원되어 성공한 예도 있었지만, 권력자들의 노비들도 실제로 행동대원으로 동원되었다. 이런 상황에서 정쟁의 소용돌이에 휘말린 노비들은 처참한 죽임을 당할 수 있다는 공포를 떨쳐 버릴 수 없었다. 결국 만적 등의 항쟁은 노비라는 신분 때문에 오는 당연한 불만 외에도, 최충헌이 권력을 장악해 가는 과정에서 오는 죽음의 공포와 육체적 수탈에서 비롯되는 분노에서 일어났던 것이다.

한편 만적의 항쟁에서는 그에 참여한 노비의 수가 상당히 많았고, 모의 단계에서 노비들을 체계적으로 조직하려고 했던 사실이 주목된다. 만적은 동조하는 자들에게 누런빛의 종이에 정(丁)자의 표식을 주었는데, 준비된 종이가 수천 장에 달하였다고 한다. 거사 당일의 행동 방법에 대해서도 만적은 흥국사에 모여 일제히 북을 치고 소리치면서 대궐의 뜰로 몰려가면 환관들과 관노들이 반드시 호응할 것이라고 하였다. 여기에서 대궐의 환관들이 호응할 것이라는 장담이 사실인지 아닌지는 확인할 길이 없다. 하지만 환관은 궁중에서 일어나는 일들을 세세하게 알 수 있었기에, 이들이 합세하리라는 것은 항쟁 세력을 결집하는 데에 매우 고무적인 말이었을 것이다. 관노들은 주로 대궐이나 관청에 속해 있어 국가의 공공기관을 장악하거나 관리들의 동향을 파악하는 데 유리한 자들이었다. 그리고 만적 자신과 다른 노비들은 최충헌과 자신들의 주인을 살해하는 임무를 맡았다. 이러한 계획은 국도 개경의 모든 정치기구를 장악하고 권력가들을 단숨에 제거하여 자신들의 목적을 이루고자 한 것이었음을 알 수 있다. 이와 같은 사실들로 미루어 보아 만적의 지도력이 출중했음을 알 수 있다.

그러나 이들의 항쟁은 실패로 끝나고 말았다. 정변을 일으키기로 약속한 날에 모인 사람이 수백 명밖에 되지 않았다고 한다. 적은 인원으로는 정변을 성공시킬 수 없다고 염려하여 거사 날을 다시 잡아 일을 뒤로 미룬 것이 일차적인 화근이었다. 만적은 "신중하지 못하면 성공하지 못하니 절대로 누설하지 마라."라고 당부하였다. 하지만 불행하게도 사고는 내부에서 생겼다. 율학박사 한충유의 노비인 순정이라는 자가 주인에게 모의 사실을 고발하였다. 한충유는 이를 다시 최충헌에게 알렸다. 최충헌은 만적을 비롯하여 100여 명의 노비를 잡아 강물에 빠뜨려 죽였다. 그 나머지 동조한 수많은 노비를 모두 죽일 수 없었기에 불문에 부쳤다고 한다. 반면 한충유는 합문지후로 승진되었고, 고발자 순정에게는 백금 80냥을 주고 노비에서 해방되는 상을 줬다.

재평가되어야 할 노비의 항쟁

지난 역사 속에서 고통받은 자들에 대한 평가는 어떠하였는가? 역사의 소용돌이 속에서 혁명에 성공한 자들은 그에 따른 영광스러운 권력과 부귀를 얻을 수 있었고 역사의 창조자로 평가받기도 하였다. 그에 반해 그들에게 도전하는 자들에게는 '반란'이라는 이름 아래 그 실상을 왜곡한 예도 빈번하였다. 그 속에서 사라져 간 선구자와 추종자들은 역사의 흐름 밖에서 잊힌 망령일 수밖에 없었다. 그러나 중세 사회의 모순과 압박을 단숨에 뛰어넘으려고 했던 많은 이들의 외침은 역사의 흐름 속에 면면히 살아 있었다. 우리는 역사 속에서 만적을 생각할 때 노비 신분임에도 그것을 과감하게 뛰어넘으려 했다는 점에서 높이 평가한다. 국왕에서부터 가장 아래까지 사람의 높고 낮음이 분명하고, 그것이 진리이던 시대에 미천한 지위의 한낱 노비가 신분제를 근본적으로 부정한다는 것은 말처럼 쉬운 일은 아니다. 고려왕조 500년 동안 우리는 만적 외에 그러한 인물을 찾아볼 수가 없다. 아마도 조선시대의 임꺽정에 대한 평가도 마찬가지가 아닌가 한다.

만적의 항쟁은 그들이 지향한 이상이 원대하고, 세력의 조직화에 노력을 기울였다는 점에서 다른 어떤 저항보다도 격렬할 수 있었을 것이다. 그런데도 비록 실패하였지만, 성패를 떠나 신분제 사회를 철폐하려 했던 노력은 높이 평가되어야 마땅하다.

신안식 _가톨릭대 인문사회연구소 연구교수

궁궐 기왓장에 서린 백성의 한숨

박종진

공사장이 눈물바다를 이룬 사연은?

1167년(의종 21) 3월 어느 날. 개경의 중미정 공사장은 때 아닌 눈물바다를 이루었다. 사연은 이러했다. 중미정을 지을 때 징발된 사람들은 관례대로 식량을 스스로 조달해야 했다. 한 사람은 매우 가난하여 스스로 식량을 마련하지 못하였기에, 다른 사람들이 나누어 준 음식을 먹고 일을 할 수 있었다. 하루는 그 아내가 음식을 마련하여 왔다.

"친한 분들을 불러서 함께 드세요."
"가난한데 이 음식을 어떻게 마련했소. 다른 남자와 사통하고 얻었소, 아니면 남의 물건을 훔쳤소?"
"얼굴이 못생겼으니 누구와 사통하겠으며 성격이 옹졸하니 어찌 도둑질을 하겠소. 다만 머리를 잘라 팔았을 뿐이에요."
아내는 짧아진 머리를 보여 주었다. 남편은 설움이 복받쳐 음식을 먹을 수가 없었고, 주위 사람들도 모두 눈시울을 붉혔다.

청자양각모란당초문기와와 수막새 파편(국립중앙박물관 소장)
암막새는 길이 20.3센티미터, 수막새는 지름 8.0~8.4센티미터이다. 모란과 당초무늬가 아름답다. 《고려사》에 따르면 의종이 1157년 궁궐 동쪽에 양이정을 세우고 청자 기와로 덮었다고 한다.

《고려사》에 실린 내용이다. 의종은 즉위 초 왕권 강화책을 추진하였지만 그것이 좌절되자 말년에는 정사를 돌보지 않고 친한 신하들과 어울려 자주 놀러 다녔다. 중미정은 그러한 의종 말년의 분위기 속에서 지어졌다. 중미정 공사에 동원된 사람들은 어떤 사람들인가, 또 그들은 왜 고픈 배를 움켜쥐고 일을 했을까?

이들은 일반 백성이었고 요역에 징발되어 국가의 일을 하였다. 이처럼 국가의 일에 강제로 동원되어 일하는 것을 요역(徭役)이라고 한다. 국가 운영에 필요한 노동력은 일반 백성들로부터 징발하는 단순 노동력뿐 아니라, 군역·향리역·기인역·공장역 등의 직역(職役)도 있었다. 그렇지만 직역은 역의 대가로 토지 등을 받는다는 점에서 아무런 대가가 없는 요역과는 성격이 달랐다.

그러면 백성들은 요역으로 어떤 일을 하였을까? 대표적인 것이 토목공사이다. 여기에는 궁궐·관청·절 등 주요 건축물을 짓고 수리하는 일, 성을 쌓는 일, 왕릉을 조성하는 일, 저수지를 만드는 일이 포함되었다. 또한 백성들은 세금으로 거둔 곡식 등을 중앙으로 운반하는 일에도 항상 동원되었다. 그 밖에 토지 개간이나 국공유지의 경작 등 농사 활동에도 징발되었다. 또한 왕이나 사신의 행차를 맞이하는 일 또한 중요한 요역의 하나였다.

요역 징발은 중앙정부에서 주도하는 것과 지방 군현에서 주도하는 것으로 나눌 수 있다. 중앙정부에서 주도하는 요역으로는 토목공사가 대표적이다. 이러한 공사에는 군인을 동원하기도 하였지만, 성 쌓기를 제외하고는 주로 공사 현장 근처의 군현에 사는 사람들을 징발하였다. 따라서 개경 근처인 '경기'의 군현 사람들은 다른 군현에 살던 사람들보다 상대적으로 더 많은 요역 징발에 시달렸다. 반면에 세금으로 거둔 곡식 등을 운반하는 일은 지방 군현에서 주도하는 대표적인 요역이었다. 그 밖에 지방 군현에서는 수령이나 향리들이 자기 멋대로 노동력을 징발하는 일도 많았는데, 국가에서는 이러한 역을 잡역(雜役)이나 '급하지 않은 역[不急之役]'이라 하여 금지하였다. 수령의 임무 중 "부역을 균등히 해야 한다."라는 규정은 이와 관련이 있다.

왜 우리만 힘들게 일하지?

요역 징발의 대상은 원칙적으로 16세에서 59세까지의 양인 남자였다. 따라서 노비와 호적에 등록되지 않았던 양수척(楊水尺)은 요역에 징발되지 않았다. 또 양인 중에서도 관직에 있는 사람을 비롯하여 군인·향리·기인(其人) 등 직역을 하는 사람은 요역의 대상이 아니었다. 또 효자·의부(義夫)·절부(節婦)와 부모를 시중드는 장정[侍丁]과 중환자는 구휼의 명분 아래 역을 면제하였으며, 승려도 요역 징발 대상이 아니었다.

그러면 어떤 기준으로 이들을 징발하였을까? 고려 전기에는 호(戶)에 소속된 사람[인정(人丁)] 수의 많고 적음에 따라 호를 9등급으로 나누고, 이 등급에 따라서 요역을 징발한 것으로 알려져 있다. 결국 각 호의 사람 수에 따라서 요역을 차등 징발한 셈이다. 이는 조선 초기 토지 면적을 토대로 징발했던 것과는 차이가 있다. 조선 초 《경국대전》에는 토지 8 결(結) 당 사람 한 명을 징발하여 6일 동안 징발하는 것으로 규정되어 있다. 징발 기준이 사람

수에서 토지 면적으로 바뀐 것은 중요한 변화이다. 이러한 변화에 주목하여 고려 전기 사회를 인신적인 지배에 기반한 고대사회로 보는 견해도 있지만, 사람 수에 따라 요역을 징발하였다고 하여 그 사회를 고대사회로 보는 것은 타당하지 않다. 중세 사회에서도 인구에 대한 파악과 지배는 고대사회 못지 않게 여전히 중요하였기 때문이다.

이제 구체적인 노동조건을 살펴보자. 우선 요역 징발은 농번기를 피하는 것이 원칙이었다. 지금 확인할 수 있는 주요 노동력 징발 사례를 보면 농한기라 할 수 있는 음력 6, 7, 8월과 12, 1, 2, 3월에 요역 징발이 집중되어 있으며, 요역을 중지하는 시점도 농사가 시작되는 3, 4월에 집중되었다는 것을 확인할 수 있다. 또 고려시대의 요역 징발 기간에 대하여는 당나라의 규정이나 조선 초기의 기록을 토대로 1년에 20일 정도였으리라 추정하고 있다. 그렇지만 경우에 따라서는 요역 징발 규정이 무시되기도 하였다. 대규모 토목공사인 경우는 농번기가 되어도 일은 끝나지 않았고 심지어 몇 년 동안 계속 요역을 징발하기도 하였다. 더구나 국가의 역사를 맡은 책임자들이 왕에게 충성하기 위해서 요역에 징발된 백성들을 밤낮으로 일을 시키기도 하였다. 또 요역으로 징발된 사람을 규정 이상으로 일을 시켰을 때는 다른 세금을 감면해 주기도 하였다.

노동조건 역시 백성들에게는 커다란 고통이었다. 가장 중요한 식량은 앞의 사례에서 보았듯이 대개는 징발된 사람들이 스스로 준비하였다. 왜냐하면 요역에 징발된 사람들에게 일일이 식량을 지급하는 일은 국가의 일반 재정으로는 감당할 수 없었기 때문이다. 문종 때 대안사와 대운사를 지었는데, 이때 징발된 사람들은 밤낮으로 일을 하였고, 이들에게 음식을 나르기 위한 아내와 자식들의 발걸음이 봄부터 여름까지 끊이지 않았다고 한다. 따라서 그 가족까지도 식량 조달 때문에 노동력을 빼앗겨 농사를 돌보지 못하게 되었다. 그렇다고 하여 징발된 사람들이 항상 음식을 스스로 조달한 것은 아니었다. 구휼의 차원에서 특별히 요역에 징발된 사람들에게 음식을 지급한 예가 있다. 또 원종 때 일본 정벌을 위해 전함을 건조할 때 징발된 사람들에게는 음식을 제공하였다.

식량 외에도 의복과 각종 도구도 스스로 마련해야 했다. 심지어 군인들도 개인 장비와 군복을 스스로 준비했던 사실은 요역 노동에 징발된 백성들의 부담을 짐작하게 한다. 이런 상태에서 변변한 잠자리를 기대하는 것 역시 할 수 없었다. 주로 공사장 근처의 군현에서 요역을 징발한 것은 물자를 스스로 조달해야 하는 원칙과도 관련이 있었다. 이렇듯 요역 노동의 조건은 매우 열악하였다.

백성의 피땀으로 세워진 궁궐과 절

고려시대의 대표적인 건축물은 궁궐과 절이다. 기둥 하나, 기왓장 하나하나 모두 백성의 힘으로 만들었으며, 거기에는 그들의 땀과 눈물이 배어 있다. 고려의 3대 임금 정종(定宗)이 서경으로 서울을 옮기기로 하고 그것을 위해서 많은 사람을 징발하여 원망이 많았는데, 그가 세상을 떠나자 그 소리를 들은 사람들이 기뻐서 날뛰었다고 한다. 여기서 힘들고 고통스러운 요역에서 해방된 사람들의 기쁜 심정을 읽을 수 있다.

이렇듯 백성들의 노력과 원망으로 궁궐은 지어졌으며, 국가사업으로 창건한 절도 마찬가지였다. 이제 국가 주도로 궁궐과 절을 짓는 과정을 살펴보자. 국가 차원의 토목공사가 결정되면 왕은 그 일의 책임자인 동역관(董役官)을 임명하였다. 동역관에는 내시와 환관 등 왕 측근 인사나 재상의 반열에 드는 고관들이 임명되었다. 예종 때 천수사(天壽寺)를 지을 때에는 재상인 윤관(尹瓘), 인종 때 신궁(新宮)을 건설할 때에는 내시 김안(金安)이 동역관으로 임명되었다. 왕은 동역관에게 요역을 징발하고 일을 추진하는 권한을 위임하였다. 동역관은 일의 규모 등을 고려하여 계획을 세우고 계획에 따라 요역을 징발하였다. 일의 규모와 공사의 위치에 따라서 징발 계획을 세웠는데, 이때 군현 단위로 작성한 호적을 기초 자료로 썼다. 일의 성격에 따라서 군인을 동원하기도 하였지만, 일반적으로는 막일꾼이라 할 수 있는 일반 사람과 전문 기술자라 할 수 있는 공장(工匠)을 징발하였다. 1029년(현종 20) 개경의 나성을 축조할 때에는 막일꾼 23만 8,939명과 공장 8,450명을 동원하였다.

이들은 대체로 공사를 하는 부근의 군현에서 징발되었다. 현종이 중광사와 나성을 축조할 때에는 개경 사람을 징발하였으며, 인종이 서경의 신궁을 건설할 때에는 서경 사람을 징발하였고, 충혜왕이 개경의 신궁을 건설할 때에는 근처 군현에서 사람을 징발하였다. 따라서 수도인 개경 부근의 백성들은 다른 지역에 비하여 많은 요역에 시달렸고, 이에 따라 요역을 감면하라는 명령도 자주 내려졌다. 특히 교주도는 좋은 목재가 많아서 큰 공사가 있을 때마다 벌목이나 나무 운반 같은 힘든 역을 지곤 하였다. 또 개경과 서경을 잇는 길 주변의 군현은 왕이나 사신의 행차가 잦은 지역이기 때문에 다른 지역에 비하여 역의 부담이 상대적으로 많았다. 이렇듯 요역은 모든 군현의 백성들이 똑같이 부담한 것은 아니었다.

©박종진

회경전 터
고려 본궐의 정전이었던 회경전 터. 고려의 본궐은 송악산 기슭의 경사진 지형에 축대를 쌓아 지었다. 돌계단 하나하나, 그 위에 들어섰던 웅장한 전각, 모두 백성의 숨결이 느껴진다.

    동역관은 해당 군현의 수령과 향리의 도움을 받아서 정해진 군현에서 사람을 징발하였다. 결국 수령과 향리가 각 군현에 할당된 사람을 징발하고 동원하는 일을 주도하였다. 국가 차원의 공사라도 규모가 작은 경우 해당 군현의 수령이나 향리층이 감독하기도 하였다. 예컨대 명종 때 국가에서 군대를 파견하여 배를 만들 때 전주의 하급 관리인 진대유(陳大有)와 향리인 이택민(李澤民)이 함께 역을 감독하였다.
    한편 징발된 사람들이 일하러 나오지 않으면 엄벌에 처하였다. 1097년(숙종 2)에는 빠진 날 수에 따라 1일에 태(笞) 40대, 4일에 50대, 7일에 장(杖) 60대, 10일에 80대, 13일에 90대, 19일에 100대, 23일에 도(徒) 1년이라는 가혹한 벌이 정해졌다. 향촌에서 촌장이 과역 대상자를 빠뜨렸을 때에도 엄하게 다스렸다. 여기에서 노동력을 지배하려는 국가의 강한 의지를 잘 볼 수 있다.

삯 노동이 필요했던 까닭은?

요역 노동은 일에 대한 대가가 주어지지 않는 부역 노동이라는 점이 특징이다. 반면에 삯 노동이란 대가를 받고 하는 일이다. 고대나 중세 사회에서도 개인적인 차원에서의 삯 노동은 이루어지고 있었다. 특히 절을 지을 때 일이 없이 노는 사람을 고용한 사례는 고려 전기에서도 찾아볼 수 있으며, 고려 후기에 와서 더욱 일반화되었다. 따라서 요역 제도의 변화와 관련하여 주목되는 것은 공적인 일에서의 삯 노동이다. 국가의 공적인 토목사업에서 고용 노동이 일반화되는 것은 중세 노동력 지배 정책의 붕괴 현상으로 볼 수 있다. 이러한 현상은 사회변화로 요역 노동의 운영이 어려워지는 조선 후기에 나타난다. 그렇지만 고려시대에도 공적인 역사에서 고용 노동의 사례를 찾을 수 있다.

고려 후기에 들어서면서 지배층들에게 토지가 집중되고 호적 제도가 제대로 운영되지 못하면서 민호의 유망이 심화되었다. 이 때문에 국가에 큰 일이 있을 때 노동력을 제대로 징발할 수 없게 되었다. 국가에서는 부족한 노동력을 품종(品從) 등으로 보충하기도 하였으며, 경우에 따라서는 역부를 고용하기도 하였다. 품종은 국가에서 당장 필요로 하는 노동력을 품관 등의 지배층으로부터 그들이 보유한 노동력을 징발하는 일종의 임시세이다. 충렬왕 6년 궁실 수리를 위하여 관료로부터 품종을 징발하였는데, 노비가 없는 양반은 녹봉 지급증서인 녹패(祿牌)를 팔아 사람을 고용하여 부역 나간 사례가 있다. 이것은 양반 개인 차원에서 사람을 고용한 예이기는 하지만, 이를 통하여 고려 후기에 삯 노동의 여건이 어느 정도 성숙되었다는 것을 알 수 있다.

관청을 짓는 데에 사람들이 고용된 사례도 있다. 1333년(충숙왕 후 2) 궁중 안에 있는 6개 관청의 청

도성 안의 집 짓는 풍경. 《태평성시도》 부분(17세기 후반, 국립중앙박물관 소장)

사를 개축하면서 재원이 부족하자 개인 집에서 돈을 빌려 재목과 기와를 샀으며, 관에 일할 사람을 청했지만 얻지 못하자 사적으로 고용하였다. 또 1390년(공양왕 2) 도평의사사(都評議使司)의 청사를 새로 지을 때에도 필요한 모든 노동력을 고용하였다. 이러한 현상은 호적제의 문란 등으로 요역 징발을 제대로 할 수 없었기에 일어났다. 따라서 이것을 일반화시켜 고려 후기에 요역제 자체가 변화하였다고 말하기는 어렵다. 여전히 국가의 공적인 역사에는 일반 백성들의 노동력을 징발하는 것이 원칙이었다.

한편 국가의 역사에서 삯 노동을 일반화하기 위해서는 고용할 인부와 인부를 살 재정을 확보하여야 한다. 특히 재정은 역의 징발 대상자가 노동력 대신 내는 현물세에 의해서 충당할 수 있었다. 이와 관련하여 주목되는 예가 이른바 '역가(役價)'이다. 명종 때 수령과 향리들이 백성들로부터 역가를 받고 공물 조달의 역을 면제해 준 사실이 있다. 이는 불법적인 것이어서 관련자들이

처벌을 받았지만, 요역 대신 역가를 받는 관행은 확인할 수 있다. 또한 고려 후기에는 관청에 예속된 기인(其人)이 도망가자 관청에서 해당 주군으로부터 기인의 역가를 받은 사례가 있으며, 이러한 것은 품종에게도 적용되었다.

요역 노동은 일의 대가를 받지 못한다는 점 외에도 부정기적일 때가 많아서 농업 등의 생업을 어렵게 하였다. 또한 징발 기준도 분명하지 않을 뿐더러 그것마저도 제대로 지켜지지 않아서 역의 징발이 공평하게 이루어지지 않았다. 게다가 일에 따라서는 항상 위험이 도사리고 있었으며, 일에 나가지 않으면 가혹한 처벌이 기다리고 있었으니, 요역이란 당시의 백성들에게는 쓰라린 고통이요, 무거운 짐이었다.

요역 노동은 국가 운영에 필요한 현물과 노동력을 직접 거두어서 쓴다는 고려시대 경제 운영의 원칙에 바탕을 두고 있다. 이것은 당시의 경제 수준에 근거한 것이었지만, 그 부담이 컸기에 계속 백성들의 저항에 부딪쳤다. 따라서 국가에서도 호구 파악을 철저히 한다든지, 수령이나 향리들의 중간 수탈을 방지한다든지, 농번기에는 요역 징발을 금지한다든지, 징발 기준을 사람 수에서 소유 토지의 면적으로 바꾼다든지, 다른 조세를 감면하는 등 여러 가지 제도적 장치를 통하여 요역제를 합리적으로 운영하려고 하였다. 그렇지만 국가에서 노동력이 필요할 때마다 노동력 자체를 징발하는 본질이 바뀌지 않는 한 근본적인 대책은 마련될 수 없었다.

박종진 _숙명여대 명예교수

남성 부럽지 않은 고려 여성

이정란

'첩 두자'는 상소에 팔 걷어붙인 여자들

고려가 일부일처(一夫一妻)의 사회였는가 아니면 일부다처(一夫多妻)의 사회였는가는 확실하지 않다. 대체로 법적으로는 일부일처였다가, 고려 말에 이르러 일부다처 사회였던 몽골의 영향으로 일부 관인층 사이에서 일부다처의 경향이 나타났다고 여겨진다.

일부일처에서 일부다처 사회로의 변동기에 벌어진 '해프닝'으로 '박유 사건'이 주목된다. 원나라의 간섭을 받았던 고려 후기에 박유는 평소에 주위 사람들에게 "고려는 남자가 적고 여자가 많아 여자의 머리가 하얗게 셀 때까지 혼인하지 못하는 경우가 많다."라고 주장하면서, 조정에 다음과 같이 상소하였다.

우리나라는 본래 남자가 적고 여자가 많은데 지금 신분의 고하(高下)를 막론하고 처를 하나 두는 데 그치고 있으며 아들이 없는 자들까지도 감히 첩을 두려고 생각하지 않고 있습니다. 그런데 외국 사람들이 우리나라에 와서 인원수의 제한이 없이 장가를 드는데 이대로 방치해 두면 사람들이 모두 북쪽으로 몰려가게 될까 두렵습니다. 청컨대 여러 신하들로 하여금 처와 첩을 두게 하되, 그 관품(官品)에 따라 그 숫자를 줄여서 서인(庶人)에 이르면 한 명의 처와 한 명의 첩을 얻도록 하며, 여러 첩에게서 낳은 아들도 역시 본처가 낳은 아들처럼 벼슬살이를 할 수 있게 하기를 바랍니다. 그렇게 하면 원성은 줄어들고 인구는 번성할 뿐만 아니라 백성을 위하는 도리도 됩니다.

이 상소문의 내용이 알려지자 부녀자들이 모두 원망하고 두려워하지 않은 자가 없었다. 그러던 중 마침 연등회를 보러 나왔다가 왕을 모시고 가는 박유를 본 노파가 "첩을 두자고 건의한 거렁뱅이 늙은이다."라고 외쳤고, 그것을 들은 사람들이 손가락질하여 거리에 온통 붉은 손가락이 난무했다. 또한 당시 재상 중에 아내를 무서워하는 이들이 있어 박유의 건의는 더 이

박익 묘의 벽화 부분(경남 밀양군 소재)
고려 말의 문신 박익(1332~1398) 묘의 벽화 일부분이다. 당시 여성들의 의복과 장신구 등이 잘 나타나 있다.

상 추진되지 못했다고 한다.

이 기록은 고려가 당시까지 일부일처를 유지하고 있었음을 보여 줄 뿐만 아니라 이후에 일부다처의 경향이 확대되리라는 사실을 암시하고 있다. 몽골과의 오랜 전쟁으로 인구의 감소와 성비의 불균형이 생긴 데다가 일부다처의 사회였던 몽골의 영향으로, 고려 후기에 이르면 실제로 일부 관인층 사이에서 일부다처제가 성행하였다.

시집살이 않는 여성, 처가살이하는 남성

고려시대에는 남녀가 혼인한 뒤 어느 쪽에서 거주했을까? 당연히 남편 집에서 살았을 것으로 생각하겠지만, 그렇지 않았다. 고려에는 서류부가혼(壻留婦家婚)이라는 혼인 풍습이 있었기 때문이다. 처갓집에서 혼례식을 치른 뒤 사위가 일정 기간 처가살이를 하는 풍습이 당시 유행하였던 것이다.

따라서 "겉보리가 서 말만 있어도 처가살이는 하지 않는다."라거나 "뒷간과 처갓집은 멀수록 좋다."라는 것은 모두 조선시기에나 통용되는 말이다. 왜냐하면 고려에서는 처가살이가 흔하였을 뿐만 아니라 사위가 처가살이 자체를 어려워하지 않았기 때문이다. 서류부가혼이 어느 정도 비율로 이루어졌는지 정확히 알 수는 없다. 다만 "전조(前朝: 고려)에서는 남자가 여자의 집에 가서 아들 및 손자를 낳고 아들과 손자는 외가에서 자라므로, 외조부모의 은혜가 크다."는 조선 태종의 말을 참작해 보면, 그 비율이 낮지 않았음을 알 수 있다. 그러다 보니 심지어 왕자까지도 외가에서 자란 사례가 있을 정도였다. 어머니가 유명한 이자겸(李資謙)의 딸이었던 인종은 어린 시절을 외가에서 보냈다. 아버지 예종이 처가살이를 한 건 아니었지만, 인종은 어머니를 따라 외가에서 자란 것이다.

처가살이가 고려시대 일반적인 혼인 생활의 한 가지 유형이었던 만큼 가족 내에서 여성의 위상은 무시하기 어려웠다. 청상과부조차 시집에 살도록 강제했던 조선 후기에 비긴다면, 고려 여인들의 친정살이는 그 자체만으로도 대단한 특권이었다. 혼인 후에도 친정에 그대로 머물러 살거나 시집에 살았더라도 과부가 된 이후에는 상당수의 여인들이 친정으로 되돌아갔던 사실은 고려 여성이 가정 내에서 누렸을 지위를 단적으로 보여 준다.

아들 딸 차별 없는 균등 상속, 균등 의무

고려의 재산상속은 자녀 간 균분을 원칙으로 하여 이루어졌다. 부모의 유언이 없으면, 재산은 자녀 간에 균등하게 분배되었다. 균분의 원칙은 누구나 받아들이는 통상적인 관행이었다. 따라서 아버지의 사망 후 형제자매에게 재산을 나누어 주기를 꺼렸던 이지저(李之氐)는 당시 사람들에게 지탄의 대상이 되었다. 다음의 사례는 자녀 간 균분상속의 관행을 생생하게 보여 준다.

> 손변이 경상도의 안찰부사(按察副使)가 되었는데, 그 고을에 남동생과 누이가 재산 문제로 송사를 벌이고 있었다. 남동생은 "다 같이 한 부모에서 태어났는데, 어찌 누이 혼자 재산을 차지하고 동생인 나에게는 그 몫이 없단 말입니까."라고 하였고, 누이는 "아버지께서 임종하실 때 전 재산을 나

에게 주고 네가 가질 것으로는 검은 옷 한 벌, 검은 관 하나, 신발 한 켤레, 종이 한 장뿐이었으니, 어찌 이를 어기겠는가."라고 하였다. 이에 재판이 여러 해 동안 해결되지 않았다. 손변이 부임해 와서 두 남매를 불러 앞에 세우고, "너희 아버지의 사망 당시 어머니는 어디 계셨는가?"라고 물으니, "어머니께서는 먼저 돌아가셨다."라고 대답하였다. 손변은 계속하여 "그 때 너희들의 나이는 각각 몇 살이었느냐?"라고 물으니, "누이는 이미 시집 갔었고 동생은 아직 어린아이였다."라고 대답하였다. 손변이 다 듣고 나서 그 남매를 타이르기를, "자식에 대한 부모의 마음은 균등한데 어찌 장성하여 혼인한 딸에게는 후하고, 어미 없는 어린 아들에게는 박하였겠는가? 생각컨대, 어린 아들이 의지할 자는 누이였으니 만일 누이와 균등하게 재산을 물려주면 동생을 사랑함이 덜하여 잘 양육하지 않을까 염려한 것이다. 따라서 아버지는 아들이 성장하게 되면 물려준 검은 옷과 검은 관을 갖추고 미투리를 신고 관가에 가서 고소하면, 이것을 잘 판결해 줄 관원이 있을 것이므로, 오직 이 네 가지 물건만 그 아이에게 남겨 준 것이다."라고 하였다. 누이와 동생이 그의 말을 듣고, 비로소 깨닫고 감동하여 서로 부여잡고 울었다. 그래서 손변이 드디어 재산을 반으로 나누어 남매에게 주었다.

이 사례는 자녀 간의 균분상속을 당연한 관행으로 여겼던 당시의 관습으로 인해, 설령 유산을 불균등하게 나누어 주었더라도 그것이 부모의 본심은 아니었을 것이라고 판결하는 데 이르렀음을 보여 준다. 즉, 고려인들은 부모의 유언을 뒤집을 만큼 균분상속에 대한 철저한 신념을 가지고 있었던 것이다. 자녀 간에 균분상속이 이루어졌다는 점은 다른 한편으로 그에 따른 의무도 균등하였음을 의미한다. 상속에 따른 자녀의 의무는 부모 살아생전에는 봉양을 잘하는 것이고, 부모 죽어서는 제사를 잘 모시는 것이라고 할 수 있다. 조선 후기에 봉양의 의무가 대개 장남의 몫이었다면, 고려에서는 딸들도 부모를 봉양하는 데 큰 역할을 했다. 부모가 딸 부부와 함께 사는 서류부가혼이 성행했던 만큼, 딸들도 봉양에 적극적인 역할을 했다고 할 수 있다.

고려에서 조상에 대한 제사는 재산상속에 따른 의무로 인식되었다. 사실, 조선 후기에 조상에 대한 제사는 장자의 의무였고, 어려운 일을 담당했던 만큼 그에 상응하는 특혜를 장자에게 주었다. 즉, 봉사조(奉祀條)라는 명목으로 부모의 재산 중 20퍼센트를 장자에게 더 주도록 법적으로 보장하였다. 따라서 조선 후기에 제사는 장자에게 있어서는 일종의 의무이자 권리였다.

이러한 관행은 그 이후로도 계속되어, 1990년에 민법이 개정될 때까지 호주는 재산상속분에서 5할을 더 가산받을 수 있었다. 그러나 고려나 조선 전기에 제사는 장남만의 몫이 아니었다. 당시 아들뿐만 아니라 딸들도 돌아가며 제사를 맡았는데, 이를 '윤행(輪行)'이라 하였다. 윤행은 이이(李珥)와 같은 대유학자의 가문에서도 행해졌을 정도로 당시 흔히 성행했던 관례였다. 이는 재산 균분에 따른 자연스러운 현상이었는데, 유산의 상속이라는 권리를 함께 누렸으므로 그에 따른 의무인 제사 역시 자녀 간에 균등하게 나눠 가졌던 것이다.

아내 재산 따로, 남편 재산 따로

고려 사회에서는 균등한 재산상속뿐만 아니라, 상속받은 몫에 대한 여성의 재산권 행사가 인정되고 보호되었다. 고려의 호적 기록을 살펴보면, 노비가 어디에서 유래했는가[所傳來]가 명시되어 있다. 이는 혼인으로 호주인 남편의 호적에 등재되었더라도 여성이 데리고 간 노비에 대한 소유권이 소멸하지 않았음을 뜻한다. 즉, 혼인할 때 데리고 갔거나 상속 등을 통해 얻은 노비의 소유권이 남편이나 남편의 가계에 귀속되지 않고 부인에게 그대로 남아 있음을 의미한다. 따라서 여성의 소유 재산은 소생이 있으면 자연히 소생에게 상속되었고, 소생 자녀가 없더라도 걱정할 필요는 없었다. 즉, 개인적 사정으로 혼인 생활을 끝까지 유지하지 못하고 친정으로 되돌아가거나 후손을 낳지 못한 채 사망하면, 그 여성의 재산은 본인 또는 그 여성의 친정으로 귀속될 수 있었다. 이러한 관습은 자녀를 낳지 못한 부부의 소유권을 둘러싼 분쟁을 미연에 방지하기 위해 마련된 제도였다.

어쨌든 이상의 내용은 혼인한 여성이 자신 명의의 재산을 가지고 있었음을 뜻한다. 요즈음 우리나라가 법적으로 부부별산제(別産制)를 이루고 있다고 하더라도 현실적으로 여성의 재산권 행사에 여러 제약이 뒤따르는 것에 비하면, 고려에서는 여성의 재산권 행사가 비교적 안정적으로 보장되었다고 할 수 있다.

둔마리 고분벽화의 주악천녀상(경남 거창군 소재)
피장자를 위해 과일 접시를 들고 피리를 연주하는 모습인 이 천녀상은 당시 지방사에서 이상적인 여인상으로 그려졌을 것이다. 화관과 복식 등은 앞의 박익 묘의 벽화와 유사하다.

고려에서는 이혼뿐만 아니라 재혼도 비교적 자유로웠다. 여성의 재혼을 금지하고 수절을 강요했던 조선과는 매우 다른 양상이라고 할 수 있다. 또한 고려의 이혼율은 생각보다 높았던 것 같다. 송나라 사신 서긍의 고려 견문기인 《고려도경》에 "고려인들은 쉽게 혼인하고 쉽게 헤어져 그 예법을 알지 못하니 가소로울 뿐이다."라는 글이 있다. 이는 화이관(華夷觀)을 가진 중국인의 오만함을 보여 주는 어투에 불과하다고 할 수 있지만, 다른 한편에서는 이혼이나 재혼이 상당히 자유로웠던 고려의 시대상을 상징하는 문구라고 할 수 있기 때문이다.

이혼을 요구하는 쪽은 대개 남성 측이었다. 남편에 의한 일방적인 이혼을 보여 주는 사례로 권수평(權守平)의 경우가 주목된다. 당시 '견룡(牽龍)'은 비록 품계는 낮지만 권력가에게 총애를 얻을 수 있는 자리여서, 사람들이 모두 원하는 직책이었다고 한다. 그런데 권수평은 견룡에 임명되었지만, 집이 가난하여 사양했다. 그러자 친구가 이르기를 "이것은 영광스러운 것이다. 대개 부인을 바꿔 부(富)를 구하는데, 그대가 만약 새장가를 간다면 부잣집 중에서 누가 딸을 주지 않겠는가."라고 하였으나, 권수평은 끝내 조강지처를 버리지 않았다고 한다. 권수평의 친구가 한 말에서 우리는 당시 부와 권력을 핑계로 이혼하고 새장가를 가는 남성이 흔히 있었음을 알 수 있다.

물론 이혼이 남성 측에 의해 일방적으로 이루어졌던 것만은 아니었다. 충숙왕의 다섯 번째 부인인 수비 권씨(壽妃權氏)는 원래 전형(全衡)에게 시집갔으나, 생각했던 것보다 전씨의 가문이 좋지 않자 이혼을 요구하였다. 그러나 요구가 거절되자 왕명에 의탁하여 억지로 이혼을 한 뒤 왕의 아내가 되었다. 이 경우는 매우 특수한 예이지만, 어쨌든 여성에 의해 이혼이 요구되었던 대표적인 사례이다.

　이처럼 이혼이 어느 일방의 요구로 성사되는 경우도 있었지만, 대개는 쌍방 합의에 의해 이루어졌다. 남편의 집안이 좋지 않다는 이유만으로는 이혼하기 어려워 왕명이라는 강제 수단을 동원해야 했던 수비 권씨의 사례만 보더라도 쌍방합의가 이혼의 대전제였음을 알 수 있다.

　또한 법적으로도 부모의 양해가 없거나 별다른 이유 없이 아내를 버리는 자는 관직에서 파직되고 유배당하였다. 따라서 조선시대처럼 '칠거지악'이란 아주 애매한 조건으로 부인을 버릴 수 없었다. 특히 가계의 단절을 죄악시했던 조선과 달리, 아들을 못 낳았다는 것을 핑계로 부인을 버리지는 않았다. 고려에는 아들을 선호하는 사상이 드물었고, 가문의 대를 이어야 한다는 강박관념이 없었기 때문이다. 이 점은 아들이 없었음을 전하는 '무자(無子)'라는 단어가 열전(列傳)이나 묘지명(墓誌銘)에 상당수 확인된다는 점에서도 입증된다.

　고려의 여성들은 이혼하거나 과부가 된 뒤에 합법적으로 재혼을 할 수 있었을까?

> 좌·우산기상시(左·右散騎常侍) 이상의 처(妻)로 외명부(外命婦)의 사람이 된 자의 재가를 허용하지 말고, 판사 이하에서 6품 이상 관리의 처는 남편이 죽으면 3년 동안 재가를 허용하지 말며, 이를 어긴 자는 실절(失節)한 죄로 처하십시오. 또한 산기 이상 관리의 첩 및 6품 이상의 처와 첩이 스스로 수절하기를 원하는 자는 문려(門閭)에 정표(旌表)하여 상을 주십시오.

이 기록은 고려의 마지막 왕인 공양왕 때 여성의 재가를 금지할 것을 주요 골자로 하는 상소문이다. 그런데 그것은 아이러니하게도 위와 같은 건의가 올라왔던 고려 마지막 왕의 재위 시기까지도 여성의 재혼이 이루어지고 있던 현실을 보여 준다. 게다가 그것은 일반 여성의 재혼을 금지하는 상소문이 아니었다. 산기상시(정3품) 이상 관리의 배우자로 외명부에 속한 여성들의 재혼을 금지하고, 6품 이상 관리의 배우자는 3년간만 재혼을 허용하지 말자는 것이었다. 그것도 청원에 불과한 것이어서 실제 시행 여부는 알 수 없다. 결국 고려에서 여성의 재혼을 법으로 제한한 적이 없었다거나 아니면 극히 단기간에 고위 관인층에 한하여 제한했다고 하겠다.

자유로운 재혼의 모습은 몇 가지 사례만을 보아도 여실히 드러난다. 우선 재혼이 흔하다 보니, 국왕의 부인 중에도 재혼녀가 있었다. 앞서 살펴본 충숙왕에게 재가한 수비 권씨의 사례 외에도 몇 가지 사례가 더 있다. 숙창원비(淑昌院妃)는 본래 과부였는데, 재혼하여 충렬왕의 세 번째 부인이 되었다. 평양후 왕현(王眩)에게 시집가서 3남 4녀를 낳았던 순비 허씨(順妃許氏)는 남편의 사망 후 충선왕의 비가 되었고, 그 자녀들은 모두 왕자와 공주의 대우를 받았다고 한다.

'의자(義子)'나 이부(異父)의 형제라는 용어는 고려 여성의 재혼이 주변에서 흔히 볼 수 있던 보편적인 일이었음을 보여 준다. '의자'란 부인의 전남편의 자녀를, 이부형제는 아버지가 다른 형제를 의미하는데, 특히 고려에서는 의자에게도 음서의 혜택을 주었다. 위와 같은 용어의 일상적인 사용과 의자에 대한 음서의 제공은 현실에서 아내의 전남편의 자녀와 동거하는 일이 흔히 있었음을 암시하며, 여성의 재혼이 그만큼 자유롭게 이루어졌음을 알려 준다.

딸의 자손도 후손이 될 수 있던 사회

고려는 흔히 '양측적(兩側的) 친속 사회'라고 일컬어지고 있다. 이는 자신의 계보로서 부계(父系)를 중시했던 조선과 달리, 모측(母側)을 부측(父側)과 거의 같은 비중으로 중시하는 사회라는 의미이다. 오늘날 민법상 친족의 범위는 부계와 모계 혈족을 모두 팔촌 이내로 동등하게 규정하고 있다. 1990년의 민법 개정 이전에는 조선 후기 부계 중심의 종법제(宗法制)의 영향으로 부계 팔촌과 모계 사촌으로 규정하여 왔음을 상기해 보면, 이제야 비로소 고려의 전통을 계승하게 되었음을 알 수 있다.

양측적 친속 사회였던만큼 고려에서는 친속 내에서 외가나 처가의 영향력이 컸다. 처가나 외가의 친족 내 위상을 보여 주는 것이 바로 오복제(五服制)와 음서제(蔭敍制)이다.

〈여주 이씨 준호구〉(이우성 소장의 《여주이씨세보》에 수록)
1333년(충숙왕 후 2)에 작성된 것으로 여성 호주의 존재를 보여 주는 호적이다. 호주인 낙랑군 부인 최씨(60세, 밤색 선)와 장남 이윤배(32세), 차남 이윤성(28세), 3남 이윤방(24세)이 기재되어 있다.

오복제는 친속의 등급에 따라 상복을 입는 친족의 범위와 상복의 종류를 규정한 법이다. 아버지의 상에는 가장 높은 단계의 상복인 참최(斬衰) 3년의 복을, 어머니의 상에는 자최(齋衰) 3년복을 입는 것에 비해, 조부모의 상에는 그보다 낮은 단계의 상복을 입도록 규정한 것이다. 그런데 중국에 비해 고려의 오복제는 외가나 처가의 등급을 상대적으로 높게 설정하였다. 즉 중국에서는 외할아버지의 상에 5개월 상복을 규정하였던 것에 비해 고려는 1년의 상복을 입도록 했으며, 중국에서 상복을 입지 않았던 처의 형제에 대해서 고려는 상복을 입도록 했다. 이는 고려에서 처가나 외가의 비중이 높앉음을 나타내는 것이고, 그만큼 친족 내에서 여성의 지위가 높았음을 상징한다.

고려의 주요 관리 등용 방식으로 과거 이외에 음서 제도가 있었다. 그런데 음서제에도 고려 여성의 지위가 반영되어 있었다. 고려에서 음서의 수여 범위는 그 종류에 따라 해당 관리의 아들·손자·사위 등에서 협5녀호(挾五女戶)나 협22녀호(挾二十二女戶)에 이르기까지 광범위했다. 협5녀호나 협22녀호에서 '5'나 '22'는 가문의 계보에 끼어 있는 여성의 숫자를 의미한다. 이것을 그림으로 그리면 다음과 같다.

협5녀도

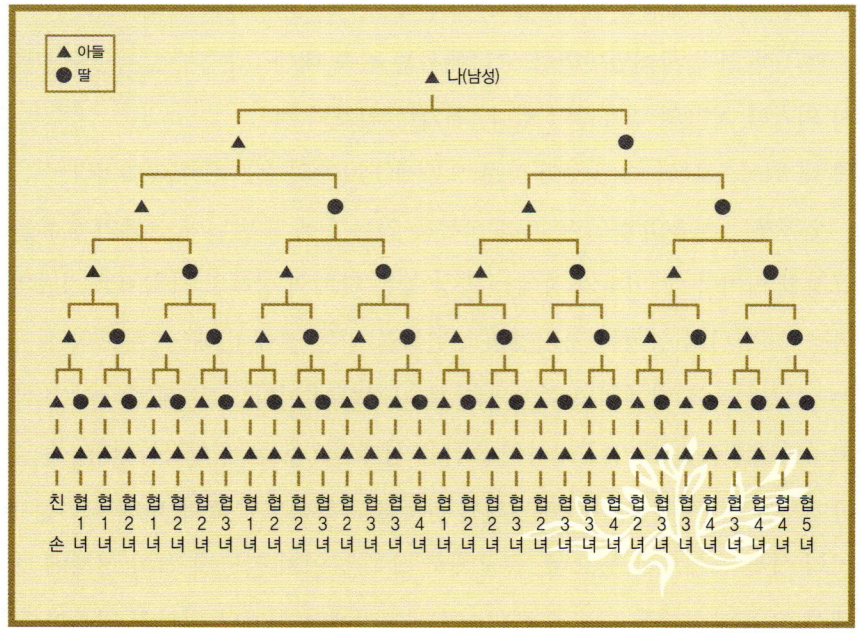

관직은 남성의 전유물이었으므로, 음서를 주고받는 계보상의 처음과 끝에 위치한 사람은 남성이어야 했다. 하지만 직계 후손만이 아니라 한 명에서 다섯 명의 여성이 끼어 있는 외손 가문에게까지 음서의 혜택을 주고자 할 때, 고려는 협5녀호까지 음서를 주라는 왕명을 내렸다. 즉 협5녀호까지 음서를 주겠다는 왕명이 내리면 탁음자(托蔭者 ; 자신의 음덕으로 후손에게 음서를 주는 조상)로부터 딸로만 5명 이어지는 가문의 외손자[△-○-○-○-○-△]까지 음서를 받을 수 있었다. 그런데《고려사》에는 협22녀호까지 한 집마다 한 명에게 음서를 주라는 왕명이 있었으니, 고려에서 수여하는 음서의 범위가 광대했을 뿐만 아니라 외손도 친손과 거의 동등한 혜택을 누렸음을 알 수 있다.

이렇듯 중간에 몇 명의 아들이 있느냐는 상관없이 정해진 수만큼의 여성이 개재해 있는 가문까지 음서의 혜택을 누릴 수 있었으므로, 고려시대에 작성되었을 족보는 아들 위주로 기재했던 조선의 족보와 달랐을 것이다. 고려인들은 딸로 이어지는 계보를 끝까지 밝혀 놓았을 것으로 추측된다. 만약 그렇게 하지 않는다면, 자신들이 누려야 했을 음서의 혜택을 누리지 못할 수도 있었기 때문이다. 물론 고려인들이 음서의 혜택을 누리려는 목적만으로 여성의 계보를 기록한 것은 아닐 것이다. 그것을 당연한 사회적 통념으로 여겼기 때문일 것이다. 아쉽게도 고려의 족보가 현존하지 않아 위와 같은 사실을 확인하기는 어렵다. 하지만 조선 전기에 편찬된 족보에서 그러한 단면을 엿볼 수 있다. 《안동권씨성화보》(1476)와 《문화유씨가정보》(1562)에는 딸에서 딸로 이어지는 가문의 수십 대 후손들까지 빠짐없이 기록하고 있다.

고려 여성의 가족 내 지위는 호적에 잘 드러나 있다. 고려의 호적을 보면, 장성한 아들이 있더라도 과부인 어머니를 호주로 기록한 경우가 있다. 자녀 중 아들을 무조건 먼저 기록하였던 조선과 달리, 고려의 호적에서는 출생 순서대로 자녀를 기록했다. 즉 누이와 남동생이 있으면 호적의 자녀란에는 누이와 남동생의 순서로 기입되었다. 묘지명에서 묘주(墓主)의 자녀 총수를 표기할 때 무조건 '몇남 몇녀'라고 기재했던 것은 아니다. 출생 순서상 딸이 앞설 때에는 종종 '몇녀 몇남'으로도 기재했다. 이것은 매우 사소한 사실이지만, 당시 여성의 지위를 단편적으로 잘 드러내 준다고 생각한다.

이정란 _충남대 부교수